柴广夫
崔艳慧
　著

铸魂育人

教育者的情怀与担当

中国文史出版社
CHINA CULTURAL AND HISTORICAL PRESS

图书在版编目（CIP）数据

铸魂育人：教育者的情怀与担当 / 柴广夫，崔艳慧
著. -- 北京：中国文史出版社，2023.9

ISBN 978-7-5205-4272-2

Ⅰ.①铸… Ⅱ.①柴… ②崔… Ⅲ.①教书育人—研
究 Ⅳ.①G451.6

中国国家版本馆CIP数据核字(2023)第166190号

责任编辑：卜伟欣

出版发行：中国文史出版社

社　　址：北京市海淀区西八里庄路69号院　　邮编：100142

电　　话：010—81136606　81136602　81136603（发行部）

传　　真：010—81136655

印　　装：北京新华印刷有限公司

经　　销：全国新华书店

开　　本：16开

印　　张：18.75

字　　数：294千

版　　次：2024年3月北京第1版

印　　次：2024年3月第1次印刷

定　　价：56.00元

前言

写在前面的话

有人说，教师是一根晶莹剔透、用光焰照亮人生的蜡烛；有人说，教师是一道风雨磨蚀、用身躯连接未来的桥梁。而我们要说：教师是火种，用知识将孩子们的心灵之火点燃；老师是石子，用责任为孩子们铺就平坦的成才路。世上少有教师这样的职业，能与国家民族的繁荣昌盛息息相关，能与万千家庭的幸福梦想紧紧相连。世上少有教师这样的职业，需要以良心和智慧去塑造，需要用坚守和奉献去成就！

作为一位人民教师，我们正是把学生的人格教育作为天职，着力培养会做人、能做事，有责任、敢担当，有理想、敢创新的一代新人。我们致力于提升学生的综合素质，教育学生严谨求学、励志成才；我们致力于合力培尖培优、精雕细琢；我们致力于教育的培根铸魂，用教育人的情怀与担当，帮助莘莘学子实现人生梦想。

"十年树木，百年树人"，踏上三尺讲台，也就意味着踏上了艰巨而漫长的育人之旅。教育是面向未来的事业，是影响每个人一生的事业，是值得我们毕生追求的事业，习近平总书记提出的"四有"好老师标准和"四个引路人"要求，是对我们广大一线教师的鞭策和激励。"老师"不是一个简简单单、轻轻松松的称谓，这一称呼上肩负着太多的希望和使命。如果你想做一个名副其实、受人尊敬的"老师"，那你首先要努力修炼自己，努力做到德才兼备、学高为师、身正为范，一辈子简简单单地就做好一件事，那就是教好自己的学生，做一名简单的教师，爱生如子，只有这样，你才能无愧于"老师"这一神圣的称号，才能做一位幸福的老师。

教师要成为火种，点燃学生追求梦想的火种。"我们都在努力奔跑，我们都是追梦人。"每一个中国人的梦想汇聚成伟大的中国梦。百舸争流千帆竞，借海扬帆奋者先。要敢于有梦、勇于追梦、勤于圆梦。一心向着梦想奔跑的人，全世界都会给他让路。生命教育、"三五教育"体系，为我们点亮了教育人的理想之灯，在西峡一高这一方沃土上，我们改革创新，锐意进取，努力过一种幸福完整的教育生活：学生拥有幸福的学习生活，获得成功的智力、灵动的智慧、高尚的德行、丰富的情感；家长在家校共育的实践中，传承好家风，树立好家训，陪伴孩子共同成长，家庭成为孩子心灵的港湾；教师自身在教育生活中，有所收获、有所成就，不断丰富和提高自身专业素养，真心地爱教育，爱教育之美，爱生命成长之美，成为"经师""人师"，成为学生受益一生的好老师。

作为教育人，我们以活动为载体，用爱和责任，让立德树人变得有温度、有厚度、有高度；让正拔节孕穗的广大学子，立大志、明大德、成大才。作为教育人，我们愿意以信奉终生的信念、全心全意的忠诚、始终不渝的坚守、以身殉道的精神，做西峡教育的先行者、探索者、奋斗者，引领学生走向梦想的星辰大海。作为教育人，我们将继续用朴实无华、踏实敬业诠释一名普通教师的"初心"，倾注满腔情怀，担当育人使命，铸魂育人，守护好教育这方热土，让每一朵花都灿然绽放，让每一棵幼苗都能长成参天大树！

目录

第三辑 管理篇

第四辑 语文教学篇

第五辑　教学水平提高篇

第六辑　培优篇

第七辑　发言篇

第一辑　生命篇

教育让生命之树常青

生命如歌，每个人都是那独一无二的音符；生命如火，每个人都是那耀眼夺目的星火。

每一个人都是独立的个体，他们身上承载着不一样的生命光芒。端正对自我的认知，肯定自我存在的价值，这就是生命最本质的珍贵。

生命最终是否幸福完整，是由生命的三重属性共同决定的。自然生命之长强调延续存在的时间，社会生命之宽重在丰富当下的经验，精神生命之高则追求历久弥新的品质。长宽高三者的立体构筑，构成了生命这一"容器"的容量。

新时代教育的使命就是拓展生命的长宽高。集自然生命之长、社会生命之宽、精神生命之高，涵盖与生命关联度比较高的人的教育素养、教育背景、教育水平和教育能力。培养身心健康、积极向上的全面发展的人。聚焦学生必备素养和关键能力，培养学生成为"才德卓著""德才兼备"的优秀人才。

珍惜生命中的每一分钟

每个人的生命只有一次，世界上没有两片完全相同的树叶，更没有两个完全相同的生命。正因为独特生命才更弥足珍贵。生命的独特性造就了世界的多样性和丰富性，意味着每个生命的理想归宿便是成长为最好的自己，每一个生命都是不可替代的存在，任何一个生命的消亡都是无法弥补的遗憾。帮一个生命成长一点，就是将世界完善一点；让一个生命延长一点，就是把世界扩展一点，这也正是教育的价值和意义。

美国女作家贝蒂·史密斯曾说："活着，奋斗着，爱着我们的生活，爱着生活馈赠的一切悲欢，那就是一种实现。生活的充实常在，人人皆可获得。"生命教育教导学生思考生命的价值，引导他们珍惜生命，从而促使其在生命中的每一天、每一分钟都活得努力、积极、向上。

"燕子去了，有再来的时候；杨柳枯了，有再青的时候；桃花谢了，有再开的时候。"可是经历的欢乐时光，逝去的每一分青春岁月，难道还会重新回来吗？所以作为教育人，我们希望陪伴过的每一个学生，都能心中有梦，眼中有光，珍惜每一寸光阴，自信乐观前行。

自主成长，乐享生活的每一瞬间

每一个接受生命教育者的主体，都会随教育者和环境的影响而生存、生活和生长变化着。人的生命发展既受限于外因的影响，同时取决于内因的自我抉择，体现出特有的自觉、自为和创造的特点。人在成长的过程中，不断突破自我，从而让生命成为一个动态生成的系统。

法国哲学家柏格森曾说："对有意识的存在者来说，存在就是变易；变易就是成熟；成熟就是无限的自我创造。"生命的发展性决定了最好的教育应该能够帮助师生朝着正向前行，向着自觉发展，"苟日新，日日新，又日新"。在这个意义上，教育为生命发展提供了无限的可能性。因此每个人都是自己生命的主人，是自己生命的创造者和塑造者。生命教育应该帮助每个人学会自我教育，让每个生命成长为自我教育的主人，自主成长，让每个生命在有限的历程中，成为最好的自己，乐享生活的每一个瞬间。生命教育就是要以生命唤醒生命，以生命激发生命，以生命塑造生命！

不断超越，品味生命的每份幸福

幸福，是人类永恒的追寻。人只有活出生命的精彩，实现生命的价值，才能感受到幸福。人只有发挥生命的潜能，张扬生命的个性，才能体会到幸福。

人能够意识到自身的潜能和使命，从而自觉地赋予自己有限的生命以充实的内涵，突破现实世界的种种束缚与困境，谋求自我生命价值的创造与提升，追寻更高的价值和意义。这就是一个人在努力超越生命的有限存在。这个不断自我超越的过程中，人创造并享受着当下存在的幸福、不断突破的幸福。

作为受教育主体的青少年，正处于花一样的年纪，正是人生观、价值观、世界观形成的关键时期，作为教师，我们要重视引导学生主观能动性的发挥。引导学生做一个正直的人，一个心地善良的人，拥有一颗同情心，一颗怜悯心；引导学生做一个知礼仪、懂感恩的人，懂得自爱，懂得爱人；引导学生做一个有胸怀、有担当的人，心怀家国天下，做一个对社会有用的人。作为教育者，我们要教会学生不断提升自我、实现自我的价值，不断增加生命的厚度，让个体的人生绽放灿烂光彩。

最好的教育应该是珍惜和尊重所有生命的教育，让人们认识生命、理解生命、珍惜生命、呵护生命、热爱生命和成就生命，让每个生命都能活出自己，活有尊严，活得幸福。

尊重，让每一朵花绚丽绽放

罗曼·罗兰曾说过："尊严是生命之根基。"倘若一个人为了某种利益，不惜将自己的尊严放下，被人任意践踏，那么，这个人的生命将变得毫无意义。作为教育者，我们要尊重遇到的每一个学生，让每一朵"花"都能有尊严地盛开着。

　　在中华民族的历史长河中，一个个自尊自强的杰出人物就像一颗颗明星，熠熠生辉，照耀千载。东晋诗人陶渊明不为五斗米折腰，不与世俗同流合污，这种强烈的自尊增添了他的人格魅力；李白高唱着"安能摧眉折腰事权贵，使我不得开心颜"，断然离开污浊的官场，诗仙的自尊让人敬佩；近代的散文大家朱自清在穷困潦倒的时候仍带领全家不吃美国的救济粮，他认为如果吃了美国的救济粮，不仅是在践踏自己的尊严，同时也是在践踏整个中华民族的尊严……这些人，因为活得有尊严，所以才受到后人的尊重，才能青史留名。

　　捷克教育家夸美纽斯指出："应当像尊敬上帝一样地尊敬孩子。"对于孩子来说，最可怕的不是棍棒相加、拳打脚踢，而是让他失去了面子、失去了尊严。尊严是人类灵魂中最应该精心呵护、绝不可糟蹋的东西。教育孩子，首先就是要尊重孩子。美国石油大王哈默当年逃难时，和一群难民一起逃到一个小镇上，镇长是一个善良的老人，他叫来仆人把食物派发给难民们充饥，几乎所有的难民接到食物就立即狼吞虎咽地吃起来，只有哈默一个人只是看着，并没有动。镇长很好奇，便走过去问他："年轻人，你为什么不吃呢？"哈默回答："这不是通过劳动所得，我不能吃，您能给我一份工作吗？"老人很诧异，劝他说："你先吃，吃完再说。"看到年轻人执着地摇了摇头，老人笑了，捶捶肩膀说道："今天太累了，肩膀有点疼，你能替我捏捏吗？"哈默立即上前，替老人捏肩捏了许久，老人说："舒服多了，你赶快吃饭吧！"哈默这才吃起来。哈默所渴求的，正是人的尊严，他后来的成功，也正是与他如此看重尊严有关。

　　有位作家曾经说："人受到的震动有种种不同，有的是在脊椎骨上，有的是在神经上，有的是在道德上、感受上，然而最强烈的、最持久的则是在个人的尊严上。"身为教师，我们要做一个有心人，小心呵护每一朵"花"的尊严，让每一朵"花"都能有价值、有尊严、有能力地活下去，灿然地盛开出属于自己的独一无二的绚烂，我想这也是每一个平凡的中国家长培养孩子的终极目标。

理解和接纳，让爱环绕每一个孩子

卡尔·罗杰斯说："爱是深深的理解和接纳。"

每送走一届学生，我都感觉自己也经历了一次蜕变，看着学生从刚入高中时青春懵懂，到高考后带着坚毅的眼神走出高中校园，飞向更广阔的天地，我心中都会有满满的不舍与牵挂，同时也充满期盼，我相信，我的学生一定会有一个灿烂美好的未来。

回想和学生一起奋战高考的日子，劳累的同时，更多的是为了同一个目标努力奋斗的充实与快乐。每到高三后半学期，随着高考的日子越来越近，学生的心理压力会越来越大，有些学生常常会出现"知识增长的瓶颈期"，感觉自己天天努力学习，成绩不但没有多大提高，反而还有明显的下降，脑子记不住知识，一些知识盲点薄弱点似乎更加辨析不清楚，内心焦虑，莫名忧伤……面对这种情形，我做得最多的就是理解学生感受的同时，帮助他们转移注意力。

2022年的一模考试前夕，我所教班的学生陈岳圆同学来找我，对我说："老师，还有一周就一模考试了，我想总分能突破640分，名次能占到市里前30名，这样就需要门门都要考得很好，可是我越是想考好，越感觉复习时脑袋里乱糟糟的，复习效率极低，复习效果也极差，我感觉一模不仅达不到我的目标，反而会比上学期的期末考试还要差，我该怎么办呢？"我专注地看她，认真听她倾诉，等她说完，我对她说："目标高了，就低一点，不管分数和名次，只要咱尽力就好。你认真总结一下自己各学科的薄弱点，明确复习方向，然后就按自己的计划来，不要受到考试成绩的影响，你要相信你的努力，一模也好，二模也好，都是在训练你的抗挫折能力，还有就是帮你厘清你的知识漏洞，为你的复习确定重点与方向，分数和名次决定不了什么，你不要太在乎！"说完，我给了她一个大大的拥抱，她趴在我肩膀上哭了好久，等发泄完内心的恐惧、担心、压力后，她不好意思地冲我笑笑，然后昂着头回教室了，看着她坚定的背影，我知道，她找回了原来的那份从容与自信。

成绩好时，孩子会更加严格要求自己，让自己成绩能一直领先；成绩不好时，孩子会自责，他们首先会感觉对不起父母、老师，所以他们沮丧，甚而崩溃。求学路上，孩子们背负着太多太多的压力，作为老师，我们要成为他们的朋友。平时要多关注他们的情绪，及时抚慰。一句话，一个眼神，一个温暖的怀抱，都能给他营造一个安全而温馨的港湾，让他们疲惫的身心得到休憩，让他们养足精神，再次扬帆起航！

看见、理解、接纳、允许、陪伴。面对青春期的孩子，我们要看见他们在这个时期的专属特性；理解这些特性给他们带来的困境；接纳他们在困境中表现出来的挣扎和不受控制的情绪和行为；允许他们拥有自己独立的人格，有自己的想法，有自己的样子；陪伴在他们身边，感受着他们的感受，理解和支持着他们。

理解和接纳每一个孩子，这就是每一位教育者的爱！

赏识，让美好永存

赏识教育就其本质而言，是生命的教育、爱的教育，是充满人情味、富有生命力的教育。每个人都希望得到赏识、尊重、理解和爱。卢梭说："表扬学生极其微小的进步，要比嘲笑其显著的劣迹高明得多。"

罗森塔尔效应，亦称"皮格马利翁效应""人际期望效应"，是一种社会心理效应，说的是教师对学生的殷切希望能戏剧性地收到预期效果。

1968年的一天，美国心理学家罗森塔尔和L.雅各布森来到一所小学，说要进行7项实验。他们从一至六年级各选了3个班，对这18个班的学生进行了"未来发展趋势测验"。之后，罗森塔尔以赞许的口吻将一份"最有发展前途者"的名单交给了校长和相关老师，并叮嘱他们务必要保密，以免影响实验的正确性。其实，罗森塔尔撒了一个"权威性谎言"，因为名单上的学生是随便挑选出来的。8个月后，罗森塔尔和助手们对那18个班级的学生进行复试，结果奇迹出现了：凡是上了名单的学生，个个成绩有了较大的进步，且性格活泼开朗，自信心强，求知欲旺盛，更乐于和别人打交道。由此可见，赏识、积极的期望将对受教育个体的发展产生极大的影响。

2020年又一个高三开始了，和学生一起已经走过了两年，师生间、同学间彼此都非常熟悉，每天除了学习就是学习，似乎已没有什么能激起同学们的兴趣。尤其是面对越来越近的高考，孩子们普遍出现了焦虑、担心等不良情绪，面对这种情形，我内心非常着急，该怎么办呢？

在一次浏览微博时，我看到下面的跟帖，有的在为博主出主意，有的在夸奖博主的思维深度，妙语连珠，忽然我产生了一个想法，何不在我班也弄一个"发帖"活动呢，虽然在高一时针对班级问题，也弄过，但这次，我要换一个主题。第二天我来到班级，对大家说："同学们，时间过得真是快呀，还有10个月你们就要毕业了，大家在一起已经两年多了，你们每个人身上都有哪些优点？你们之间又发生过哪些难忘的事呢？剩下的时间里我们就一起来总结一下。从下周开始，我们开展一个'发现美好'活动，具体要求如下：1.确定美好：一周选定三个学生，周日晚，将自己的一张生活照片贴在专栏墙上，并且旁边附带自我介绍的海报，内容尽可能全面。2.展示美好：周一至周六，全班学生陆续对三位学生进行表扬，也可以是你和他们之间发生的一些事，美好的或者当时的一些误会等，利用便利贴贴上墙。3.表达美好：周日班会，被选定同学，写一个自我评定，对自己有一个较为清醒的认识。4.收藏美好：班会结束后，大家把自己收获的同学评价收藏起来，作为以后的美好回忆。"就这样我们实行了2个月，直至把班级学生展示一个遍。

在这个过程中，我看到了学生们的改变，在繁忙、紧张的高三学习中，他们变得越来越自信，有学生这样写道："当我得知自己是被表达人之一时，一开始我是不怎么高兴的，因为我觉得自己没有什么优点可写。可是在同学们写我时，每天我的心情都比较激动，又有一些忐忑，因为我感觉自己没有什么优点可写，反而是缺点一大堆，可是没有想到，大家竟然写了我这么多优点，让我感受到原来我在同学眼中是这样优秀的一个人。"后来我们又进行了"你好，老师""我爱你，××学科"等展示，通过这一活动，学生间、师生间的关系更融洽了，学生也有更大的勇气去面对困难的学科，有充足的信心去迎接即将到来的高考。

一个好老师，不在于经验多富有、培养出的学生多么多，而是拥有一双赏识的眼睛，能时时、处处发现学生的美，并引导学生拥有发现美、挖掘美的能力，竭尽自己所能去托举他们带着自信、乐观、勇敢，飞得更高，走得更远！

激励，让自信的土壤更肥沃

　　教育是一种激励的艺术。对于学生来说，教师的激励有着无穷的力量。激励就像一座灯塔，能照亮孩子们前行的道路；激励就像船上的风帆，给学生提供前行的方向；激励又像温暖的春风，温润的小雨，给孩子们艰辛的求学生涯以慰藉与感动。但现实中我们教师似乎更长于批评，似乎更注重惩罚的力度而忽视了应如何激励学生去克服困难。在教育教学过程中，请不要吝啬你激励的话语和眼神，因为那是学生们所渴求的。

　　2019年，文理分班后的第一节班会课，在"同学，你好"环节中，一个叫晓晓的学生走上讲台，做完自我介绍后，对大家说："我知道大家都非常优秀，每个人都比我强好多，你们的成绩是我无法赶上的，那我就做一个勤劳的蜜蜂，申请当生活班长，为大家营造一个环境整洁的学习氛围。同时，我也会加倍努力，争取不被你们落下太远。"从那以后，她都在很努力地学习，但成绩总不尽如人意，尤其是高二下学期，每次考完试，她的情绪都很低落，每当这时，我都会主动找到她，和她一起分析原因，让她看到自己问题的同时，更要看到自己的进步，并肯定自己的进步：今天比昨天多记下了三个英语单词，数学多做了一道题，政治弄清楚了一个易混点……我在鼓励她的同时，更注重引导她正确看待考试，准确认识自己的学科优势，尤其要看到自己拥有的一颗坚忍的心，无论遇到怎样的困难，遭受多大的打击，都能具有持之以恒的、坚定不移的、咬紧牙关往前走的"敢啃硬骨头"精神。

　　每天进班，我都会先观察她的情绪，及时和她谈心，虽然只是简单的"晓晓今天这首诗是第一个背下来的哟！""数学演板，这道题你是第二个做出来的，进步大大的！""今天，英语老师告诉我，你的英语单词默写错误越来越少了，你看吧，你并不比别人差哟！"慢慢地，我发现她脸上自信的笑容越来越多了，不再为考试成绩不理想而焦虑，不再为老师的一句批评而沮丧，早上她仍然第一个来到教室，每天依然主动找英语老师背诵作文，或者好句好段，而且一直坚持到高考前一天。就是凭着这种不服输的精神，才有了她高考时以全市第三名的优异成绩顺利考入了北京大学。

激励、赞美和信任具有神奇的能量，能改变人的行为，当一个人获得另一个人的信任、赞美时，他便感觉获得了社会支持，从而增强了自我价值，变得自信、自尊，获得一种积极向上的动力，并尽力达到对方的期待，以避免对方失望，从而维持这种社会支持的连续性。所以，前行路上，请多鼓励学生，让他们因为你的激励，而勇敢面对人生的风雨。

从来没有天生好运，只有奋斗不止的青春

每当我问学生："读书苦吗？"他们都会异口同声地大声回答："苦！""学习累吗？"他们也会异口同声地大声告诉我："累！"

其实，学习从来都不是一件轻松的事，全世界都一样。读书学习，钻研学问，获得真知识，不花费很多精力和时间，不下一番苦功夫，是不行的。曾国藩说："坚其志，苦其心，劳其力，事无大小，必有所成。"

电影《当幸福来敲门》中，一位叫克里斯的推销员陷入人生低谷：被老婆抛弃、经济破产、产品滞销、没钱交房租被扫地出门，一度流落街头，睡在公共厕所里，靠卖血换钱。这样的遭遇，换作其他人可能早就放弃了自己，但克里斯从未放弃对成功的追求。他努力提升自己，寻找机会，自愿接受无薪实习，始终朝着自己的梦想努力，最终逆袭成为一名著名的金融投资家。正是因为他的努力，他才获得了他的福气，赢得了成功。

所有的光鲜亮丽，背后都有辛苦付出；所有的现世静好，背后都是咬牙坚持。

和世间其他的苦相比，读书真的不苦。那些觉得学习苦的人，大多是还没有挨过现实的耳光。

有一个叫徐孟南的男孩，是2008年高考交白卷的考生，这一举动，使他成为当年一些孩子心中的英雄。可是当吃过了生活的苦后，他后悔了，说："如果当时有人劝我，我一定不考零分。对于普通人而言，读书才是逆袭的最好出路。"

有人说：怕吃苦，吃一辈子苦；不怕吃苦，吃半辈子苦。人生总要吃苦，吃

不了学习的苦，就要吃生活的苦。而读书的苦，只有20年，生活的苦，却会让人苦一辈子。

白岩松说过：吃苦教育是人生的宝贵财富，别让孩子在该吃苦的年纪选择安逸。

孩子在学生阶段，正是拼搏吃苦的年纪，若是选择了一时的安逸，将会遗憾终生。

1947年，莱斯特·伟门被他在纽约工作的广告公司开除了，但这个年轻人清楚地知道，自己要向老板学习的地方还有很多。所以，尽管被开除了，他第二天还是照常回到办公室工作，他放下了面子，也不在意没有薪水。整整一个月的时间，他都这么做，最后他的老板按捺不住了，找到莱斯特，并告诉他："好吧，算你赢了！我从来没见过有人要一份工作比要钱还要坚决。"最终，莱斯特又回到了公司，而他的坚忍以及好学打动了老板，老板最后亲自带他。他不仅从老板那里学到了很多东西，还获得了老板的一些资源。通过不懈的努力，莱斯特成了20世纪最具有成就的广告人士之一，在业内被称作"直销之父"。

世界上不会有平白无故天降的好运，只有一往无前的努力，运气是努力的另一个代名词，相信越努力越幸运，幸运只会属于努力的人，而只有努力的人，才会被幸运砸中。

2014年，是我第一年当班主任，当时班级有个叫昕昕的学生，平时学习成绩能占到年级前20名，到高三时，考得好的时候，能进前10名，不理想的时候，也会考到年级三四十名，但无论名次怎样变化，我都会告诉她：你要努力学下去，因为在我心中，你具有考清北的潜力，老师讲的知识点，你反应得比较快，而且在短时间内掌握得也很好，但时间一长你就有些迷糊，所以，每次考试结束后，你要把注意力放在失分的原因上，弄清楚为什么失分，怎样让这个知识点变得更清晰，掌握更扎实，只要你持续努力下去，你一定能如愿。2017年高考，她考入了北京外国语大学，临走之前，她找到我对我说："老师，我没有考入北大，但我会努力，大学四年我一定会好好度过的。"

2022年春节前夕，她给我打来了视频电话，兴奋地告诉我："老师，我考上了北大的研究生，我终于把你对我的期待变成了现实，尽管我比其他人晚了4年，但我的努力一直都在。"接着她让我看了一个高高的盒，里面几乎被使用完的笔芯填满了，她告诉我说："老师，这是我高二下学期开始攒的笔芯，当我一天能用完一根笔芯的时候，我知道，我开始了我的逆袭之路。"看着她充满泪光的眼睛，听着她略带哽咽的声音，我的眼泪也流了出来，我心里满是对她的疼惜，我对她说："昕昕，让老师抱抱你，我一直都相信你，因为你一直都在努力。"

小说《一个人的朝圣》中，有句话十分经典：

"命是弱者的借口，运是强者的谦辞。"失败者说自己命不好，可心里却悔恨自己当初没有好好努力。成功者说自己运气好，可心里却清楚地知道自己付出的努力。

这个世界不会辜负每一分努力，有谁的幸运，会凭空而来？

正如作家桐华所说："人的一生就是不断付出和收获的过程。在这个过程里会逐渐形成两种人，一种人因努力而成功，另一种人因懒散而失败。"

从来没有天生好运，唯有奋斗不止的青春！

努力的人，自带幸运光芒，走到哪里，都有一股积极向上的劲头。努力是迈向成功的阶梯，努力的人，一定会被上天偏爱。无论何时，请选择做一个努力的人，不断拼搏，不断进取，通过努力去选择自己想要过的生活，活成自己想要的样子。

从来没有白走的路，你走的每一步都算数。只有启程，才能到达；只有拼搏，才能进步；只有播种，才能收获；只有努力奋进，才能仰望璀璨的星空。

心存敬畏，行有所止

我国自古以来就有敬畏文化，孔子曾说："君子有三畏：畏天命，畏大人，畏君子之言，小人不知天命而不畏也。"明代方孝孺认为："凡善怕者，必身有所正，言有所规，行有所止，偶有逾矩，亦不出大格。"人应该有敬畏之心。一个人有了敬畏之心，才能自觉约束自我，不做出格越轨之事。

要知道，校园之外没有温室，长大之后没有儿戏。外面的世界，不会轻易原谅那些无法无天的孩子！

有一次，和朋友聚餐，一个朋友带着孩子前来，吃饭时孩子爬上桌，为了吃到自己想吃的菜，把桌子不停地转动，有什么好吃的就抢到自己嘴里，大人根本没办法伸筷子。我问朋友："你不提醒一下孩子吗？"他对我说："现代教育要解放天性，不能拿老一套束缚孩子。"我不知道他有没有想过，一个孩子最后是要成为公民的，是要进入社会的，如果漠视别人的存在，当别人的权利受到伤害的时候，他的天性能保证他一生的幸福吗？与其等待将来被社会敲打得头破血流，不如从小教孩子要有所敬畏：敬畏生命，敬畏尊长，敬畏规则。

古时家有家规，家规会刻在戒尺上，子弟一旦违反，戒尺伺候。古人懂得，无规矩不成方圆，立规矩须有惩戒。没有惩戒，规矩形同虚设。

著名教育家马卡连科说："没有惩罚的教育是不完整的教育。"

最近几十年，国人通过各种渠道学习了西方先进开明的民主教育理念，注意到了对孩子们身心的保护，将中国传统的私塾教育的"戒尺"轻易扔掉，却没有学到西方对问题学生的惩治手段和法律法规，导致教育用"一条腿"走路，自然容易变得畸形。

我有一个已高中毕业的学生，是家中的独子，父母对他的照顾无微不至，从小就让他过着"衣来伸手、饭来张口"的生活，所以他的成绩虽然很突出，但做事的条理性却比较差，桌面每天都是乱糟糟的，上课时老师让找前一天发的卷子，他总是要找很长时间，常常一节课结束了，他的卷子也没有找到，虽然告诉他要及时对所发的卷子按学科分类整理，但他改进不大。进入大学后，有一次同学聚会，他给我们讲了个经历——他第一天去实验室做实验，因为实验物品未按要求摆放，差点引起爆炸，幸好老师及时发现，才避免了一场悲剧。事后，他被老师狠狠批评了一顿，还给他扣了2个学分，最令他触动的是老师给他的忠告："小伙子，如果我不给你一个深刻的教训，让你长记性，将来你就不知道外面的世界有多残酷！"

现在很多班主任反映：偷懒、混日子，成了许多学生的现状。学生课堂上开小差，课后不认真写作业，嘴里总是抱怨学习累，不服从管教。

孩子之所以是孩子，正是因为他们常常任性、贪图安逸，想干什么就干什么。但作为老师、作为家长，我们千万不能放纵孩子。家长要配合老师，告诉孩子：学校是你必须敬畏的地方，老师是你必须敬畏的人。家长必须要让孩子明白：现在不读书，不努力，未来将举步维艰。

世界上最大的遗憾莫过于"我本可以"。"我本可以考上一个好大学，有着大好前程，如果当初老师能严格要求我就好了。我本可以做一个正直善良的人，过着幸福的生活，如果当初老师在我犯错时能严厉惩罚我就好了。……"就像一位网友在豆瓣上的留言：

"多么希望有一天突然惊醒，发现自己是在高一的一节课上睡着了，现在经历的一切都是一场梦，桌上满是你的口水。老师揪起你的耳朵，叫你好好听课。你看着窗外的球场，一切都那么熟悉，一切还充满希望……"

但生活中没有那么多如果，时光更是不可能倒流，千万不要等到长大以后才开始后悔。

同学们，我想对你们说："你的人生之路还长，当你长大以后，你会发现社会是很严厉的，对就是对，错就是错，成功就是成功，失败就是失败。它不会鼓励你，不会安慰你，只会把残忍的事实直接呈现在你面前。也许现在老师的批评伤了你的自尊，让你愤恨，但是老师并无恶意，老师批评你，是因为对你有所期待，只是想让你一生都能走正路，一生幸福！"

《墨子》一书中记载《墨子怒耕柱子》的故事，相信大家都不陌生。

耕柱子上课开小差，不好好听讲，经常被墨子批评。耕柱子不服气，就向老师墨子讨公道："我就没有比别人好的地方吗？"

墨子问他："如果要驾车上太行山，是要鞭策马还是要鞭策牛？"

耕柱子说："那当然是鞭策马了，马儿跑得快才值得鞭策。"

墨子笑着说："我也认为你值得我鞭策，所以才批评你。"

爱尔兰伟大作家王尔德说过："世上只有一件事比遭人折磨还要糟糕，那就是从来不曾被人折磨过。""折磨"你的人，又何尝不是想成全你的人。能够被老师批评，说明老师还没有放弃你。老师的每一句批评里，都藏着他对学生的期待，期待学生能意识到自己的不足，改正错误，更好地成长。所以，身为学生，要理解老师，尊敬老师，内心要敬畏课堂，敬畏知识。

心存敬畏，方能行有所止。有了管教，方知敬畏；有了敬畏，方知底线；有了底线，方知对错，教育从来不是放纵，而是约束。

好心态，助力远航

纵然繁华三千，看淡即是云烟，任凭烦恼无数，想开便是晴天。不以物喜，不以己悲，泰然自若，自信阳光。通往高考的路上，谁都不会一帆风顺，如果只把眼界局限在每次的考试和名次上，心情随着考试成绩的高低变化而起伏不定，那终将难偿所愿！

公元1101年五月，六十六岁的苏轼在金山的龙游寺看到自己的画像，他很感慨，写了一首诗：

心似已灰之木，身如不系之舟。问汝平生功业，黄州惠州儋州。

——苏轼《自题金山画像》

苏轼认为自己一生的功业，不在做礼部尚书或祠部员外郎时，更不在湖州、徐州、密州（诗人曾在此三地做过知府）。恰恰在被贬谪的三州。失意也罢，坎坷也罢，却丝毫不减他豪放的本色。

被贬到黄州的第三年，苏轼写了《定风波·莫听穿林打叶声》这首词：

三月七日，沙湖道中遇雨。雨具先去，同行皆狼狈，余独不觉，已而遂晴，故作此词。

莫听穿林打叶声，何妨吟啸且徐行。竹杖芒鞋轻胜马，谁怕？一蓑烟雨任平生。

料峭春风吹酒醒，微冷，山头斜照却相迎。回首向来萧瑟处，归去，也无风雨也无晴。

这首词充分展现了词人从容、乐观的豪放精神。一句"也无风雨也无晴"，生动再现了深陷黄州困境的苏轼，无论人生风雨如何凶猛，他都能微笑着勇敢去面对。在他看来，人生的起起伏伏算得了什么，命运的沟沟坎坎又算得了什么？

从容是一种对生活的态度，一种智慧，一种气度，一直任凭风吹雨打的姿态，更是一种豁达，一种发自内心的强大。

我一直认为，高考要取得优异成绩，除了要扎实掌握相关知识，拥有较强的迁移运用能力，还有一个更为关键的因素，就是要有强大的内心。顽强的意志力，越挫越勇的抗打压能力。无论成绩有怎样的起伏，都不过多沉溺暂时的结果。

两年前我教的一个学生，文理分班后，她的成绩不是很突出，但她每天都是乐呵呵的，微笑着上好每一节课，即使有时回答错误，她也不过多气恼，认真听同学和老师的讲解，认真地记着笔记，无论你什么时候见到她，她不是在冥思苦想，就是在低头不停地写着、算着，早读时无论寒暑，她都一个人站在后门口大声读背。但每次考试，十次中有八次，她的成绩排名都在班级后面，有次，我特意问她："看你平时付出那么多，但成绩有时却很低，你感觉灰心不？"她沉默了一下，然后对我说："老师，我知道自己的能力，我相信现在的成绩低只是暂时的，还有两年时间，我一定会赶上来的。"看着她坚定的眼神，我相信，这个孩子一定能在高考路上走得很远。

高二上学期的期末考试，看到不理想的成绩，她脸上露出失望、难过的神色，有次她问我："老师，我是不是真的很笨？你看有些同学没有像我这样学，但人家成绩却一直不错，别人轻轻松松能得到的，我却要付出很多努力。"看着她茫然的眼神，我握着她的手，告诉她："燃，你要知道，高考不是百米冲刺，而是一场马拉松比赛，有的开始速度比较快，会跑在前面，但多数人，开始时位次并不明显，但他们一直咬紧牙关坚持着，以前面的人为目标，坚忍地、纯粹地不停赶超着，一个人、一个人不停地超越着，跑着跑着，你就会发现，到终点的时候，原来你已经跑到了前面。所以，你要把眼光放长远，就像你之前告诉我说'高考到来之时，也是你能赶上来的时候'，沿途的一些沟坎，都是对意志的磨炼，所以不要怀疑自己，努力奔跑就行，你的努力，上天一定会看到的。而且你更要相信，自信乐观的人，好运气一定会常伴在你身边的！"

接下来的一年半时间，哪怕成绩考到了全级200名以后，她也能云淡风轻地对待，不再过多地关注考试的结果，而是坚定地投入到新的学习中。2021年的高考，她以总分660分的优异成绩，考上了南京大学。当查到成绩的时候，她第一时间给我打来的电话，电话那边，她哽咽着对我说："老师，谢谢您！感谢您对我的鼓励，真的如您说的，乐观的人，好运气一定会有的！"

杨绛先生说："我们曾如此渴望命运的波澜，到最后才发现，人生最妙曼的风景，竟是内心的淡定与从容。"

苏轼在《定风波》一词中说："谁怕，一蓑烟雨任平生。"我们一生中总是担惊受怕，怕什么呢？怕不可预知的未来，怕想要的得不到，怕已经拥有的会失去。老子《道德经》中讲："吾所以有大患者，为吾有身，及吾无身，吾有何患？"怕是因为有所求，所以才会患得患失，而我们如果能够看淡结果，将注意力放在过程上，在寒冷中感受温暖，身处逆境中仍拥抱豁达，饱经忧患依然能泰然处之，不沉沦，不颓废，淡定从容，闲庭信步，宠辱不惊，我相信：心态安好，则幸福常存；经历严寒后，幸运和美好一定会不期而至。

有梦想，谁都了不起

有梦想的人，浑身都散发着光芒。人生的奋斗目标决定你将成为怎样的人。

在刘易斯·卡罗尔的《爱丽丝漫游仙境》中，爱丽丝和猫的几句对话让我印象深刻！

爱丽丝问："我该走哪条路呢？"

猫说："这要看你想去哪儿。"

爱丽丝说："我也不知道。"

猫回答："那么你走哪条路都无所谓了。"

这是多么深刻又简单的道理！

假如在学习的过程中没有目标，那你学什么？怎么学？学得怎么样？也就都无所谓了。

《最重要的事只有一件》的作者说："目标是通往力量之门最直接的途径，也是一个人能量迸发的源泉，还是信念与坚忍的源泉。"

可以毫不夸张地说，目标对一个人的影响是深远而巨大的！

哈佛大学有一个非常著名的关于目标对人生影响的实验。

学者们对一群智力、学历、环境等条件都差不多的年轻人进行跟踪调查。

他们发现：27%的人没有目标；60%的人目标模糊；10%的人有清晰但比较短期的目标；只有3%的人有清晰且长期的目标。

25年后，哈佛大学再一次走访调查之前那批年轻人，得出了一个惊人的结果：

那27%没有目标的人，几乎生活在社会的最底层。他们贫困潦倒，抱怨一切。

那60%目标模糊的人，几乎都生活在社会的中下层，普普通通，没有什么特别的成绩。

那10%有短期清晰目标的人，大都生活在社会的中上层，成为各行各业的专业人士，比如医生、律师、工程师等。

那些3%有长期清晰目标的人，几乎都成了行业精英。

有目标的人和没有目标的人，生活状态是完全不一样的。

有目标的人，每天醒来，都是在目标的召唤下精力充沛地学习和工作。而没有目标的人，每天内心迷茫，彷徨度日，终日靠手机打发时间。

从教十九年，越来越认同一句话，教育其实什么都可以不做，只要给求学的人一个梦想。

你有梦想吗

昨天上了一堂"新学期新起点新目标"的主题班会。中间有一个让学生说自己的梦想的环节，十六七岁的他们正是一群最爱做梦的青少年，可是开始时只有几个学生愿意说说自己的梦想，后来无论我怎样启发，其他人都沉默不语。是其他人胆小不敢吗？作为清北班的学生，平时在课堂上回答问题时，他们往往是滔滔不绝的。事实上，学生们的眼神告诉我，他们中很多人真的没有明确的梦想。后来在收上来的写着梦想与目标的纸条里，我看到一位同学写着"考什么大学是我爸妈的事，我无所谓"。看后我心里顿时产生一种隐隐的痛，我的学生们心中还没有属于自己的梦想。作为班主任，我一定要告诉他们：在人生的征途中，你一定得有自己的梦想，梦想与坚持不是鸡汤，考大学也不是你爸爸妈妈的事，而是你的未来。你只有坚持梦想才有诗和远方。有了梦想，在我们矢志不渝为梦想奋斗的过程当中，我们才能找到人生的方向，前行路上，我们才能充满力量和前进的希望。

梦想是什么

有学生问我："老师，梦想到底是什么？"梦想是人前进的永恒信念，是为了追求某个愿望而该有的拼搏精神，是我们每一天心心念念想要实现的那个愿景。用电影《中国合伙人》男主角成东青的话说，梦想就是一种让你感到坚持就是幸福的东西。当一个人把实现梦想变成一种信仰时，她身体里将充满无穷的力量。每一次看感动中国人物、"七一勋章"获得者张桂梅老师的事迹我都会热泪盈眶，一个面容憔悴、布满皱纹、手指贴满膏药的瘦弱之躯，却有着改变贫困山区女孩，帮助她们实现命运改变的梦想。可能我们每个人都无法想象那是怎样的一个难以实现的梦想。张桂梅老师最后实现了，那些孩子父母没有给予他们辽阔的未来，而张老师让他们拥有了精彩的人生。那位被网友称为"全村希望"的湖南留守女孩钟芳蓉在考上北京大学后，却报考了不被人看好的考古系，面对质疑，她选择忠于梦想。其实一个人最迷人的地方恰恰就是有自己的梦想并且为之坚持到底。

圆规为什么能画圆？因为心不变，脚在走；你为什么不能圆梦？因为心不定，脚不动。星辰和大海是要门票的，诗和远方的路费也很贵。成功者往往都知道自己该以怎样的方式去度过一生，最重要的是他们坚持梦想，实现梦想。

目标明确很重要

教学近二十年，也看到一些混日子的学生，他们对学习对人生很迷茫，没有方向，没有梦想。在西峡一高这样的环境里，他们也没有干什么损害班级、影响学校的大事，每天像是按部就班地完成着老师交代的任务，没有想过改变现在，更没有思考未来，最终熬到参加完高考。这些学生其实曾经不是没有美好的梦想，只是很多时候别人浮躁自己也浮躁，别人沉沦自己也跟着沉沦。曾经我班上的一位男生，网课期间在他人的引诱下迷上了游戏，因为封闭管控不能出去，他就央求他的家人给他买一台电脑，每天晚上都要熬夜玩游戏玩到很晚，导致早上起不来，做题做不进去，最后成绩一落千丈，最后高考时别说985，就是一本也是刚上线。当得知他沉迷游戏的时候，我多次到他家去和他谈心，谈话中我知道他妈忙于生意，对他的要求也不高，只要能考个学校，有学上就行，就这样，他慢慢放纵自己，丢失了目标。他说也试图挣扎过，但没有多少效果。

我知道，梦想我们每个人不是没有过，只是有时真的难以逃脱环境的影响，甚至有时身边的人会对你的梦想泼冷水，让你缺乏坚持下去的理由。这里，我想告诉大家，有清晰而明确的长期目标和短期目标，才能让自己产生源源不断的学习动力。

目标有短期目标、中期目标和长期目标。三种目标有机结合，才能更好地引导和激励你不断前进。短期目标虽然更加清晰具体，但是长期目标却能指引你走得更长更远，它就像茫茫大海中的灯塔，让人看到方向和希望。

一个人有了长期目标，就接近有了理想甚至梦想。有了理想和梦想，他就会一生都持续不断地奋斗下去。

长风破浪会有时，直挂云帆济沧海。请从现在开始，发现梦想的可贵，梦想实在太美好了，它张扬着"丈夫志四海，万里犹比邻"的少年意气；它蕴含着"惜春春去，几点催花雨"的悠悠情思；它传递着"从此无心爱良夜，任他明月下西楼"的诚挚和纯真；它也彰显着"松树千年终是朽，槿花一日自为荣"的独立自信；它意味着"桐花万里丹山路，雏凤清于老凤声"的美好前途；它践行着"鹏北海、凤朝阳，又携书剑路茫茫"的无尽探索。西安交大王树国校长说："不想跑第一的人，永远得不了第一。不要都期望在赛跑的时候，别人都趴倒了，只有你一个人慢慢获得第一的位置，在任何成功的视线里，任何领先于其他人的业绩，都是需要奋斗得来的，但问题是你知不知道、相不相信你有这份潜能，你是充分挖掘它还是把它放弃了，每一个年轻人都有无限的可能，领先的事情，往往是那些无惧困难的青年人，把常人认为的不可能变为了可能。"那些走过的路，那些笨拙而缓慢的生长，会让生活变得独立而丰富，那些咬牙坚持和日日锤炼，那些身体与心里的疤痕，终会成为你最后的经验，成为你赖以战斗的力量，陪伴着你的人生，沉淀了你的岁月，惊艳了你的时光。

做一个有梦的人，因为拥有梦想的人，全世界都会给他让路！

第二辑　师者篇

每个学生都是一颗种子

"万物皆种也。"这句话讲的是万物化育的规律，天地化育万物，万物遵循其自身的规律，蓬勃生长，生生不息。教育的本质是为了促进人的发展，哲学人类学家兰德曼认为"人在本质上是不确定的"，人具有未完成性。这意味着人总是处于未完成之中，人的一生就是一个生生不息、不断生长的过程，是一个不断超越升华的过程。

人的"不确定性"和"未完成性"给人的成长留下了广阔的空间，给人的发展提供了无限可能。裴斯泰洛齐说："教育的目的在于发展人的一切天赋和能力。"

叶圣陶先生说：教育是农业不是工业，需要耐心等待，静心教育，静待花开。

每一位学生都是一粒种子，他们无论成绩好坏，总会发芽、开花、结果。每一粒种子的花期不同，正如我们学生的成长一样，有的花，也许一开始就绽放魅力，令我们喜不自胜。而有的花，却需要漫长等待，有时我们心急如火，却也无济于事。此时，我们需要做的是静下心来，悉心呵护自己的花，陪伴他们慢慢成长，慢慢去收获属于他们自己的独特芬芳！

《论语》中有句话："苗而不秀者有矣夫，秀而不实者有矣夫"，意思是说庄稼出了苗而不能吐穗扬花的情况是有的，吐穗扬花而不结果实的情况也是有的。当你觉得学生最不可爱的时候，那可能就是他们最需要被爱的时候，最需要我们老师的时候，对个体而言，我们不能保证他的每一个生长节点都是完美无缺的，因为他不是一个完人。但是，每一个人都有闪光、动人的瞬间。每一位学生，他们都有自己的想法，我们要懂得尊重；每一位学生，他们都有自己发展的潜力，我们要懂得信任；每一位学生，他们都是与众不同的，我们要懂得理解；每一位学生都有闪光点，我们要懂得激励。每一位学生都免不了犯错，我们要耐心指点，用心教育，静心呵护。每一位学生都是一粒种子，我们要看着他们慢慢成长，陪伴他们沐浴阳光，感受幸福，静待花开。

学生的成长和种子是一样的，在最初的日子里，要经过生命的"滋养"，在他成长的这个阶段，种子只有吸取了足够的水分和营养才能健康成长，我们不能指望今天埋下的一粒种子明天就发芽，后天就开花；同样我们不能抱有幻想，今天对学生的教育和倾注，明天就想着收获与改变。成长是需要一个过程的，是有规律的，作为教师能做的就是给生命以"滋养"，给成长以时间。教育就是为孩子提供合适其成长的土壤和条件，播撒阳光雨露，引导每个学生适性、自由、积极地生长，帮助每个生命个体认识自我、追寻自我、规范自我、超越自我，从而成为更好的自己。只要有合适的土壤、雨露、阳光，这粒种子的将来便有无限可能。

我们往往在羡慕那些好教师、好学生，而忘记了自己应该成为"好教师"，担当起培育"好学生"的责任。我们教师要有足够的耐心，有一双智慧的眼睛，能够抓住学生成长的特点，抓住学生发展所体现出的个性，能够精准施教。也许，我们遇到的那颗种子，永远都不会开花，因为他是一棵树。我们要坚信：这棵树，一定会长成枝繁叶茂的参天大树！

诗意追求，真情陪伴

严格的理性教育固然不可缺少，但教育更多的时候应该是和风细雨、润物无声，或幽默风趣、点到为止的；向真、向善、向美、自尊自爱是大多数孩子的天性。

"细雨湿衣看不见，闲花落地听无声。"诗意的教育体现着大教无痕、大音无声。

德国哲学家海德格尔说："人，诗意地栖居。"

诗意地栖居，应该是一种美好的与自然和谐相处的生存状态。仰望星空，凝视明月，泛波五湖，踏遍青山，这就是一种诗意。诗意从何处寻？宗白华已经告诉我们："从细雨下，点碎落花声。从微风里，飘来流水音。从蓝空天末，摇摇欲坠的孤星……"简单地生活，诗意地栖居，我们做老师的也要有一份诗人的情怀，事实上教育本身就是一首诗。也许，诗意的生活，就是我们做教师快乐的源泉，职业的本真。

作为教育人，要让自己成为有诗意情怀的教师，努力加强个人修养。知识的、思想的、道德的、文化的，力争做到学问精粹，教艺精湛，人格美好，心胸豁达。那样，虽然每位教师个性风格不同，但人人本身就是一首诗，或激昂高亢，或低回婉转，或简洁明快，或隽永深沉，或豪放雄奇，或婉约清丽，每首诗都让学生受益无穷，回味无穷。

作为教育人，要对教育有一种诗意追求，要激情投入工作。每天除了完成自己的本职工作外，要多读书，记录工作中的点点滴滴，并在记录中梳理关键信息，及时探索教学规律。李镇西老师在《教育写作》中说："不停地实践，不停地思考，不停地阅读，不停地写作。真实做人，真实书写自己的生命传奇。"因为有对教育的真情与真爱，才能让教育遇到美好。因爱而生专注，因专注而生坚毅，因坚毅而生对教育成功的渴望。只有不断反思、不断总结，才能真正做一名有诗意、有情怀的老师；只有对学生真诚相待，才能真正走进他们的内心，收获与他们一同成长的快乐。

作为教育人，要过一种简单的生活，带着一颗素心看待我们的世界与学生。教师和其他职业一样，用不着喊很多口号，用不着额外做很多宣传讴歌，很多时候，我们需要做的就是安安静静、认认真真地做好本职工作，远离功利之心，为学生长远发展着力规划；阻断官府之气，抛却浮躁回归教育正题。你怎样看待世界，世界就怎样对待你。当我们简单而纯粹地看待世界，或许，世界就会给予我们一个诚挚而爽朗的拥抱。

作为教育人，要真心陪伴遇到的每一位学生。教育更多的时候是一种心灵的感动，是一种人到暮年觉得此生无憾的慰藉，是用激情书写青春的记忆，是用汗水浇灌理想的花朵，一路走来，体会成长的快乐，分享成功的喜悦，和自己的学生一起成长。作为一名教育行业的从业人员，让学生口头上叫你一声"老师"很容易，但让学生发自内心地尊你为"老师"就不那么容易了。"老师"不是一个简简单单、轻轻松松的称谓，肩负着太多的希望和使命。如果你想做一个名副其实、受人尊敬的"老师"，那你首先要努力修炼自己，努力做到德才兼备，学高为师，身正为范，一辈子简简单单地就做好一件事，那就是教好自己的学生，做一名简单的教师，爱生如子，只有这样，你才能无愧于"老师"这一神圣的称号，才能做一位幸福的老师。

我做教师已经有19个年头了，时间过得飞快，人到中年，还没有腾出双手拥抱一下自己，时光竟已走得那么匆忙。仿佛刚刚学会教书，就已人到中年；刚刚开始有点成熟，就遇到了职业倦怠；刚刚开始有些明白，就已知道退休已在不远处了。中等的收入，朴素的生活，高尚的追求，这是一名纯粹教师的境界，放缓你的脚步，找回曾经的自己，做一个简单的老师，让你在你学生的记忆中，呈现一个为人师者最真的美好。多年以后，你的学生，还记得你，还记得你的好，记得你的简单。那样多好！

一日为师，终身有责

——我的第一节课

2004年9月1日，今天是我走上教师岗位正式上课的日子，第一节课讲主席的《沁园春·长沙》，我提前一周就开始准备，可是在推门进班之前，我的心还是"扑通、扑通"跳个不停，内心既紧张又激动，终于有属于自己的学生了，一种责任、一种使命油然而生。当我第一次看到他们纯真的眼神的时候，我完全被他们的真诚和热情融化了，我忘记了自己的紧张，流畅地导入，带着学生和主席一起畅游橘子洲头，共赏漫山红叶，水中翔鱼，感受主席"指点江山、激扬文字"的意气风发和"苍茫大地""'我'主沉浮"的博大胸襟及豪迈自信的革命乐观主义精神。学生们积极发言，品评赏鉴，在思维碰撞中走完了我们的求知之旅，一节课很快就结束了。

课后我反思这节课上课的过程，心中还是有些遗憾的。比如有些环节的过渡语言，自己说得不是很好，一是不流畅，二是语言匮乏，不能对学生的回答进行有效的评价；当学生的回答超出自己的预期时，内心紧张，竟然有些手足无措，不能随机应变，适时牵引。总结原因：一是自己只关注了如何分析诗歌，没有充分考虑学情，对学生的答案预设少，未做充足准备；二是对自己缺少自信，这次分班别人都教两个班，而我只教一个班，感觉自己比别人差，尽管内心不服，但内心深处还是有些自我否定。

非常感谢这节课，它提示我今后备课中，在认真钻研教材的同时要认真备学生、备教法，平时要多听课，学习有经验教师的课堂掌控艺术。同时要多学习，多看书，并且一直要写教学反思，每天多总结自己的得与失。同时我要对自己有充足的信心，相信自己能够上好这门课，我知道，我比别人每天都少一次锻炼、纠错的机会，他们第一节没有上好的话，第二节在另外一个班还可以改进，而我只有这么一次，所以我要争取每节课都是成功的，一定要把自己最好的拿出来给学生，让他们能真正地学到知识，不要辜负临走前老爸对我说的"为人师表"四个字，我一定要担当起"教师"这两个字所蕴含的责任，做一名优秀的人民教师，一名让学生能真正受益的老师！

为了更清晰地了解学生对我的期望，课后，我让学生给我写意见及期望，主要内容摘录如下：

1.我希望我们的语文老师幽默风趣，能和我们这帮并不是很大的孩子们像和朋友一样真诚地交流，这样也会使我们的学习不再枯燥，成绩一定会有明显的提高，相信我们会做得很好！

回应：老师相信你们会做得越来越好，我也要多学习说话技巧，让自己成为一位幽默风趣的老师。

2.您非常平易近人，希望您能够多关心、支持我们的学习，相信您一定能成为我们的好老师！

回应：谢谢，我们一起进步，我一定不会让你们失望的！

3.我觉得你刚才所说的教学方法很好的，我们应该尽可能地早点适应老师的教学方法，早点提高成绩。希望老师以后能在语文阅读和作文上多给我们指点，能给我们一些自由阅读复习的时间！

回应：喜欢阅读的孩子，"腹有诗书气自华"，我会让你们多读书的，这也是我的爱好。

4.虽然只是短短的40分钟，我真的觉得你离我们很近，像一个亲切的大姐姐，说提要求吗？就是希望你能让我们的课堂继续生动、活泼下去，我知道你能做到的，你说过了很多作业方面的要求，我相信你是一个有责任心的老师，所以我没有别的意见可提，我是一个比较爱好文学的人，我真希望在你的教导下再加上自己的努力能学好语文！

回应：多么纯真的情感啊！怎让我不感动，我会努力去做的，相信我。

5.尊敬的老师你好！我的语文很不好，但我很想把语文学好，我希望能在你的帮助下我的语文水平有个明显的提高，能从你那里学到更多的学习方法，谢谢！

回应：我会的，以后我们一起努力。

6.在课堂上你是导演，我们是演员，我们是课堂的主体，我希望你能把这种活跃的课堂气氛继续下去，我很喜欢你的这种讲课方法，但是我希望以后该严的时候，您还是要对我们严格一些！

回应：我会注意的，什么事都要有个度。

7.通过短暂的40分钟，我对你已有了个大概的了解，我觉得你热情豪爽，真像我们的大姐姐，我对你没什么要求，只希望你能够在以后的学习生活中对我们严格要求，使我们对语文产生浓厚的兴趣，使语文成绩得到提高！希望老师能公平地对待每个学生，对一些语文成绩较差的学生能经常提供帮助，一些同学不会说普通话，希望老师能给以帮助！

回应：我会公平对待每个人的，在我的眼中不会有差生这个字眼的。

8.很高兴这学期你能教我们的语文，虽然大家的接触时间不长，但是，我们非常喜欢你，我没有到过东北那几个省，你也是我见到的第一个东北老师，希望咱们这学期互相配合，互帮互助，一起把语文成绩提上去！

回应：你们以我为骄傲，我要以你们而自豪。

9.希望以后的课堂能像开辩论会一样，让我们自己成为主角，给每个同学一个展示自己风采的机会！

回应：我知道，你们是想要有更多的展示机会，我以后会尽量给你们多创造机会的。

10.我心目中的好老师是既严厉又和蔼的老师，让我们既不死学，又不过度放松，劳逸结合，而且能关心帮助同学，能为同学解决一些简单困难！

回应：我知道，你们离家住校，一定非常想家，我会像对待自己的弟弟妹妹一样关心你们，离开东北老家，你们就是我最亲的人。

看了学生给我写的这些真诚的意见，我知道自己该怎样去做了，我会尽我最大的努力去实现他们的愿望的！一日为师，终身有责！我要对他们负责，这也是对我自己负责！愿我们的付出都能有回报，愿我们的明天都能更美好、更绚丽多姿！

勤心献桃李，爱心献教育

——做一个不断成长的老师

一支粉笔，两袖微尘，三尺讲台，四季耕耘。这样的生活也许很枯燥、很艰辛，但我却很喜欢，我热爱并享受着和学生在一起的每一分钟。

我喜欢那方三尺讲台，咫尺之地很小，却可以播撒知识、真理的种子，成就无数学子的大人生；我喜欢那一双双求知的眼睛，充满了对梦想和未来的期待；我喜欢富有激情和挑战的教学工作：一棵树摇动另一棵树，一朵云推动另一朵云，一个灵魂唤醒另一个灵魂。我要做教育的先行者、探索者、改革者、奋斗者，引领学生走向梦想的星辰大海。

热爱和信念，是我从事教育教学工作的出发点，也是我激情不竭的精神源泉。刚走上工作岗位时，为了能让学生在40分钟的课堂上收获更多，我会在夜晚11点多，仍然埋头灯下，查找资料，钻研教材、教法；会在早上4点多起来，反复推敲修改自己的教案，一节内容，有时会打磨十几遍才讲授给学生。我坚信博观方能约取，厚积才能薄发。每一天，我都虚心向身边的人学习，听同组老师的课、听不同学科老师的课，我努力汲取着他们的教学智慧，逐渐确立了"激情高效，厚德立人"的教育理念，形成了"求真、严谨、生动"的教学风格。

情怀和执着，是支持我抵达远方的胜利的两个法宝。我深知，身为一名语文教师，要有情怀、有担当，要让自己的语文课堂成为有激情、有诗意、能和学生产生共鸣的课堂。日常教学中，我积极探寻适合学生的教学方法，积极采用分组合作式、问题启发式、主题讨论式、自主学习式等教法，学中有变，方法灵活。我倡导"愉悦智慧"的语文课堂，以温暖的笑容催生动力，以丰富的语言活跃思维，让学生在快乐中获得智慧。

高中教师，工作真的很累，很辛苦！但每天能和学生在一起，看着他们神采飞扬的笑脸、追求梦想时发光的眼神，我感觉能当一名教师，真的是很幸福的一件事！我知道自己并不聪明，自身也有很多不足，但我相信天道酬勤，相信学习的力量。我给自己定的目标是：每天都能比昨天进步一点。在教学方面，除了每天上课、批改作业，我坚持写教学反思，及时记下这节课的亮点与改进的地方；在专业成长方面，我积极听同组老师及不同学科老师的课，学习他们课堂掌控的艺术，取长补短，提升自己；利用闲暇时间看特级教师于漪老师、魏书生老师、王金战老师的著作，在网上看名师的语文教学实录，学习他们的教学方法，课文处理艺术；精研高考题，大量做各地的模拟试题，准确把握高考信息的新动态……

慢慢地，我悟得：一个人的敬业态度，决定了他在专业发展的道路上能走多远。要成为学生喜欢的教师，应该有高度的责任心，把学校的事情当作自己的事情来做；把学生的需要当作自己的需要来实现；把自己的追求和教育的需要融为一体。教师对教育的幸福感、神圣感、使命感、责任感不仅决定了自己的高度，也决定了学生的高度，以及我们国家素质教育的高度。

立德树人，做个大先生
——做一个有情怀有担当的语文教师

为政之道，修身为本。中国传统文化历来把"情怀"看作做人、做事的基础和根本。古人所推崇的修身齐家治国平天下，修身是第一位的，也就是说一个人有"情怀"是至关重要的。什么是情怀？情怀在字典中的解释是含有某种感情的心境。而作为一名教师，应当拥有的便是教育情怀。教育情怀是对教育的一种理解，是做教育的一种态度，是对教育理想的孜孜以求，是流淌在血液里的思想，是一种自觉自然发自内心的教育行为，也体现着一名教师的品质与职业操守。教育情怀，对于一名教师而言，就应该是像渴了就要喝水，饿了就要吃饭一样自然。作为一名语文教师，更要有情怀。

王开岭有一篇很有名的文章《语文的使命》，我尤为喜欢下面两段：

在一个孩子的精神发育和心灵成长中，语文扮演着保姆和导师的角色，它不仅教授语言和逻辑，还传递价值观和信仰，一个孩子对世界的认知和审美，其人格和心性的塑造，其内心浪漫和诗意的诞生……这些任务，一直是由一门叫"语文"的课来默默承担的。

若语文老师是位博学雅识者，是位有品质的爱书人，在教材之外还赠送了丰盛的课外阅读，那这些孩子就是有福的。也许这些阅读，并未在考试中立竿见影，但等他们成人以后，等他们的人生走出了足够远，他们会朝自己的语文课投去感激的目光。

那么我们应该具有什么样的教育情怀呢？我们应当要有教育理想和追求，要将教育工作植根于爱。在河南这个高考竞争激烈的大省中，我希望我的学生，在努力学得知识，抓住分数的同时，更能够学会做人，学会做事，学会学习，学会生活，并且有能力创造和享受美好的生活。

教学中我不忘因材施教，对成绩优异的学生，在引领他们向更高层次攀登的同时，不忘提醒他们筑牢基础，精益求精；对中等生，注重给予他们相应的学法指导，让他们在学习中少走弯路，高效落实；对学困生，进行个性化辅导，布置针对性作业，及时批阅反馈。就这样，任何一位学生都能在学习中找到奋斗的方向和动力，他们的成绩进步了，脸上的笑容多了，心胸格局也慢慢打开了。

为了增强学生的信心，我利用自己的语文课堂阵地及身为班主任的优势，定期开展丰富多彩的活动，以促进学生身心健康发展。

一、立足传统文化，让激情与格局为学生奠基

我一直认为，语文课堂不能仅以满足完成既定的教学任务，提升学生高考分数为目的，而是要关注学生健康品格、人格的培养，这就需要我们在学习教材时要充分利用传统文化资源，让学生在传统文化中去学习、感知传统美德，体验和笃行古代先贤的崇高道德风范，养成热爱生活、积极面对生活的精神，做拥有大格局、大胸怀、大境界的人。

1.重温传统经典，接受崇高精神熏陶

为了让学生拥有良好的性格，积极自信的阳光心态，坚忍不拔的精神，走上实现人生价值的更高平台。我会和学生一起重学《弟子规》，在"首孝悌、次谨信；泛爱众，而亲仁"中引导学生拥有一颗孝心，一颗仁爱之心，更好地做人、做事；每天和学生一起学习背诵《论语》《孟子》《老子》等诸子百家的名篇名言，体会道家、儒家、佛家最高精神，感受其达观、舍得、循天理、重人伦、包容、恩养的文化内涵；品读《史记》《资治通鉴》中经典篇目，感受王侯将相的

成败得失，明理、睿智，拓宽视野，开阔心胸。

2.开展多种形式，品味传统文化魅力

在教学中利用碎片化时间进行传统文化教育。课前五分钟进行古诗文经典诵读、古代神话、寓言故事、成语故事、经典名言等分享。用"少壮不努力，老大徒伤悲""黑发不知勤学早，白首方悔读书迟""玉不琢，不成器"等格言引导学生珍惜时间，不畏艰难。用"欲穷千里目，更上一层楼""天行健，君子以自强不息"等格言教育学生要志存高远，不要骄傲自满。用"爱亲者，不敢恶于人；敬亲者，不敢慢于人"等格言让学生懂得待客之道、尊师之道和朋友相处之道，懂得尊老爱幼、兄友弟恭的道理，让学生既学文化，又学做人，思想、情操、道德品质都受到熏陶。

3.立足课本教材，调动学生学习兴趣

学习古典诗词时，开展"古典诗歌朗诵会"，让学生体会诗词魅力。遇到清明、谷雨等"二十四节气"时，让学生搜集与节气有关的诗歌、谚语、故事，体会节气之变，感受古人智慧。在学习汉字演变时，让学生搜集有关甲骨文、金文、篆书、楷书、行书、草书相关资料，感受汉字每一次演变的升华美。搜集与汉字有关的成语、歇后语、玩"百变汉字"游戏，体会汉字意蕴的精妙，如"金"是指财富，三个"金"字垒成金字塔形状，就是财富兴盛的意思。欣赏古代书法家的作品，感受汉字的形体结构之美。如楷书的古朴端庄、飘逸悠然，草书的凤舞龙翔、自由奔放。每一个汉字，都有独特的人文之美，如"颜""谦""饶"等汉字，在笔画的穿插挪让中，要学会互相谦让，如果笔画太挤，就会自动缩起手脚。"微""卿""漪"等字，中间部分起着桥梁的作用，三个好朋友要手拉手、团结一心一起走。时时提醒学生要静心写好字，作为龙的传人，不会写方块字，就失去了民族的根。

二、立足主题教学，提升学生的核心素养

在平时教学中，我会有意识以"主题"为核心，有意识拓展学生阅读的深读与广度。

1.课内外阅读结合，丰富相关主题的阅读内容

选择恰当的阅读材料，通过课内外阅读内容的有效结合，丰富相关主题的阅读内容，满足学生的不同需求。同时课外的阅读材料也能起到一定的解释说明、补充等功能，有利于提高学生的理解能力。例如在学习苏轼《念奴娇·赤壁

怀古》时，结合辛弃疾《永遇乐·京口北固亭怀古》这一教材内容，选择《塞下曲》等课外古诗词，开展相似主题阅读的比较阅读。课前"阅读三首古诗词，感受三位诗人笔下的英雄人物的描写，并谈一谈异同之处"这一问题，将学生快速带入课堂的群文阅读中，进行阅读、分析、讨论、交流。《念奴娇》中周瑜年少有为、胸襟广阔、英姿飒爽；《永遇乐》中辛弃疾表达了对孙权的钦佩，以及英雄老去的感慨；《塞下曲》中则描写了李广将军的神勇。学生通过阅读课内的古诗文，对古代的英雄产生了新的认知，并学会了辨别古诗词的类型、风格，提高了他们的鉴赏能力。

2.设定恰当的阅读主题，激发学生的阅读兴趣

日常教学中，我会根据课堂的教学内容合理地设置阅读主题，让学生主动分享自己对阅读主题的看法。有时也根据单元内容，将单元主题设置为相关主题阅读的议题，引导学生充分理解教材内容，高效地吸收教材知识。例如在学习必修四宋词这一单元时，我将课堂的阅读主题设置为：那些年我们遇到过的词牌名。在课前布置好学习任务，引导学生搜集相关的资料。在课堂教学中，围绕这一主题引进本单元的四首词：《虞美人》《蝶恋花》《雨霖铃》《声声慢》。让学生介绍词牌名的由来，以及不同类型的词牌名所代表的含义。引导学生了解四首古诗词大致的内容和风格，认识婉约派诗词特点。

3.选文与原著比较阅读，加强学生对作品的理解

教材中的名篇多是名著的节选部分，学生在阅读节选课文时有时候不够全面，不能深刻地感受到经典篇章的魅力，这时就需要把选文和原著进行比较阅读。如在教授《林黛玉进贾府》时，我与学生一起探讨了"林黛玉为何总不许见哭声？林黛玉与贾宝玉初次见面时为何似曾相识？贾宝玉为何要摔玉？"等问题，这些问题实际上在《红楼梦》这部经典名著的第一、二回中有相关阐述，学生在阅读这两回后，才能更深入地了解宝黛二人的前世姻缘，在阅读《红楼梦》整本书时，才能更深刻地体会到贯穿全书始终的贾宝玉的叛逆性格，感受到贾宝玉对封建社会的批判，对自由平等的渴望。

为人为师，只有不断追求完美，才能真正"学高为师、身正为范"。为人为学，只有自强不息，不断修炼，方能"厚德载物"，不愧师名。牢记"立德树人"使命，做培养学生品格、品行、品味的大先生，做一名有情怀有担当的优秀人民教师，是每个教育人永远的追求。

教师的时代使命

我国数学家陈秀雄、王兵在微分几何学领域取得重大突破，成功证明了"哈密尔顿–田"和"偏零阶估"这两个国际数学界20多年悬而未决的核心猜想。国际顶级数学期刊《微分几何学杂志》已发表这一成果。

2021年10月27日0时41分，我国自主三代核电华龙一号全球首雄一中核集团福清核电5号机组首次并网成功。这标志着中国打破了国外核电技术垄断，正式进入核电技术先进国家行列。这两项重大成果，表明我国在数学、物理两个领域实现了重大突破。这也从侧面展示了我国教育改革的成果。教育的根基是教师。我们全体教育工作者，只有不忘初心，牢记使命，才能真正实现教育的复兴，民族的复兴！

我们为什么要当老师？初心是什么？

为了生计？——离不开它，那就热爱它。因为职业，所以专业！

为了父母？——那就成为优秀，让父母的微笑在家乡绽放；让我们的孩子以我们为荣！

因为热爱？——那就向蔡志忠学习：我一生从来没有"工作"过，而是着迷于完成事物的极致享受。倾心把它做到极致！

追逐梦想？——那就用一生去圆梦吧，不负此生，活成浓墨重彩的模样！

为国育才？——那就扛起责任和担当，用"没有学不好的学生，只有不会教的老师"来严格要求自己，在育人和高考的夹缝里，追求生命的终极价值和情怀！

总之：不管将来做什么，现在就做一样成一样！

习主席说：培养什么人，是教育的首要问题。我国是中国共产党领导的社会主义国家，这就决定了我们的教育必须把培养社会主义建设者和接班人作为根本任务，培养一代又一代拥护中国共产党领导和我国社会主义制度、立志为中国特色社会主义奋斗终生的有用人才。

这为我们指明了培养的方向。

习主席又说：教师要时刻铭记教书育人的使命，甘当人梯，甘当铺路石，以人格魅力引导学生心灵，以学术造诣开启学生的智慧之门。

这为我们明确了责任和使命。

其实，关于我们的职责，古圣先贤也有教诲：

韩愈说：师者，所以传道授业解惑者也。

北宋教育家胡瑗说：致天下之治者在人才，成天下之才者在教化，教化之所本者在学校。

居里夫人说：一个人不管取得了多么值得骄傲的成绩，都应该饮水思源，应该记住是他的老师为他的成长播下了最初的种子。

所以，我们只有清晰、准确地找准我们的职责使命，才能真正做好为国育才的工作！我们的职责：

（1）角色定位

没有先进的教育理念做支撑的"诲人不倦"最终只能变成"毁人不倦"。所以，我们必须明白我们的角色：从文明的传承者变为创新人才的催生者；从教育理论的消费者变为教育理论的构建者；从工作岗位的奉献者变为生命价值的追求者，从知识技能的传授者变为学生灵魂和"品格、品味、品行""精神长相"的塑造者。

（2）职责定位

引领学生追求梦想，点燃学生学习、创新的激情。教育不是灌输而是引领，不是逼迫而是点燃。

由交给学生知识、方法走向启迪学生思想、激发学生内驱力，点燃学生的创造力。引领学生树立高尚、高远的人生目标。

以"达能兼济天下"的境界，树立学习信仰；以毛泽东、习近平、孙中山、比尔·盖茨以及西峡企业家群等为榜样，激发学生的爱国、爱党、爱社会主义的热情；

作为任课教师，要激发学生的学习兴趣、热爱我的学科，达到提高分数、学以致用、化知识为德行、知行合一；

作为班主任，要坚信最终的胜利是人品和学品的胜利，培养学深品高的优秀人才。

在教学过程，我用我校知名校友师昌绪、荣毅超、石正丽、张清杰的事迹和

2017年省文科状元吴铮、2020年省文科第二名钟毅清、2021年市状元王蔚然、张玉蕊等人的学习经历激发学生树立高远的人生目标；开展我是第一名活动，激励学生奋勇向前；开展学在生活、百家争鸣、我与经典有个约会等活动，激发学生的学习兴趣。

　　具体该怎么做呢？27年的经历，有些粗浅的心得和大家分享：

一、以"乐教"的心态对待工作

　　有人说：如果离不开它，那就爱它，这是被动的"乐教"；古语云"医不自治"。我们好多老师有一种切肤之痛："种了别人的园，荒了自己的田。"那现在我们这样想：先拿别人的孩子做实验，积累教育自己孩子的经验。这等好事，我们何乐不为！心态一变，调皮的学生也不那么讨厌了，转化或者收服一个学生，成就感也是满满的！

　　而且我还认为，每个孩子都是一朵花期不同、花色不同的花，我每天都徜徉在百花丛中，这是何等惬意的事！心情好，效果就好。长久之后，就会形成良性循环。变成了自己快乐地教，教会学生快乐地学；自己创新地教，教会学生创造地学；自己轻松地教，自己的孩子也能成才。岂不快哉！

二、做一个有责任担当、仁爱之心的老师

　　学生将来会成为什么样的人，很大程度上取决于我们现在给他们播下什么种子。把学生当成自己的孩子，为他们播下积极、乐观、坚强、勇敢的种子，让他们茁壮成长；为他们播下诚信、宽容、仁爱、感恩的种子，让他们成人成才；为他们播下国际视野、为国为民、创造创新的种子，让他们成为卓越，兼济天下！

　　让学生实现做人、做个人物、做个大人物。

　　工作中，要厚爱，更要严管；有效的教育是先严后宽；无效的教育是先宽后严。捧着一颗真心爱心，学生会理解的。

　　要换位思考：教来教去，终于把自己教成了学生。

　　最近有两则新闻很有教育意义：

　　一则是"顺其自然"今年再捐103万元。

　　2020年11月27日，浙江宁波慈善总会收到"顺其自然"的103万元捐款，落款署名是"然然"。自1999年以来，"顺其自然"每年捐款，逐年递增，目前捐款已达1258万元。他曾留言：坏事不做，好事不说。20多年来，宁波市慈善总会

一直遵循着他的要求，坚持将善款用于助学、教育方向，并通过各类媒体对每一笔善款的使用进行公布。此例足以证明成功的教育对学生的积极影响。

另一则是忍无可忍无须再忍，驻日美军行凶。

据不完全统计，驻日美军犯案超过21万起，致上千日本居民丧命。但是犯罪的美国士兵受到的惩罚，只不过是从日本撤出，然后转到其他的地方继续服兵役。而对于犯罪比较严重的士兵，他们也会逃脱刑事责罚。对于驻日美军对日本人民带来的危害，日本政府为了自身的利益，只能对美军的所作所为忍气吞声，日本政府的这种行为助长了美国士兵的犯罪气焰，导致驻日美军在日本的犯罪率逐年升高。用此例驳斥香港一些乱港分子提出的"香港之所以比内地发达，就是因为香港被殖民了100多年"的反动论调，体现教育的重要作用。

三、做一个勤奋、严谨的老师

古语说：天道酬勤；只管耕耘，别问收获；念下经，别怕不给经钱；你只管努力，上天自有安排。

我们要把学习当成生活的一种需要，融入生命中去，成为生命的一部分。日常生活中，要做到"六勤"：

勤读书：读书不需要理由。专业书籍、文学、科学等方面的书都要读；毛泽东的诗词文章、李白的诗歌等。

勤听课：听优秀教师的课，并主动运用。

勤交流：同学科和不同学科的老师都要交流，开阔视野和思路；多与学生交流，把准备课的方向和标准；多与家长交流，让家长理解和支持，能拓宽教学的广度。

勤反思：穷理以致其知，反躬以践其实。深度学习必须是要以反思为基础的。否则，就只是接纳，只是输入，没有内化，很难输出新内容，生成新能力。

勤改进：唯改革者进，唯创新者强，唯改革创新者胜。年轻教师的前三年，就是要不断学习、不断融合、不断改进，然后逐渐形成自己的风格。

四、做一个有能力的老师

能力，就是解决问题的办法。有能力，就是有解决问题的办法。

教师要有管理能力和教育教学能力。要敢于管理、善于管理。学习管理课堂和学生，要从以下几点入手：

1.细节决定成败

注重细节、抓住细节，用细节培养能力，用细节成就卓越。

（1）做学生的表率。教师要善于运用表扬和批评：多观察、多发现，多有理有据、内容充实。

（2）教师的仪表、仪态：干净、大方、有品位。

（3）教师的语言（肢体语言）：有礼、有理、简练、幽默；动作有力度、声音有响度、内容有深度、落实有信度；多正面表达：不说"别焦虑、别乱写"，说"请放松、请规范写"；不说"这题不用思考就能做对"等。

2.要善于运用表扬

作为老师，要把对学生的表扬变成一种习惯，把会表扬学生培养成一种能力、一种素养。表扬应该成为老师最有力的"助手"。

表扬要注意"三性"：即时性、具体性、真实性。

即时性是指我们要有一双发现学生优点、进步的慧眼，及时、全面地发现学生的优点和进步，并即时进行表扬。

具体性是指表扬的内容要具体，空洞的表扬会适得其反。比如这个学生上课发言积极，那个学生发言声音洪亮，还有学生字迹工整，还有学生特别勤奋、有礼貌、头脑灵活等。

表扬的真实性是指要让受表扬的学生有"收益"。物质的、精神的都可以。口袋里、口头上早晚都有"棒棒糖"。

少批多评：评点到位、有理有据有方法，让学生信服、并知道怎么做。

3.多说"我们"，少说"你们"

时时处处让学生感觉到咱们是一家人，是一体的。这样，老师的好意才容易被理解和接受。要不然，很多时候会"好心变成驴肝肺"。

4.勤到学生中去

上课走下来转转，既可以让前面后面的学生都听清楚，又可以给走神的学生适当的提醒。

5.要培养学生的尊严意识

求学的目的之一应该是"为了将来有尊严地活着"。要恰当地引导学生注意维护自己的尊严。懂得自尊、自重；懂得尊重别人。

6.礼貌意识

我经常讲，有"礼"走遍天下。"礼"，是有"礼貌"。对人彬彬有礼，走到哪儿大家都喜欢。

7.着装、发型与精神面貌

衣着得体，让人感觉到"美"；发型合适，让人能感受到你内在的精气神，让人能感觉到你的精神风貌；不要在发型上搞很多花样，网上有句话说：脑袋里面的东西越少，脑袋外面的花样就越多。此言有理。

8.要注意讲课、读书、谈话时的姿势

不要坐下讲课，那样没气势，而且，好多肢体语言也运用不上，效果要打折扣的；学生也容易昏昏欲睡。读书时，师生都一定要站起来，换换方式做做有氧运动，读书声琅琅，效果好，学生也不瞌睡。和学生谈话时不要歪歪扭扭，不要摇来晃去。你显得不严肃，学生就感觉不到庄重，这不是随意、有亲和力的表现。这样的谈话效果很差。如果是批评，那甚至还起副作用。另外，手要拿出来，别喜欢把手放在口袋里。你看，不管是"拼搏"的"拼"字，还是"抓机会"的"抓"字，都是"手"在前面、外面嘛。要在这方面给学生做出榜样，让学生早晚准备"拼搏""抓机会"，成就事业，"兼济天下"。

9.桌子上书不能超过10厘米

超过10厘米，就容易把人挡住，就是"书压住人"了，不容易从书本里跳出来，容易成"书呆子"；学生还容易做小动作；写作业也不方便。

10.早读上厕所、上课瞌睡、喝水等大错不犯、小错不断的学生的管理

找一个本子，用来记账，记下一周内这些学生出现问题的时间、地点、理由、次数。一周一总结，可以给机会，看下周是否改进；屡教不改者，可以上报学校按校规处理。反正不能将就，否则，极容易因小失大，慢慢就管不住了。

11.纠错与宄错

学科积分制度。

对学生读书、写字、考试等的规范要求。

利用好课代表。

巧妙化解师生对立、转变你讨厌的学生（山不过来我过去）。

三尺讲台，三寸舌，三寸笔，三千桃李；

十年树木，十载风，十载雨，十万栋梁。

"教师"二字后面不仅有幸福和光荣，更有艰辛和付出！

"教育"二字后面不仅有自豪和荣誉，更有涵养和担当！

给自己"充值"，让学生"增值"

有人说，用昨天的方法教今天的学生，你绝对走不到明天。诚哉斯言！教师从教的过程就是一个教学相长的过程。教学相长的过程，也就是让自己生命增值的过程。所以作为一名老师，只有不断地给自己充值，才有能量去唤醒生命。唤醒生命的过程，才是让自己和学生共同增值的过程。

一、为自己的生命充值，做幸福的教师

从教的过程，我们必须思考这样一个问题：怎么为自己的生命充值？我们都知道教师职业发展的两个特点：不可替代性和职业生命增值。只有发掘我们自身的长处，扬长避短，别人不能做的，我们能做；别人都能做的，我们可以做得更好。只有我们不可或缺时，我们才有价值。我们可以一辈子不离开体制，但我们要有随时可以离开体制的能力，这也将是我们能在体制之内幸福自由生活的基础。

要做就做一个幸福的教师，只有幸福的教师才能培养出幸福的学生，才能唤醒幸福的生命。如果把学生当作魔鬼，那我们就生活在地狱；如果我们把学生当作天使，那我们就生活在天堂。作为教师，我们应该寻找属于自己的切身幸福感。幸福不会从天而降，更不会自己找上门来，我们应该在平常的工作中找寻幸福和快乐。工作中的点点滴滴都会让我们有很多的惊喜，幸福无处不在，只要能带着一颗爱心去观察，幸福其实一直就在我们身边：当一个看似复杂的难题被不同的学生讲解后，妙趣横生，灵性激荡，我想那一刻的我们就是幸福的。作为教师可能就应该这样，学会赞赏学生、欣赏学生的视角，发现更多有光的孩子，追求每一天的小确幸，在陪伴生命中各自绽放，会让我们的教学生活多一些生趣。同时也让我们在传道授业中，教会着自己，滋养着自己。我们教师如果能以享受的态度从教，那么我们的教育生涯便显得幸福而动人。

二、为自己的生命充值，做智慧的班主任

班主任不是一个仅靠热情和勤奋就能干好的工作，还需要很高的专业技巧和专业智慧。

（1）做班主任要疯狂地练习基本功。基础不牢，地动山摇；基础不稳，教育没准。基本功包括基本素质，如职业道德（师德）、人文素养（知识面宽，博览群书）；基本知识如教育理论、学科知识、心理学、管理学等；基本能力如学习能力、科研能力、管理能力、解决问题能力、写作能力、组织能力、协作能力、表达能力、沟通能力等；基本技能如教学方法（备、讲、批、辅、考；"三字一话一画"等）；教育方法；努力做三好教师：干得好，讲得好，写得好；做四能教师：站起来能讲，坐下来能写，走出去能干，静下来能读。

（2）做班主任要疯狂地阅读。教师是读书的职业。朱永新老师说："缔造完美教室，创造生命传奇，离不开教师的深厚学养。"北京大学中文系教授也曾说过："如果过了若干年，你半夜醒来发现自己已经好长时间没读书，而且没有任何负罪感的时候，你就必须知道，你已经堕落了。"

（3）做班主任要疯狂地"偷取绝技"。虚心学习身边每一位优秀班主任的"绝技"；认真收集图书报刊上的教育案例；到处搜集全国著名班主任的报告录像和光盘，细细品味别人独具匠心的方法和智慧。

（4）做班主任要疯狂地请他人找问题。让家长、学生、领导、同事、网友和我的家人，都做我的"老师"。坚持"每日四问"：今天我找学生谈心了吗？今天我读书了吗？今天我反思了吗？今天我写作了吗？

（5）做班主任要疯狂地研究学生。了解学生是教育学生的前提。以研究的态度工作就不会职业倦怠，把学生当作研究的对象心态就会平和。每一个问题学生都是上帝派来帮助我们成长的天使！班主任的第一修炼：心态！每一个问题学生都是极好的研究课题！

当然，作为班主任也不能低估了教育工作的难度，教育不只是诗和远方。教育孩子是最重要最困难的事情。但班主任应该清晰地认识到，班级管理并非班主任一人之事，在班级管理中学会自我减负、学会偷懒、学会管理、学会分工授权、学会用人。班主任要做到把成长的权利还给学生，唤醒学生的自律意识，给学生个性提供充分发展的空间，才华充分施展的舞台。学生一定会呈现出一派蓬勃向上发展的势头，我们怎么能不乐得做一个会"偷懒"的班主任呢？班主任要

做的，只是随着学生的成长，不断地完善班级管理制度，让它更全面、具体，更人性化，符合学生的成长规律。我们只要坚持信任学生，把自己曾经大包大揽的工作，放心大胆地交给学生去做，充分调动大多数学生的积极性，并抓住契机适时帮忙，那我们一定会收到意想不到的惊喜。

三、为自己的生命充值，做有温度的教育

好的教育一定是有温度的教育！教育需要温度、需要感动、需要震撼、需要心灵的泪花。只有真正把学生看成活生生的人，教育才能温暖，才有温度。怎么让教育变得有温度，让学生在教育中感受到温暖，我想，对于教育，确实应该静下心来好好想想，怎样才是好的教育，怎样的教育才是真正对学生有用并能影响学生的教育。教育是成长的过程，而成长需要时间。教育会像种子一样，埋在人的心里，等到温度、湿度、养分等条件适宜时，就会生根、发芽、开花、结果。因此，教育需要慢下来，正如李镇西专家所说，"幸福既在我们心灵深处，又在我们眼前身边。所以我们要满足于学生的点滴进步，而不是要求人人第一"。

优秀的集体，必须有优秀的文化。结合本班情况以微班会为载体，打造高效的思想政治阵地，用文化建设引领班级发展。常听人说：没文化真可怕！可文化到底是什么？是学历？是经历？是阅历？其实都不是，文化是植根于内心的修养；无须提醒的自觉；以约束为前提的自由；为别人着想的善良。这些都是我们需要在微班会上引导养成的文化素养；此外，注重首次效应，也就是头一次事件、行为对以后同类事件、行为产生的积极影响或者消极影响。树立标杆典型事件，让班集体形成善必扬，恶必惩的风气。最后注重文化建设持续性。每日晨读激励、每日宣誓、课前三分钟演讲、每周一歌、每周大事、每周书荐、每周明星、每周反思、每周亲情、每月嘉奖、我来露一手、班委述职报告、班级志愿者等。总之，整个班级要树立榜样，聚焦正向；聚焦问题的发现与解决，聚焦现在和未来；聚焦过去的成功经验；聚焦当下一小步，怀揣梦想，付诸行动。只要行动，就有收获，只要坚持，就有奇迹。

班主任是班级发展的领路人，是学生成长的重要见证人。有人说，有什么样的班主任就会有什么样的班级。用幸福、快乐、智慧和温度为自己充值，带领学生做有智慧、有温度、有品格的价值满满的栋梁之材！

用语文之美唤醒生命

作为语文老师和班主任，我从来不认为管理就是冷冰冰的管理者与管理对象之间制度体系式的关系。所以，我一直在寻找把班级管理人文化、人性化、审美化的方法。

在语文教学的过程当中，我发现成语当中蕴含的传统文化的哲理美，对提升我们的班级管理的品质是非常有帮助的。成语是人们长期以来习用的简洁精辟的固定短语，承载着博大精深的中华传统文化信息，是中华传统文化中的精华，是语言宝库中的精华，也是文化的积淀。

教育最重要的就是让受教育者愉快地接受教育，快乐地参加教育。汉语成语中所蕴含的传统文化和哲理，在这方面给了我深刻的启示。

我最早有感触的成语是"自作自受"。看到这个成语，我们首先想到它是一个贬义词。其实经过实践，我对它有了新的认识。我把这种认识也分享给了我的学生：

2017年，我校学生吴铮，以676分的总成绩，取得了河南省文科第一名。这是我校自建校以来第一个省状元，是一个历史性的突破。吴铮是我从高一一直带到高三的学生，我见证了她的整个成长过程。在成绩揭晓后的很长一段时间内，我一直在思考，吴铮为什么能够取得省状元？通过和任课老师的反复交流，我总结出吴铮成功的经验，就是六个字：态度好，改得快。

2017—2020年这三年期间，我作为班主任，又见证了1709班的成长，钟毅清同学以678分的总成绩，勇夺河南省文科第二名。同样经过反复思考和讨论，我们认为钟毅清成功的经验也是六个字：乐干、实干、巧干。

到这里我们也就明白了"自作自受"的另外一个含义：你做什么，你就享受什么。你自己种下了好的种子，那自然就会收到好的结果；你自己种下了不好的种子，自然就是坏的结果。

通过这个成语和两个典型事例的分析，学生们明白了的确应该静下心来，全力以赴为自己应该做的事和想做的事负责，积极转变了态度，快乐地投入学习。再也不敢弄虚作假，偷奸耍滑。

第二个成语是"乐此不疲"。通过这几年的观察，我发现学生为什么不喜欢学习，因为他没有从学习中得到乐趣。其实人性就是这样。他喜欢的事，再苦再累也不觉得苦和累；不喜欢的事，就是再轻松，他也觉得苦和累。所以我就努力营造快乐学习的氛围。首先我绝对不在班里谈"学海无涯苦作舟"之类的话。其次，我会让学生们看姚明训练的视频，邓亚萍、张怡宁、马龙、樊振东、孙颖莎、王曼昱等乒乓球运动员运动的视频和中国女排训练的视频，还有一些体育明星，他们怎样在背后刻苦练习、提升自身素质的视频或文章。看完之后，让学生进行讨论，主要是两个问题：

一是他们的生活枯燥吗？二是他们为什么能坚持下来？

然后让学生发言。通过学生的发言，他们明白了，其实"姚明"们的生活也很单调，远比我们的学习枯燥多了。他们之所以能够坚持下来，就是因为他们热爱这项事业。尤其是电影《夺冠》中的台词："当你的判断成为下意识的时候，才可能出现在正确的位置；下意识是怎么来的？训练来的！不是一般的训练，是千百万、上亿次不断重复的训练！"学生们看到这里，也就自然而然地明白了高中并不是人们传说中的那样枯燥、单调，自然而然能够以愉快的心态投入学习。所以我们的班级文化就是快乐文化。快乐文化的实质，就是在快乐的环境当中，以快乐的心态拼命地学习。有了愉快的心态，做什么事都会很快：速度快，用功多，效率高。

给我感触最深的第三个成语是"为所欲为"。这同样是让大家感觉到是非常贬义的成语。可是我也从中找到了为什么学生们不愿意学习的原因：现在他们所做的并不是他们愿意做的。所以我就千方百计把学习变成他们"所欲为"的事情：让学生看中美贸易战的相关材料，让学生看温铁军教授关于美国如何在全世界剪羊毛的视频、美国大兵如何在驻军地区横行不法的视频等，让学生以清醒的眼光看到当今社会，如果国家不能强盛，我们的民生福祉、国家尊严就会受到严重威胁，倾巢之下，安有完卵！从而激发学生主动学习的强烈愿望，把学习变成他们"所欲为"的事情，内生动力就被激发出来了，学习就变成了他们主动的需求，自然快乐的事情了。学生的生命主体灵性得到了唤醒，动力自然就源源不断，效果也就非常明显了。

教育真的就是一个生命唤醒一个生命的过程。其实不光成语，我们中国传统文化当中有好多优秀的基因，都可以用来唤醒生命，激发学生的潜能，让学生在快乐的环境中彰显生命的价值！

第三辑　管理篇

请丢掉你们的"自我感觉良好"

——一节班会课

"自我感觉良好"是我们每个人都或多或少存有的一种心理和情绪反应，既有有益的一面，也有不利之处。之所以这么说，是因为它一方面可以让我们增强自信，相信美好。另一方面如果把握不好，就会使我们思想膨胀，不学不看不比，常常私下沾沾自喜，其实只是自嗨自乐。今天，距离2021年高考只剩195天，有些话我要告诉你们——我的学生们！

每一次周考后，面对成绩，你们中的多数人都是自我感觉很满意，甚至你们中有部分人还沉浸在每次考试是年级前多少名的暗自窃喜中，似乎自己没用多少力就排到了全年级文科的前列，但说实话，作为尖子班的学生，你们的成绩真的还不够理想，你们有理由要做到更好。

曾经和你们中的一个同学交流，他告诉我：老师你没必要这么焦虑，我感觉我没有怎么学成绩就位于前面了，其他班个别学生即使有一两次考到前面，那也是偶然。我听了以后很惊讶，惊讶于同学的这种短视与自负，客观说，这种短视与自负比成绩没考好更危险。你们如果仅满足于眼前的成绩，而不去反思自己平时早读松松散散，课上不积极参与，作业对自己要求不高，仅满足上交老师，没有深入钻研题目，所有的偶然其实都是必然。说实话，在通向高考的道路上，所有人的机会都是一样的，成绩只会垂青于那些努力的人。

如果你们希望实现你们自己定下的目标，那么你们现在做的，真的还远远不够。

不信你们认真地问问你们的内心。

你们说你们努力做题了，真的够吗？做题时你们圈画关键词了吗？每道题的考点是什么你们弄清楚了吗？做题步骤规范吗？题目讲解之后有认真反思和纠错吗？纠错时有归纳和注意提醒吗？

你们说你们早读认真了，你们背了多少知识点？时间分配合理吗？哪些是自己不是很牢固掌握的，你们心里清楚吗？对于薄弱的知识点你们有认真识记巩固吗？背下的那么多是不是有一大半都是你们之前已经会的，结果你们还在花费大量时间在它上面？

你们说你们上课专注了，主动参与课堂了吗？老师提问时你们有认真思考并主动回答吗？你们听讲的专注度高吗？你们真的弄清做题方法了吗？

你们背的64篇高考必考篇目，每一篇你们背了多少遍？能保证内容全部透彻理解，书写不出现错别字吗？

你们在你们错得最多的数学题上、物理题上，钻研了多少？课本例题看了几遍？公式原理等知识的形成过程，你们都清楚知道吗？

你们在你们总是拿低分的英语阅读理解上、语法填空上，你们读了多少？专题做了多少？单词的积累量够不够？

最重要的，你们的计划坚持了多久？你们为你们的目标分数付出了多少努力？

说这些，真的不是为了指责你们，而是要告诉你们，你们本应该可以做得更好。

改掉你们自以为是的毛病。你们可以做得更好。不知为何，年级尽全力的管理，老师好的建议，班干部的尽心付出，到你们这里有时都变成了限制你们自由，拘束你们思维，干扰你们学习的行动。有同学告诉我这是青春期的叛逆，可即使叛逆也应该明白事理，应该明白轻重，应该明白美丑善恶；有同学告诉我这是尖子生的个性，可真正的个性不是我什么都反对，什么都反感，而是通过对自己性格的升华，灵魂的锻造展示出来有内质的那一面，我希望未来的你们有个性，但现阶段溯本求源地探究，精细思考、认真专注地做题，远比释放你的情绪和个性更有意义、有价值。

改掉你们自以为是的毛病，比如：

我就是粗心才错的，这个就不用整理了。

说自己粗心的往往错的是最不该做错的题目，而这更要引起100%的注意。什么叫粗心？就是原本100%以为自己会做对的题目却错了，你们想想，如果今天这里粗心一下，明天那里粗心一下，考完试估分时还得想自己估的分数究竟有多少靠谱的，这还怎么愉快地继续下去呀？

所以，在平时的练习中，对于自己的错误，一定要做总结，整理自己容易犯错的点，加强自己的自我纠正意识，形成改错的习惯。

比如：

这题一看就会，字这么多我不动手写了。

不知道你们有没有这种想法，有时候看到一些数学大题、政治分析题和英语的翻译作文，懒得亲自动笔上手写，干脆直接看看答案吧！看完答案就觉得不难呀，我自己做也会。或者，答案跟我的思路一样，我也是这么想的。其实正是用看答案麻痹自己，造成一种我会做的假象，就少了亲自思考的环节。说实话，下次再遇到类似的题目，如果直接让你们做的话，你们能一定做好吗？

所以还是要自己多动笔，多动脑。

再比如：

我觉得这个知识点肯定不会考，以后再说。

这道题比较难，这么麻烦肯定不会考；这个语法知识比较偏，肯定不是考点；这个学科的名词解释太长了，估计考试也不会考，我就不背了吧，要看以后再扫一眼。少年，你们太天真了，要等以后，就不一定是什么以后了，嫌麻烦放过的知识点以后万一在最关键的时候找你们麻烦，那就惨了。

遇到比较困难的、比较麻烦的知识点，要尝试梳理清楚，敢于迎难而上，不然下次如果在考场上碰到了，那真的会悔青肠子。

改掉你们不注重细节的毛病。早读一次放松是细节，课中的一次吃零食是细节，课堂的一次讨论走神是细节，考试的卷面是细节，答题的规范过程也是细节，学习与生活的每一处其实都是细节，你们要知道，你们现在对这些细节有多轻视，高考将会有多可能让你们栽倒在你们曾经犯过的细节失误里。

巧用激励法营造良好班风

班风就是习惯。良好班风的形成，其实就是良好习惯的养成过程。一种行为方式如果保持21天就有可能成为一种习惯，我非常相信这个观点。每接到一个新班级，我都有足够的信心和耐心，充分利用激励法，培养良好班风学风。

一、班级尖子生的激励方法

在班主任的工作中我特别重视班级尖子生的培养，"领头羊"的培养是一个班级学风建设的重要组成部分。2014届我带毕业班的时候，当时是一个理科普通班，刚开学时我们班分了5名低分复习生，都是430分左右，我将其中4名学生安排在一组，因为理科应届普通生成绩过一本很难，所以我把班级"领头羊"的任务压在复习生身上，他们毕竟是学过了一年。让他们在与应届生共同学习的基础上，每周做一套综合卷子，这个做法一直坚持到期末考试结束，正如我所预料的那样，在任课教师共同努力下，两名复习生在每次考试中都能进入一本线，近十个应届生进入二本行列，在所有理科普通班中我们班考得最好，整个班级因他们的引领进入了一种自信自强的发展趋势中。

2017年在高二我带了一个实验班，有人说实验班好带，把后面几名学生督促到一本线就成功了。然而我依然重视班级尖子生的培养，我将班级尖子生分成一组，名叫"特优组"，脱离两部管理，由我亲自管理。对这组提出明确的目标要求，就是要挤到前100名特优班的行列，与特优班学生共舞。每次考试结束，我都要大张旗鼓地表扬冲进特优班的学生。尖子生有激情都能冲到特优班，后面的学生就有了方向和学习的榜样，这些榜样就在自己的班级，在他们的身边，非常真切实在。我对班级的特优组实施动态管理，我们一月调一次座位，只有两次考试平均名次前六名的学生才能进这个组，班级每个同学都有机会。而且哪个部进特优组的人多，哪个部学习积分就相对要高。平时我对特优组成员严加督促，不仅检查他们纠错情况，更重要的是对每个成员的弱势学科作业完成情况天天检查，只要我进班就随时让他们把作业拿出来，之后我拿给科代表或者学委看他们做得是否准确认真。上学期期末考试成绩揭晓后，我把实验班横向比较了一下，前100名学生中我们1709班是相对较多的，这与班级齐抓共管尖子生有直接关系的。大家想想一个班有很多尖子生带头学习，充满动力和激情的引领，那这个班的班风和学风自然就好了。

二、男女生共进激励法

"男女生共进法"是我尝试了三年的一种方法，今年在实验班使用效果很好。我们班目前79人，47名男生，32名女生，方法一：看特优组中男女尖子生比例，激励他们竞争，看看到底是男生厉害，还是女生厉害，"人们都说女生上高中后学习成绩不如男生了，我看这都是传统的意识，近几年清华、北大甚至是各省市状元女生人数不断在上升，所以我认为男女生都是平等的"，此话一说，得到了女生的共鸣和支持，第二再比班级各层次的人数200名、300名……1000名的男女生人数，通过分析，比较是男生领先还是女生领先。方法二：是将班级个人赶超目标设置为男生写女生的名字或女生写男生的名字，"男女搭配"干活不累，男女生互写，他们会因没有超过巾帼或须眉而感到不好意思，从而奋发图强！当然，这里要说明一点"男女生共进法"的使用因班情而定，文科普通班我使用过但效果不明显，但在实验班使用是很成功的！大家想想男女生都知道用功学习，想让学风不好都难！

三、偏科生的激励方法

偏科现象（很强、很弱），很多学生存在这样的问题，怎样解决这个问题，首先要了解这个学生为什么对这一学科存在问题，是对这一学科悟性差还是基础不扎实所导致。"悟性"很难判断，但可参考。若化学差，物理生物都可以，那有可能是对化学学习不上心，一些细节知识掌握不牢所致（如忘记配平，少写生成物，反应条件注意不到，可逆反应不写可逆符号等细节问题），这时需要我监督他认真学习相关知识。针对偏科问题我的激励方法：一是帮助他们建立提升弱势学科成绩的自信心，根据个人成绩状况给他们定下低线分数，每次考试成绩都与低线分数进行对比，学生会在分数上升的过程中逐渐增强对这一学科的信心，成绩自然就会提高！二是班主任要加强对这一学科作业的检查，做到天天查，随时考，提高学生对这一学科的重视程度，从而达到提高这一学科成绩的效果！

总之对于偏科生而言，尤其是实验班的偏科生，只要能够对症下药，及时激励，他们的提高是很快的！

班级管理过程中有好多值得挖掘的细节，只要善于发现，并巧妙地找到激励点，实际就是找到了改变学生的突破口，也是找到了营造良好班风学风的最佳途径。

因情而设，顺理而导

——主题教育活动情境创设技巧

"主题教育活动的基本含义，是指把具有一定特征的某种基本思想作为核心内容，并在活动中使其得到充分体现的一系列思想政治教育活动"。主题教育活动以学生为主体，以教师为主导，围绕某一个主题或者某系列主题，有计划、有目的地开展形式多样、内容丰富且情景化了的思想认知教育、道德修养提升和法律意识启发，引导学生在认知冲突和思想对话中进行各种思想体验，促进思想、道德与法律意识的发展，具有针对性、适切性、操作性、创新性、实效性等特点。

主题教育活动是师生双方互相沟通交流的平台，是教师用爱心和智慧参与学生生命体验和精神成长的过程，如何使主题教育活动开展取得理想的效果，需要注意主题教育活动情境创设的一些技巧。因情而设，顺理而导，促使学生受到心灵的洗礼和熏陶，五育并举，成为社会主义四有新人。

主题教育活动需要老师学会因情而设。

一、"因情而设"需要教师能及时有效理解学情

学情，是指学生的学习情况，包括学生的认知基础、学习策略以及情感态度等。不同的学生，由于他们各自的基础、经历和趣味不同，表现出许多差异。学情在班会、学习指导和课堂教学调控等方面都有着重要作用。老师必须了解学生的这些情况，倾听孩子的心声，这是每一个老师最基本的素质。

乌申斯基说过："如果教育者希望从一切方面去教育人，那么就必须从一切方面去了解人。"从这个意义上说，真正的主题教育活动必然是从心与心的对话开始的，而心与心的对话又是建立在真诚的沟通上而开始的。教师设计主题教育活动时，要关注学生的年龄特征和认知水平，要充分考虑环节的可操作性。追求主题教育活动的"量身定做"，才能有效提高主题教育活动效率，让不同层次的

学生在主题教育活动中都能有不同层次的收获。

如何有效了解学情？教师可以通过听其言审其行观其色来了解学情；可以借助作业晴雨表来了解学情；可以通过与学生沟通来了解学情；可以通过班级日志来了解学情。教师可以在具体的学习生活中，留心观察，用心思索，采用不同的方法，多措并举，对学生的学习情况，身体状况，思想动态有全方面的了解，做到心中有数，从而有的放矢，助力主题教育活动的有效开展。

二、"因情而设"需要教师能灵活想出新的创设情境

主题教育活动的时代意义就在于抛弃传统班会的单向灌输说教模式，通过创设有情有爱有趣有温度的主题模式，使学生在爱与理性的浸染中受到教育，思想受到砥砺，情感得到升华，行为能够规范，从而有启迪领悟和提升。以精彩的情境活动设计营造主题教育活动的氛围，可以激发学生参与主题教育活动的积极性，形成自我表现、自主表达的内驱力，有助于学生在参与中受到鼓舞，在活动中受到教育。

如何创设主题教育活动情境？教师要有善于发现的眼光，从日常的班级管理中积累点滴素材，才能厚积薄发。选择学生关注的热点议题，立足学生熟悉的生活，让每一位同学都有发言的均等基础。主题教育活动构思要新颖，切入要巧妙，要适当运用"共情"技巧，让学生充分感受到尊重，对参与有被肯定的期待意愿。有意识地引入多维思考角度，适当的时候燃起争辩冲突的战火，让问题在辩论中更清晰。采用自由对话策略，给学生自主发言、自主探讨的空间。

三、主题教育活动需要老师学会顺理而导

"顺理而导"需要教师在主题教育活动中把握学生即时反馈情绪和认同需要，灵活地导向所要达成的教育目标。这需要以下几方面的意识。

教师要有主题统筹意识。

主题是主题教育活动的核心灵魂。教师在组织筹划时，要有一定的针对性和序列性及前瞻性，大处着眼，小处入手。抓住班级管理中的主要问题和亟待解决的事件，从学生"思而不明，辩而不清，想而不做"的惯性问题中，选择具有启迪意义的主题，作为主题教育活动的中心，奠定主题教育活动的基调。高中三年，每个学年学生年龄、心理、学科知识的不同，使得学生面临的问题也不相同，围绕各个学年育人重点的不同，围绕这些重点确定主题教育活动的序列要

点，可以使育人活动更具有科学性和系统性，也更有利于形成优良的班级氛围。

教师要有水闸管控意识。

主题教育活动的自由探讨并非没有限度，教师要对目标，意义，流程，策略等有所限制，就好比水闸的作用，不能任由水流漫无边际，并且要想达到水势浩大的效果，还需要教师有意识地用"水闸"进行约束规范，对活动的节奏进行调控，达到理性的教育效果。

教师要有道德理性引导意识。

主题教育活动的开展中，教师要及时关注学生的思想动态，对于学生成长中的共性困惑，跟踪反馈，实时总结，进而再以主题活动的方式进行有效干预。理性引导便于形成正确的集体舆论，保证教育的方向性。

主题教育活动是学生教育的一块主阵地，新时代的教育工作者应以学生为本，以学生的学情为本，做到"从教师走向学生"，因情而设，顺理而导，以正确的价值观和思想观引领当代青年人，扣好人生的第一粒扣子，做好担当民族伟大复兴重任的接班人。

以道御术，提升管理质量
——班主任德育工作方法探索

班主任工作，是一项充满智慧和挑战的工作；班主任工作中的德育工作，更是一项倾注真情和智慧、永无止境的工作；并且是一项可能很难较快见到成效甚至劳而无功的工作。但正是这样，我却觉得这是一项更有意义的工作。结合工作中的几个问题，谈几点体会：

问题一：学生和家长只关心成绩，不问原因，甚至责怪学校、老师

解决办法：

（1）达成育人共识

作为班主任，我深知立德树人的重要意义，我牢记总书记的教导：教师不能只做传授书本知识的教书匠，而要成为塑造学生品格、品行、品味的"大先

生"。我也始终坚信最终的胜利是人品和学品的胜利。所以，我会利用家长会和班会，把这些理念拿来和家长、学生一起讨论，最终达成共识，让家长和学生都愉快地投入"人品和学品"的培养中。

所谓人品就是指一个学生要有仁爱、诚信、包容、感恩、责任担当、家国情怀等良好的思想道德和积极、乐观、坚强、勇敢等精神品质。

所谓学品是指一个学生要有严谨认真的态度，不达目的誓不罢休的精神，百折不回、永不言弃的斗志和会合作、会创新的能力。

所以，多年以来，我始终坚持利用课堂这个主阵地，以灵活多样的活动为载体，结合具体教学过程，优先培养学生人品和学品，我也始终相信成功是优秀的副产品。

（2）着力培养学生的担当意识

我常说：有好人自然会有好成绩。尤其在清北之星与一本临界生的培养上，我更注重在德育、体育、劳动教育上下功夫。这些学生要想超越别人，就要做别人不愿意做的事，吃别人不愿意吃的苦，下别人下不了的功夫。打扫卫生、体育锻炼等时时处处都要成为榜样；讲班学习，进寝休息要争当模范，在全面提高学生的德育水平的基础上自然而然地提升成绩。

（3）试问岭南应不好？此心安处是吾乡

我校学生来自不同的县、乡，虽都是寄宿在校，但情况也不尽相同。学生成绩出了问题，这里面既有学生的适应能力问题，也有学习、生活中出现问题时的自我排遣水平不均衡等问题，我和任课教师都注意收集信息，巧妙与家长、学生沟通，帮助他们化解心结。同时我会利用主题班会、个人谈话、师生留言等方式，引导学生树立正确人生观、价值观。使学生安心于精进学业，不断提高自身抗挫折能力。心安则身安，学生身心安稳，成绩自会提升。

问题二：学生成绩差，上课无精打采，注意力不集中，瞌睡的较多，士气低迷，当一天和尚撞一天钟，办事拖沓、磨蹭、懒惰，无进取心

解决办法：

（1）目标引领

没有目标就没有动力。宏观上让学生树立长远目标，让其明白做社会有用人才、实现人生价值的捷径就是抓好当前的学习。具体上帮学生分析成绩，各科建立切实可行的分数目标，在此基础上再确立总分目标和年级名次目标，之后关

注他们的变化，及时鼓励或谈心，最终激发其内在动力，变"要我学"为"我要学"，建议大家在专门的笔记本上记录该学生的变化档案，及时更新，及时反馈互动。

（2）结合学科教师，进行详细的学科规划、学法指导以及课堂激励

及时让任课教师了解此类学生的问题所在，帮其制订学科发展计划，同时给予合理的学法指导，帮其扎实掌握基础知识，摒弃拔高创新题，并在课堂提问时让此类学生口头或书面展示，及时表扬和鼓励，从而进一步增强其学习的兴趣和信心！

（3）建立学习互助小组，精确捆绑帮扶

学生有了目标，有了动力，不等于能够立即转化为战斗力。如果没有有效的帮扶，过不了多久，学生就会在学习上连续的打击中失去信心和勇气，再次恢复到疲软状态，就让我们前面的工作前功尽弃。让成绩稍好的同学对其进行困难学科的捆绑帮扶，就可以有效解决这个问题。当成绩进步时，我们要及时总结表彰，肯定结对帮扶学生的付出和努力！

问题三：班主任在时一个样，离开后另一个样，班级纪律、学习、卫生、两操、寝室内务等问题不断，按下葫芦浮起瓢，让我们心力交瘁，疲于应对

解决办法：

（1）明确原因

此类问题的根本在于：班主任管得过多！没有充分发挥班委干部的作用。我非常注重培养班委的责任意识和担当意识，让他们真正有能力解决问题，在管理实践中实现成长。我让班长抓整体，不安排具体值日，但事实上他天天值日，是个隐形的小班主任。每天无论班主任在与不在班，班长都要统管各方，卫生、迟到、学习、两操集合、就寝纪律等，并及时提醒、指导、协同相关班委履职，特殊的和严重的问题要及时报告给我。我发现的问题，一般不一竿子插到底，直接具体去处理，而是通过相关班委去想办法解决。

（2）及时对班干部进行培训

我常说：角色即人格。就是让班委明白应承担的责任和义务，在自己管辖的时段和区域，绝不允许出现问题，这是班干部荣誉感和责任心的问题，要让班干部上升到人格的高度，不仅如此，让全班同学意识到违反纪律也是人格问题的反映。教育学生爱护自己的人格就像爱护自己的眼睛一样！

（3）每周召开一次班委会议

由班长主持、我出席，增强班委的凝聚力，统一思想认识，形成战斗合力。大家反映问题，集思广益，商讨解决办法，集中处理焦点、热点问题，对于较难解决的共性问题，开展专题班会，全班形成共识，一周专门解决。

（4）每天及时召开小班会

及时通报处理当天纪律、学习、卫生、两操及寝室打理各方面的问题，对于违纪的同学，被点名时当即站立并在会后到讲台做相应的表态发言；屡次违纪者，记录在册并让其深刻反思，追踪记录其成长足迹，让他为荣誉为尊严而逐渐向上向善。

（5）一视同仁、以理服人

进行班级管理，重在严格落实校纪班规。不能在执行纪律上厚此薄彼，真正做到一视同仁，让学生心服口服。刻意关照优等生或班委而处罚成绩差的学生，在班级人为制造不平等，这是班级管理的大忌。但对表现差、屡次不改的学生按照校规校纪绝不姑息，以确凿的事实和恰当的方法，让这些学生愉快地接受惩戒，并积极改进，让学生在犯错后真正成长。

德育工作无小事，德育工作需要天天抓。班主任要本着对学生一生负责，对学校持续发展负责、对立德树人教育方针负责的态度去开展工作，坚持以道御术德理念，同时要秉持大气育人、育大气的人的理念，提升自己管理格局，提升德育工作的质量和品质！

点燃学生激情，激发无限潜能

从心理学的角度讲，激情是一种强烈的情感表现形式，具有迅猛、激烈、突如其来、难以抑制等特点，而人在激情状态下，常常能调动身心的巨大潜能，完成内心所渴望的工作。英文中"激情"这个词是由两个希腊字根组成的，一个是"内"，一个是"神"，意思是：激情是藏在每个人内心深处的神。

从哲学的角度讲，激情是一种心理意识和人格属性，支配着人的思维方式和行为，决定了人的存在状态和发展方向，因而决定了人与人之间的巨大差别。

从激情的属性讲，激情具有正反的双向属性，它既是一种人类与生俱来的先天动物性本能，具有巨大的内驱力，不教而有、不学而能；又是一种人类后天的社会习得性信念价值系统，比如吃货对美食的热爱，旅行家对远方的向往，葛朗台对金子的痴迷，芸芸众生对名利财富地位的执着追求，寻求并享受内啡肽带给人的精神快感；同时，激情既是人性内隐的巨大潜能，如同海面下的冰山，容易被人忽略，却构成了人的人格属性；也是人类外显的现实力量，具有强烈的吸引力、感染力、感召力、凝聚力，既影响环境，又受环境影响，与环境形成双向循环。

从激情的作用讲，正向激情是一种再造自我、创造奇迹的强大力量，如同在人心里安装了一万台发动机，让人有了思想和灵魂，人生有了光芒和能量，生活有了乐趣和意义，生命有了活力和美丽，人性有了向上向善的本能和自觉，甚至赋予人以超能量、超能力，从而化腐朽为神奇，变平庸为天才，把不可能变成可能，把神话变成了现实。著名成功学大师卡耐基说："一个能力不是很强但充满激情的人，一定能够战胜一个能力很强但精神萎靡不振的人。"由此可见激情对一个人的重要意义。所以在20多年的班主任工作当中，我特别注意对学生激情的培养。具体说来，我主要从以下七个方面入手：

1.高目标引领

首先，激励学生树立高远的人生目标，为学生的激情奋斗注入持久动力。

有句俗语说：心中若有大目标，千斤重担也敢挑；心中若无大目标，一根稻草压弯腰。的确如此。所以，每次接到一个新的班级，我首先是借助语文课本内的素材，比如在学习《人是一根会思想的芦苇》之后，让同学们结合《烛之武退秦师》、曹操的《短歌行》、辛弃疾的《京口北固亭怀古》、苏轼的《念奴娇·赤壁怀古》等篇目，组织学生进行"三生有幸生为人"主题讨论，从而探究生命的意义、我生而为人的目的，并组织主题演讲比赛，让学生在活动中充分认识生而为人的可贵，同时树立"来人间一遭，干一番大事"的思想，激发他们好好学习、干事创业的热情。

其次，我借助语文课前三分钟演讲，每周分享三个名人事迹、三句名人名言等小活动来反复浸染，为同学们的激情奋斗不停加油，让学生每一天都元气满满、斗志昂扬。

再次，是借助《典籍里的中国》《千古风流人物》等优秀传统文化节目，点燃学生干一番事业的激情。

我印象最深的是2022年11月26日夜晚，我们在看《典籍里的中国之〈永乐大典〉》，当看到陈济最终把《永乐大典》编纂成功时的那种夙愿得酬、欣喜若狂，学生们情不自禁地站立鼓掌、经久不息，我也分明看到了学生眼中闪耀着激情的光芒，那分明是内心的希望被点燃的模样！

2.教师激情引领，洒播激情的火种

每天早上早读时间，我都先到教室里，站到讲台上，拿出事先准备好的读背内容，放开喉咙，和先到的同学一起大声朗读，让每一个同学都能看到我在激情读书的样子，让学生们一进教室就融化在琅琅书声中。待同学们到齐之后，我再走下讲台，走到同学们中间，边走边读，让每一个同学都能听到我激情读书的声音。这种无须多言的带动，使每一位同学都能够无拘无束地放开，不拘一格地展示早读的激情，开启元气满满、激情洋溢的一天。此外，每天的早操和下午操，我也和学生一起卖力地跑、大声地喊口号；班级朗诵会、演讲赛、辩论赛等活动我也率先报名。总之，一切只要能和学生一起，可以展示激情的活动、场合，都会有我的身影，用我的实实在在的行动，激发学生的激情。

3.寻找学生身边的榜样，扩大晕轮效应

每一天从早读开始，每一节课我都注意留心发现学生中那些充满着激情的人和事儿，并随手进行拍照。下课后我会和这些同学进行交流，根据自愿原则（因为我发现有个别学生在读书或其他情况下确实很有激情，但基于他们性格因素或其他原因，不愿意公开场合显露自己），把他们确定为各种类型的榜样。比如今年开学的第一周，我发现我们班那个叫刘莹的女生，一周内三个早上都没有去餐厅吃饭，而是让其他同学给她代买的。所以第二周周一上午我就问她为什么，她告诉我说她英语比较差，感觉自己脑子也不灵光，所以每个英语早读后，她都要再拿出十分钟左右时间，把早读的重点内容和自己掌握不好的部分摘录下来，再进行第二次巩固，所以她就让其他同学代买，把去餐厅的时间省下来。而且她还说她相信只要这样日积月累，英语一定会赶上的！我听后就被她的这种热情打动了，决定把她树为不畏艰难迎头赶上的榜样，号召大家学习；我班李聪同学，每次读书，特别投入，声音洪亮，时不时还加上肢体动作，甚至离开自己的座位，边走边读，完全一种沉浸式忘我的、享受的状态，我就录下她读书的情景，把她树为激情读书的榜样，号召大家学习；于奉洋同学，他经常下课时间找老师问问题，而且每次去和回来的路上都是奔跑着的，奔跑是形式，但根本是内心的激情，所以我把他也树为激情惜时的榜样；12月6号早上，天气比较冷，我发现潘一帆同学把袖口卷起来，在旁若无人地读书，我就把这个场面录下来，把他也树为榜样，号召同学们学习……总之，我留心观察，随手记录班级中那些点点滴滴，能够激发学生激情和斗志的瞬间，用星火燎原式的方法，让整个班级都激情四射、干劲十足、热火朝天，为这个寒冷的冬天增添了些许温暖。

4.眼光向外，不拘一格，借力激发

唐江澎校长认为，学校应该把学生培养成为"终身运动者、责任担当者、问题解决者、优雅生活者"。在开学之初，调动学生激情的工作难度还是较大的，所以除了我自己用心观察，随时记录之外，还在班级挑选了性格活泼、责任心强的男女学生各三名，作为班级的观察员，让他们利用在餐厅吃饭、回寝室路上的见闻、回来的路上顺便去看看等多种方式留意发现整个年级其他班级有哪些做得好的地方，然后把信息带回班级，我再让部长们去做进一步考察和拍照、录视频等，把该学习的地方整理出来，然后再在班会时间，通过播放视频，图片甚至鼓励部长带领部分同学们到这些班级学习、向这些班级发起挑战等，努力争取把全年级的优点都学过来、把我们的激情激发出来。这种让学生自己解决问题的方法不但减轻了我的负担，锻炼了学生的观察力和思考力，而且使我们班级每天都能注入新的活力，每天都能发现新的增长点，为班级带来了持久的激情动力。

5.评价引导，自主监督，用可视化、可感化、有意义的激励措施，不断激发学生

要想达到持久的效果，就必须有一套对应的机制。"好的制度自带监督主体"，本着这个原则，我们在具体操作时还建立了详细的班级评价制度。我把班级按左、中、右分成三个部，每个部每天安排一名积分记录员，三个部插花计分，每天晚饭后小班会上公布、排名，"这样的制度设计自带监督主体，形成了一个自动化的监督链条"，从早读到每一节课，激情满满的同学都要加分。一天一公布，一周一总结一评价。对于积分高的部、小组和个人，我采取灵活多元的奖励措施：清华北大等名校的文创纪念品等物质小奖励；与体育老师结合，组织他们参加一项有意义的体育活动；与音乐、美术、艺术老师对接，为他们组织一项有意义的文艺活动；与阅览室老师对接，为他们组织一次开放的阅读活动等。通过灵活多样有时效性和季节特色、校本特色的激励，不断给学生补充保持激情

昂扬的动能。

6.多维度分享，全方位激发

钟杰老师说："我认为，除了当众表扬之外，还有一招极其重要，效果远超当众表扬。这是什么招？很简单，就是背后夸赞。"我非常认同！所以，不管是不是我的课堂，只要我走进教室，我随手就注意抓拍一些充满激情的瞬间，并把它分享到我班老师群里、家长群里，把这些充满激情的表现让其他老师知道，让家长知道，让老师们也都来表扬、让家长也都来点赞。有一次数学课上，我刚好在后边改作业，听到数学老师提了一个问题，平时不爱发言、在班内默默无闻的李渝同学，刷地把手举起来，然后奔跑着上讲台来给大家分享他的思路。我就抓拍了这个瞬间，并把它发到老师群和家长群里了，而且单独发给了李渝同学的家长；下课后，我特意给数学老师说要尽快对李渝同学进行表扬；那个家长看到后非常激动，当天就打电话，认真地给孩子表扬了一番。从那以后李渝同学上数学课就特别积极，特别专注，特别爱动脑筋，数学成绩也逐渐提升，逐渐也变得开朗了，整个人也阳光了。

有时，我还把学生特别有激情的表现发给以前的优秀学生，让他们对学弟学妹进行点评，激励或邮寄一个小礼物（钱是我出的），这样的多维度分享，确实能起到意想不到的激发作用。

7.重视营造充满激情的班级生态

班级就像一个小社会，更像一个生态圈：它可以良性循环，也可能生态恶化，所以我特别重视班级良好生态的建设。李先军老师特别强调："教学必须从分析学生入手。"这一点我完全认同。一个班级，由于学生的家庭环境、个人阅历或知识面、性格、喜好等的不同，实际上就等于构成了一个包罗万象、形形色色的生态圈。作为班主任，一定要善于运用各种方法，把这个生态圈营造好。2022年11月19日，我们组织了高考倒计时200天激情动员活动。在安排整个活动流程时，我就特别注意从各个层面去发现亮点，让尽可能多的学生在镜头中找到自己闪光的一面：在安排学生代表发言时，我先让各小组、各部推荐，然后大家一起推选，最终共同确定从改进态度最好、改进效果最好、班级影响力最大等三个角度挑选了三个代表，其中只有一个是尖子生，其他两个同学都不是；在安排家长代表发言时，我也根据学生和家长的意愿，分别从目标最明确坚定、方法最灵活多样、最勇敢的追梦人等三个方面，确定了三位同学的家长作为代表；活动的主持人，是在班内通过海选产生的；主持词和课件，是主持人和同学们一起完成的。通过这次活动，既最大程度调动了学生们参与的热情，适当缓解学生们的紧张、焦虑情绪，又让每个学生看到自己的优势、学到别人的长处、找到解决问题的办法、激发前进的动力，而不是变成成绩优秀的同学的专场，有利于班级良好生态构建和激情备考氛围的营造。

通过我的多方面努力，多方位引导，班级里慢慢就形成了无论做什么事都激情满满的风气，并逐渐化风成俗，成为整个年级一道靓丽的风景。班级管理有了更加丰富充实的内涵，学生们的思考能力、表达能力、综合素质等都得到了较高的提升，学习成绩也有了大幅度的跨越，实现了育人与育分的完美结合。

增强班级凝聚力的方法

2020年的春节，一场突如其来的疫情，打乱了我们的正常生活。原本如期开学的计划也被搁浅。当时我带着高三文科特优班，担负着艰巨的培优任务。1月30日，接到了学生居家上网课的通知，而且开学时间不定。面对现状，可以说我是心忧如焚。

冷静下来一想，问题的核心应该是如何通过增强班级的凝聚力，提升学生的学习动力，让学生感觉到在家学习，就像在学校一样，从而确保学生有良好的学习效果。想明白了这点之后，我就从以下几个方面入手，来开展工作：

1.在开始上网课的第一天，召开了学生家长也参加的班会

在班会上，我和家长们一起分享了我们班级的"卓越文化""快乐文化"等核心班级文化，在激励学生奋勇拼搏的同时，也让家长明白要在家里营造快乐的环境，让学生在快乐的环境中，用快乐的心态，拼命地学习；要以"成为卓越，兼济天下"为己任，克服种种困难，抵制种种诱惑，专心致志，简单制胜。同时把作息时间也告诉家长，让家长尽最大可能按学校的作息时间来安排家庭生活，从而形成强大的家校凝聚力。

2.和五位任课老师先单独沟通，众志成城克"网"艰

看大家有什么困难，需要什么帮助，我能做到的，就尽最大能力做到，特殊情况，我会向校领导反映，争取学校支持。然后把一些重要的要求和理念，在我们的老师群里给大家逐项解释，并约定坚决执行，从而形成强大的教师团队凝聚力。

3.从早上起床开始的一些细节要求入手，增强班级凝聚力

我要求学生每天早上5：10起床，五分钟内洗漱完毕，然后在家里锻炼10到15分钟。5：30开始进入课堂。

早读开始前，第一件事儿，是由当天值日的同学给大家分享一句激励人心的话，并齐声读三遍。之后每位同学把自己的理想大学校名喊三遍。5：32至5：40，把昨天所学的重要内容再温习一遍。5：40开始进入早读。6：48要对早读情况进行总结，表现好的热烈表扬。

从上午第一节课开始，每一节上下课班长都必须喊起立，并向老师问好，让学生真切地感受到就像在学校一样。

每天小班会，我们都要先背我们的《成功的哲学》，然后分享抗疫斗争中的一个英雄人物事迹，并让学生发言，从中汲取力量；也让学生把在生活中听到的，看到的，我们身边的英雄人物事迹拿出来分享，从而激发学生奋勇向前、攻坚克难的斗志和信心，形成班级凝聚力。

4.发现并树立学习榜样

我留心观察，发现老师、同学们中的典型人物事迹，也和大家一起进行分享。比如当时孙丽萍老师远在甘肃，克服重重困难，回到学校。在回来的路上，她仍然在进行直播授课。这种精神赢得了全体师生和家长的一致尊敬，成为我们身边的英雄，成为我们班级的感动，也增强了班级的凝聚力；再比如樊望轩同学，听说我们有部分同学买口罩困难后，和家长沟通，克服困难，用自己的零花钱买到口罩，并寄给这些同学，他也成为我们身边的英雄，成为我们身边的感动，也增强了我们班级的凝聚力！

5.身临其境燃激情

我在防控措施稍微放松之后，回到教室，把同学们桌子上写的理想大学和座右铭拍下来，每次语文课上，展示两位同学的课桌照片。并让学生把这些内容贴在自己家里的桌子上，让学生感觉到在家里就像在自己的座位上学习一样。将教

室内外的文化建设内容和教室全貌也拍成图片，每天早上5：10至5：30之间，在钉钉群里反复播放，给学生营造一种身在教室的感觉。

"聚沙成塔，集腋成裘"。这些点点滴滴的措施，确实也增强了班级的凝聚力和战斗力。在一模、二模被南阳市一高无情碾压的情况下，我们奋力拼搏，最终取得了优异的成绩。

全方位挖潜，提高网课效率

每一次网课都会给家长、学生和老师带来不同程度的"伤害"，而不只是麻烦。在经历最开始两次网课的痛苦之后，我总结和吸收其他同志的网课经验，为第三次网课的到来做了充分的准备。2022年12月初，第三次居家上网课，我就运用这些方法，取得了较为满意的效果，得到了家长、学生和学校的认可。具体做法如下：

一、端正一个态度：早谋划、早行动。预判形势，提前动员家长，做好思想和行动的准备工作

根据疫情形势发展，我经常和家长交流可能遇到的情况，该给家长减压的时候，就告诉家长不要过度担忧；该让家长做好的准备工作，也都如实告知。这就在我和家长之间建立了高度的互信。所以当网课真正到来时，家长一点也不慌张。

但网课期间班主任不可能对学生管理得面面俱到，而学生的自律性是极差的，此时就需要借助家长的力量。我会提前在微信群转发一些关于网课的文章、图片或视频等，让家长认识到认真上网课的重要性和不认真上网课的严重后果，让家长明白自己管与不管，学生的差异很大，从而引起家长的重视，并适时引导"陪伴是最好的管理"，让家长在学生上网课期间多参与学生管理。如：鼓励早读和学生一起起床，陪学生一起学习并抽查学生读背情况；如果家长不上班可以陪学生一起上网课；给学生作业检查签字；和学生一起参加每日的小班会；鼓励想发言的家长在班会期间做简短发言；晚上11点没收学生手机等，既提高了网课的质量，也促进了家校的沟通，便于班级常规工作的落实。

二、激发学生动力，提高网课质量

学生是网课的主体。只有学生自己动起来，才能让所有的措施起到"事半功倍"的效果。因此，在网课前一定要做好学生的动员，对于成绩好的要给他们敲响警钟，千万不可掉以轻心；对于成绩差的要多鼓励，告诉他们这是他们"弯道超车"的好时机，要把握机会，要让所有学生都高度重视这次关键的网课。

明确班级管理目标和班级网课期间管理规定，用目标引领和制度约束提升网课质量。

有人说："没有目标的人就是在为有目标的人铺路。"目标就像导航地图，指导人的行为、管理人的时间、引领人的前进路线。临近期末，要让学生有一种紧迫感和责任感，我就利用班会强调班级目标，并让每位同学都制定个人目标、每个小组都制定小组目标。让每个目标明确，那么学生的学习就不再迷茫。如果学生对达到目标的愿望足够强烈，那么他就会想尽一切办法！

当然，光靠目标引领是远远不够的，还需要用制度来落实和保障。所以在网课开始前便召开班委会议，制定了班级网课期间的各项管理要求（主要是积分管理，落实到个人），明确奖惩，约束学生的行为，调动学生的积极性。最初的时候我制定的是按违纪次数进行惩罚，经过一天的运行，发现有一些弊端：

（1）同样是迟到，有一分钟不到，有十分钟不到，有旷课。如果都按一次违纪，可能让部分因特殊原因迟到的学生干脆选择多迟到会或者旷课一节；

（2）网课初期，学生的突发情况太多，作业忘记上传或上传错误，对钉钉不太熟悉或不知道怎么进视频会议，耽误了上课时间；手机性能落后、反应迟钝，家里网络不太好等情况，导致个别学生一天课没结束已经有四五次问题了，就可能要被踢出群了；

（3）只有惩罚，没有奖励，不能够有效地调动学生的积极性等。我在和其他班主任的交流中得到启发，于是改进了积分管理方案，具体如下：

每人基础分10分，被扣至零分后暂时请离开学习群，待学生写800字以上情况说明并由家长签字且态度较好，方可批准重新进群学习。

扣分：

（1）迟到3分钟以内扣1分，3～7分钟扣2分，超过7分钟按旷课处理扣3分；

（2）请假需办理请假手续（每请一节扣1分），不办理请假手续按旷课处理扣3分；

（3）上课吃东西、仪容仪表不规范、穿奇装异服、上课期间做搞怪动作、坐、躺在床上听课、做作业等扣2分；

（4）读书、听课、做作业不开摄像头扣1分，开摄像头未露出手、头扣1分；

（5）上课打瞌睡扣1分；公然睡觉扣2分；

（6）迟交作业扣1分，不交作业扣2分，抄作业扣2分；

（7）上课老师提问反应时间长扣1分，无回应扣2分；

（8）背书任务落实不好扣1分，不落实扣2分；

（9）每日上传手机电池使用情况截图，未按要求上传扣1分；不上传扣3分。

奖分：

（1）早读充满激情或表现最优个人加1～3分；

（2）课堂表现优异被老师点名表扬加1～3分；

（3）作业优秀个人加1分；

（4）为班级作出突出贡献加1～3分；

（5）每日励志演讲或讲好班级故事，加1～2分（自己提前申请并准备好PPT、文档）；

（6）每天为家里做一件有意义的事、得到家长认可的，加1～3分。

其中对扣分的第9点做出一点说明：这样扣分目的是，通过这样做可以很好地发现学生一天中拿手机都在干什么，有没有认真听课等，发现有问题的可以及时和家长沟通，及早去遏制。（部分学生用电脑上课，如果没有手机家长写出证明即可，有手机也必须上传手机使用情况。）

这样调整之后就很好地解决了上面的问题，并且在与班委和任课老师的沟通中发现学生的积极性明显提高了，课堂回答问题的意愿更强，参与度更高，作业提交更及时更认真，违纪现象也明显减少，学生也不会再出现摆烂的现象了。

三、在实践中检验制度的合理性和可行性，在具体的日常工作中，我是这样做的

（1）所有工作都超前筹划、超前布置。从早读开始，我会提前5分钟在群里提醒大家起床，准备上课，提前5～7分钟打开视频会议或者在线课堂，等学生进入课堂，让学生看到我的行动，明白我的态度。凡事想让学生重视起来，我们老师必得先重视起来。

（2）学生早读读书和随堂考练我都会开视频会议，讲评或提问或默写，我会用在线课堂，提前准备好电子版材料或者清晰的图片，屏幕共享展示给同学们。但是我发现屏幕共享有弊端，看不到学生的学习状态了。怎么解决呢？经过实践，我选择了不定时随机提问：学生的学习程度和课堂专注度我是非常了解的，点几个容易跑神的学生回答问题，十几秒都回答不上来，那肯定是跑神儿了。就把名字记下来，先扣除班部积分，课后追踪原因，坚决落实巩固不会的内容并认真检查。

（3）利用好班级评价机制，调动全体学生的积极性，充分发挥部长、值日生，课代表的作用，实现人人参与管理。在网课开始之前，我们班已经建立好班干部群，课代表群，各科任课老师自己的小群。很多学生的管理积极性和管理能力超出了我的想象，作业收交，背书督促和统计，都安排得明明白白，妥妥的老师的小助手。班主任做好指导、协调工作，再让学生用自己的火眼金睛发现问题、讨论解决办法，民主解决问题。

（4）充分利用任课老师每天提供的数据、反馈信息，全面掌控班级动态。和线下上课要求一样，我每天都会把各类数据、信息收集起来，认真分析各科问题，找出共性问题和个性问题，并与任课老师一起讨论，找出具有针对性的解决办法，让六科老师仍能和在学校一样形成教育合力，确保教学效果。

（5）抓好课前和课后两头时间。我会在课前督促学生们按时进课堂，迟到时间较长或者没按时来的学生第一时间与家长联系。当然这需要在班会上提前告知学生，如果出现这样的情况，会采取联系家长的方式，让家长来进行督促。课后关注学生的作业上交情况，督促学生们完成作业，给学生营造一种班主任时刻关注着大家的感觉。

（6）时刻关注学生的身体、情绪变化，用细心和爱心温暖学生。无论我多忙，多累，我都特别留意观察学生的状态。如果有异常情况，我都要私信过问，了解清楚。在这特殊时期，要多理解学生，可能一句安慰的话，都有可能成为打开心扉的钥匙。可能是他真的需要请假去打针、输液，那你的及时批准，就如及时甘霖，滋润学生心田；他的确迟到了，你多听他的一句解释，他会觉得我的老师，我的班主任懂我，然后就会慢慢地愿意和你交流；有的同学家里真的没有无线网或者网络出了故障，我会积极地帮助这些同学想办法；用真心换真心，用冬日暖阳般的关爱，帮学生驱散疫情的阴霾。

（7）遇到问题时，我会分清主次和先后、课下和课上，灵活进行处理。有的问题必须当面指出，尤其是原则性问题，如多次迟到，多次不交作业，和老师对着干等；但是有的问题需要私下处理，要具体问题具体分析。比如网络问题，上课设备问题等，每位同学家庭条件不一样，要给这些学生留一点尊严，他们也一定懂得我的良苦用心，真正改进的。

（8）积极发现学生优点，放大优点，并及时表扬。好学生是夸出来的，学生不担心你不夸他，但是他担心你夸他的同桌，前后桌，唯独不夸他。所以，我不会吝啬我的表扬，我尽可能地去发现每个同学身上的闪光点，哪怕有的学生今天只比昨天进步了一点点，也要表扬，学生很希望我们可以看到他们的进步。同时，我对他们这些微小进步或改变的表扬，也展现了我对他们的关注。关注，可以成为前进的动力！

四、开好每日小班会，用激情和榜样激发班级的内驱力

我们的小班会是班级的"加油站"和"颁奖台"。利用小班会对每天学生表现进行总结，并根据具体情况适时邀请家长参与：不但要激励后进，更要表扬先进，大张旗鼓地表扬，精神和物质一起奖励，让学生高兴，让家长自豪！这样的班会结束后，我还要把图片发群里，让荣誉感处处蔓延。

另外，我还特别留意家长的配合情况、特意表扬表现优秀的家长，特别是那些能够陪学生上早读、听课、及时检查作业、善于引导孩子提升网课效率的家长，并把他们的照片和一些特写镜头，在征得他们同意后，发到群里，让其他家长学习。

小班会是班级的加油站和冲锋号。每天安排学生做励志演讲或讲好班级故事给班级赋能，让每位学生每天都能以饱满的热情和充沛的激情投身到每天的战斗中去。

五、以身作则，做班级"压舱石、稳定剂"

作为班级核心人物、灵魂人物，班主任的压舱石、稳定剂的作用是不可忽视的，尤其是一定要懂得在关键时刻做有用功。我们的口号是："陪伴是最好的教育，以身作则是最好的管理。"所以，首先班主任要勤"坐班"，勤进班级群

看学生的学习状态，及时检查学生的作业完成情况，勤与任课老师沟通了解各学科学生的表现，多与学生电话沟通等。除此之外，班主任还要学会"下大功夫做小事，下大力气做细节"，要了解到学生没有及时上网课是什么原因（停电了？没网？手机故障？学生思想出了问题？生病了？等等），学生作业没写完是什么原因（老师讲的没听明白？作业太多？时间不够？等等），当我们弄明白了原因才能用合适的方法去解决问题。只有把小事做好，把细节做实，我们的付出才有收获！

六、多分享，勤沟通，形成家校合力

虽然学生在家里上网课，但很多家长也还是不能充分了解孩子在课堂上的表现。我会在听课的过程中，将认真听课、积极回答问题、作业完成较好的同学截屏拍照发到家校群里，让家长也能放心并肯定学生的付出！同时我也要求家长们在夜里十一点半以后将学生的手机收走并拍照发给我，这也就避免了学生半夜玩手机的问题，同时也加强了对学生的管理。学生有什么困难，家长也可以随时和我沟通，有什么问题就一起解决！另外我也鼓励家长让学生在家的休息时间多做家务，不仅能锻炼身体，还能培养生活的能力，增进与家人之间的感情。

与此同时，我还注意积累家长们的典型感受或发给我的信息，征得当事人同意后，拿出来和所有家长共享，也取得了很好的效果。例如，2022年12月15日，有一个家长发给我的信息就和所有家长共享了，原文如下：

与所有的家长共勉：

网课结束日，学校见面时。真学与假学，一测便知晓。

也许很多家长都在崩溃，觉得线上学习孩子容易走神，听不懂。不，网络学习不背锅！因为你孩子平时就是这样听讲的。你今天经历的鸡飞狗跳，都是平时老师暴跳如雷的原因。网课是一次最公平的试炼，试的不仅是孩子，还有家长。所有学生面对着公平的教学视频、公平的作业，没有所谓的"被同桌打扰"，没有所谓的"看不清黑板"等理由，比的就是自律。自律的，能把所有教学视频认真消化成自己的知识或能力，就越来越优秀。不自律的，糊弄假学，所有教学内容步步变成天书。

网课一结束，学校一聚首，高下立判，一分耕耘真的就是一分收获！孩子的每一分耕耘，家长有没有及时帮他们松土浇水？请记住，家长现在的每一份责任心都是孩子开学后"拼爹拼妈"的底气。不要羡慕别人家的孩子，先让自己成为别人羡慕的父母吧！你"浇不浇"，庄稼都会长大；你"教不教"，孩子都会长大。但是，"收成"绝不一样！

与各位共勉！！

看完这个信息后，有7位家长给我回信谈了他们的感受，并愉快而坚决地表示，要用心给孩子"浇水"，坚决不让孩子荒废这段时光。一直到网课结束，这几位家长都一直做得很好，这7个学生也确实表现很好，没有落下一点功课。

这种借力打力、形成合力的方法，慢慢形成了一种共识，家长们谁发现好的方法和思路，就主动和我沟通，我再结合班级情况，或全班共享，或因人而异单独分享，确实为班级管理注入了新的动力，达到了很好的效果。

家校沟通，共同进步
——高考前30天家长会

我给各位家长朋友分享五句话：

一、以积极的心态看待整个备考过程中发生的一切。凡事有利必有弊，有弊必有利，关键是我们是否善于去积极转化。比如上次吕珮源涂错卡的事儿。培养学生都能以自己的状态巧妙地化解，没有造成任何不利影响。所以如果你很忙就忙你的，全身心投入你的工作，少操孩子学习的心；就算闲下来，想到这些事情，也要多祝福，不担忧。

二、多发现孩子身上改进的地方，多鼓励孩子，坚信天天改，日日进，就不得了，让孩子树立信心。当然鼓励孩子，表扬孩子内容要具体，不能空洞地说"你真好""你真棒"。

三、做好孩子的后勤保障工作。当然也只是满足正常需要，这时候也别刻意去买营养品什么的。

四、不要过早地谈论报志愿什么的。考完试到分数出来还有半个月，到报志愿有20多天时间。我们有的是时间。不用听信一些所谓的热心人或者机构的忽悠。没有分数做支撑，所有的规划都等于0。所以现阶段就是家长和孩子一起专心致志打好高考这一仗。学得好还要考得好，最后再说报得好的事儿，这要一步一步走。有什么问题，有什么想法，我们多沟通。不管大小事儿都可以和我沟通。

五、有时间了，多做好事，广积善缘；要有大眼光、大胸怀、大格局，这是解决人生琐碎、减少内耗的最好方法。因为当我们拥有了大眼光，大胸怀，大格局之后再来看看自己遇到的这些问题，简直就不值得一提。所以就会淡然一笑，让这些问题飘然而过，这当是我们人生经历的风景，而不会影响我们的人生。李聪为什么快乐而坚强？因为李聪明白了一件事情，记住了一句名言：人生除死无大事。古语说厚德载物啊。我多次讲，不是能不能，更重要的是配不配。只要我们都做得配得上，那自然就配得上！

关于报志愿

每当高考成绩出来之后，有一周时间特别忙，主要帮助家长们解决孩子报志愿的问题。因为这些孩子基本上都是我从高一带到高三的，家长们都认为我对他们的性格、特长、人际交往能力、未来发展趋向等应该比较了解，所以找我咨询的人特别多。我经常给家长朋友们说五个原则：

一、遵循孩子的兴趣、志向、愿望。因为我们的上一代和我们这一代，对大学和所学专业基本都不了解，有相当一部分人稀里糊涂地上了大学、学了通知书上的专业，参加工作后从事了与大学所学内容毫不相干的职业。之后为了生计，相当一部分人从事了自己并不喜欢的专业。有的就苦苦熬到退休，有的从头再来，重新学习。所以家长的心情我是非常理解的。正是基于这个原因，我特别主张遵循孩子们的愿望。因为我们用20年后的眼光来看，他们这一代，将来绝大多数人不再会是为生计奔波的。他们将要遵循内心的愿望，享受他们想要的生活；并更愿意在他们喜欢的领域里做出成就；他们的潜力也将在他们喜欢的领域里迸发出来。与其那个时候后悔，不如现在就遵循孩子内心的愿望。如果孩子的目标非常清晰，建议家长朋友不要过多干预。而是要帮助他们对这些大学和专业进行更加深入的了解，鼓励孩子到他喜欢的专业里去。

二、专业优先的原则。到底是学校优先还是专业优先，是家长们最关心的一点。我的建议是专业优先。如果用三至五年的眼光看，可能学校优先来得更实惠一些。但如果用20年的眼光来看，有些专业应该更具优势。因为未来的中国缺人才，缺的是英才。大学优先，可能在一定程度上找工作更有利，毕业之后很快就有工作；但专业优先可能让孩子们在喜欢的领域内不断深耕、厚积薄发，20年后有所成就。同时如果孩子选择了在喜欢的领域内工作，还可以防止职业倦怠，提高幸福指数。

三、学校与城市。在同等情况下，建议选择城市优先。虽然同样的分数在发达城市上的学校可能要降一格，但那里的学校的教育理念、学生的人生价值追求理念、接触面儿圈子内人们的理念、所在城市的文化理念等，肯定要先进一些。这对开阔孩子的视野、提升孩子对生活的思考力和对未来的判断力这些软能力，都是非常有帮助的。同时对激发孩子的想象力和创造力，也有着不可估量的价值。

四、学校文化优先。在同等情况下，我会建议家长们对几所学校的学校文化进行深入的了解，选择适合孩子的那个文化，而不仅仅是看名气。因为大学四年，是人生最美好的时光，绝大多数孩子会在那里接受学校文化的熏陶，从而对自己的人生产生不可估量的影响。

五、个人关系。这个在报考中是不可忽视的因素，但千万不要当成最主要的因素。如果自己的关系符合以上四个条件，可以优先考虑；如果不符合，可以不考虑或放到最后考虑。因为这是一个不太可靠的因素，变数很多。

做一个智爱慧爱的家长

据调查和我个人多年的工作经验，高中学生的绝大多数问题都可以追溯到初中。而初中的问题基本都出在初二。所以，今天的话题，就从初二谈起，和各位家长朋友一起探讨怎样做一个智爱慧爱的家长。

一、初二，孩子们怎么了？

1.潜滋暗长的生理因素

初二学生年龄段基本在12—14岁之间，这个年龄段的学生已经实现由儿童向少年转变，开始进入青春期，不管是男生还是女生身体都发生了许多引人注目的变化，比如男生嗓音开始变粗等。

与初一相比，初二学生增加了生物课，青春期的学生对异性有着羞涩的好奇。

青春期性征出现也带来了学生的好奇心和探究欲，促进青少年性意识的发展，怎样去认识爱情、处理对异性的好感等"少年维特之烦恼"，这些问题他们需要家长和老师的引导。

但由于家长和社会对性知识教育采取闭锁甚至耻于谈论的态度，致使学生们产生的烦恼无处倾诉，就变成了青春期烦恼甚至烦躁，导致在与同学、家长、老师交流过程中出现"一言不合就……"。

2.有形无形的学习压力

进入初二，学生虽然没有直接的升学压力，但看看初二的课本内容，我们都有一个明显的感觉：和初一相比，初二的内容要广得多、深得多、难得多。学生在学习方面自然也就面临着更大的挑战，有的学生因此产生了畏难情绪，感觉学习吃力，上课听不懂、跟不上，又因为自尊心的约束，不愿意去主动问老师、问同学，久而久之，成绩慢慢下滑，逐渐成为"学困生"，并慢慢或忽然失去学习的兴趣，若得不到及时挽救，时间一长甚至破罐破摔，彻底放弃了学习。

这也是导致初二学生出现学习成绩两极分化的重要原因。

另外，虽然中招不是迫在眉睫，但是很多初二学生从他们的学长那里已经领教了中招的严酷，升学压力和社会就业压力成为他们不得不直面和深思的问题。

再者，加上相当一部分家长对成绩的过分重视，导致许多家长和学生都忽视参加其他积极有益的健身运动和社会活动，甚至因为学习而不得不放弃自己的兴趣爱好，从而导致学生生活单调、无兴趣爱好，也就失去了宣泄不良情绪和学习压力的正常渠道。

而当他们的生活完全被学习内容充斥，自然会觉得学习是单调、枯燥、痛苦的，自然就特别神往和迷恋学习以外的世界，自然就和一些提前踏入社会的不良少年走到一起，或是沉溺于网吧，或是出入歌舞厅等不合适的娱乐场所，以求得释放或宣泄。

3.半生不熟的心理因素

初二学生心理开始发生较大变化。孩子们在小学阶段年幼天真，一般都能听老师和家长的话，行为乖巧，守规矩。升入初中后，第一学年对新的校园和学习生活都有陌生感，胆子小，自觉遵守纪律。而进入初中二年级后，同学们的心理就开始发生了较大的变化。

青春期的孩子们认为自己身体上已经发育成熟，心理上也已经成熟，他们自认为什么都懂，甚至比师长都理性，于是渴望独立的空间，不习惯老师和家长对他们的行为约束和管教，对家长特别逆反。

初二学生的另一心理特点是表面什么都不在乎，实际上从众心理很重，既想标新立异又担心脱离集体。于是有的学生出现了紧张、焦虑、自卑等不健康心理，由于心理发展与生理发展的严重不平衡，就会出现程度不同的对抗、逃避、说谎、破坏、暴力等不良行为。

4.无孔不入的社会不良风气

随着电视、手机、网络的普及，各种对青少年"有毒"的信息可以说是无孔不入，极尽对青少年诱惑、毒害之能事；又加上部分人不能辨别甚至崇尚不良风气、恶俗文化、拜金主义、娱乐至死等，不能对孩子起到正确的引导作用，也对"初（高）二现象"起到了推波助澜的作用。

这些可以称为"初（高）二现象"。其实，学生到高中之后，也基本会经历与之类似的过程或发生类似的现象，有可能反应更激烈。

二、怎样判断"初（高）二现象"

怎么判断"初（高）二现象"的发生呢？请各位家长同志先回答这几个问题：

1.你和孩子关系疏远了吗？

中国教育科学研究院调查数据显示：

与小学相比，家长感觉亲子关系"变化不大"的比例在初二阶段明显下降。

18.50%的家长感到亲子关系"越来越疏远"（初一12.52%，初二18.50%，初三17.36%）；

6.33%的家长感到亲子关系"越来越紧张"（初一5.32%，初二6.33%，初三6.19%）。

步入初二后，有些学生开始反驳、顶撞老师、家长，越不让做的事越要对着干；有些学生还会有不同程度的叛逆、对抗情绪，甚至有闹事等行为，自然影响到青春期的亲子关系。

2.你的孩子还愿意和你谈心、分享吗？

进入青春期的孩子，渐渐将同学、朋友作为倾诉心事的首选对象。有初二学生说："和父母聊一些话题，比如明星、电视剧，家长不仅不了解，而且还会批评我不务正业。如果不方便说出口的，就自己写完锁进日记本里。"

据调查：

初中生向父亲或母亲倾诉心事的比例均在15.50%以下，跟朋友、同学交流心事的比例在48.07%以上。其中初二尤为显著。

总结：

当孩子进入青春期后，家长应该成为孩子成长的陪伴者，给孩子一定的空间，让他们去想、去做自己的事情，在孩子的青春期阶段给予有的放矢的关心，切不可通过偷看日记等方式了解孩子。

想了解孩子，一个不错的办法是了解孩子喜欢的音乐、书籍、电影等。

3.你更关注孩子的身心成长，还是成绩优劣？

相当一部分学生进入初二后，明显感觉自己的学习任务已经很重了，根本没有精力再去作家长购买的教辅书，但家长还是热衷于买各种练习题、报各种辅导班。

很多初二学生将学习问题归因于客观性因素，如学习难度加大、自己智力不行、老师不对脾气、同学弄虚作假等。但家长更多倾向归因于学生的主观性因素，二者对学习问题的归因明显不同。

这种对学习问题的认知不一，自然容易引发诸多亲子矛盾。

4.你的孩子经常顶撞你吗？

伴随着初二学生生理上的急剧变化，他们的心理也出现了飞跃式的发展。他们敢于质疑老师、家长的权威，对问题提出自己的看法，对简单、粗暴的说教方式不盲从，甚至拒绝接受。

同时，学生的个性也处在一个"暴风骤雨"式的发展时期，自我意识迅速发展，成人感增强，自我意识觉醒，要求别人尊重自己，渴望获得和成人一样的尊重和评价。

有调查显示：

当面对父母的压力时，初二学生选择"向父母反抗"的比例最高。

当亲子之间对某件事情持有不同观点时，47.22%的初二学生选择"努力争辩，说服父母"；而当子女不赞同家长的想法时，半数以上家长都会"和孩子一起探讨"，30%左右的家长还会"想各种办法说服他"。

这既与初二学生"自我调节"的希望相悖，也易与初二学生"努力争辩，说服父母"的方式，产生冲突。

三、家长怎么应对"初（高）二现象"

总体原则：

坚持四要四多：要对孩子以诚相待，多陪伴；要和老师坦诚交流，多沟通；要与学校密切配合，多化解误会；要紧跟时代步伐，多了解时代潮流。

具体说来，要努力做到以下10点：

1.家长要做高端引领

人们常说，父母是孩子的底版，孩子是父母的翻版。尽管"龙生龙、凤生凤，老鼠的孩子会打洞"是不完全正确的，但是，我们有没有想想"老鼠的孩子"为什么"会打洞"？因为它一生下来整天看到的就是"父母"在打洞呀！耳濡目染，不用教，自然就会了。我们也都知道"视人视其友"，要求孩子尽量与品行和学习都与自己差不多的同学交朋友，多向比自己优秀的同学学习，这的确不错，可是，殊不知，父母应该是孩子最早、最好的朋友啊！所以，家长的追求要高一些，而且绝不仅仅是物质的，更为重要的是要有精神追求，能给孩子做人做事、人生规划等方面做正确的、高端的指导和引领！

2.亲子沟通要有方法

端着家长的架子，居高临下的交流是无效甚至是适得其反的；主观臆断、偏听偏信的交流是无效的；先入为主、发泄愤怒式的交流是无效的。沟通前，要常和班主任或授课老师就孩子的教育进行电话或信息交流，充分了解情况；沟通时，要充分尊重事实、充分理解信任、充分换位思考，做一个倾听者、安抚者、指引者；沟通后，要注意观察孩子的言行，看效果是否理想并及时巩固效果。最终要走向孩子能够学会解决自己的问题、敢于向老师、领导反映自己的要求和想法，借助外力解决问题。所谓成长，其实就是认知走向成熟、解决问题能力不断提升的过程。

3.要善于运用鼓励和赞美

给孩子去缺点找优点是很重要的教育。把孩子擅长的事情做成孩子的核心竞争力，应该是家长的基本指导思想。

有人说"好孩子是夸出来的""成功是成功之母"。这些话不一定完全正确，但的确有道理。据我个人经验，我认为特别适用于这个年龄段的孩子。因为古语说"千穿万穿，马屁不穿"。这是人性，不要奇怪。尤其是这个年龄段的孩子，他们有一些时候其实就是"为反对而反对"，根本不是为道理和真理。在相当多的时候，他们只是为了得到认同、尊重，或者就是为了显摆。所以，家长要相信孩子的本质是好的、是善良的，不妨积极寻找孩子的闪光点、进步点，多认同、多表扬、多鼓励。另外，特别提醒，不要说打击孩子积极向上的话、不要纠缠孩子犯过的错。

4.要善于运用辩证法

孩子表现时好时坏、学习成绩起起伏伏、情绪阴晴不定等都属正常，就如乍暖还寒的天气。凡事有利必有弊，有弊必有利，家长一定要善于运用辩证法理论看待孩子的变化，并从中寻找促使变化发生的内因和外因，促成其相互转化，把每一个问题，都变成教育的契机。问题的解决即是成长。

5.要培养孩子的好习惯

要做有心、用心、注意观察细节的家长，要有培养孩子成才的决心，有持之以恒的耐心，有注意细节的精心，要在成长过程中培养一切有利于孩子自我提升和发展的好习惯，并不断在实践中强化。很多时候，人生所取得的成就，就源于一个个微不足道的好习惯。如果只看重结果，不注重取得结果的过程，是绝对不行的。要留心生活、学习中的一些细节问题，并把这些细节作为突破口，培养孩子的好习惯。比如读书要坐端正、写字要横平竖直、做作业要专注、打草稿要整齐、站立时不来回晃等，平时要用心抓好，不能大意。另外，注意加强孩子假期中的时间管理，提醒孩子多接触健康向上的人和事，督促孩子每天都要有定量的学习时间，要利用假期多与孩子接触、沟通。

6.努力提升见识和修养

见识和修养才是孩子真正的实力。见识，决定孩子的思考力和判断力；修养，塑造孩子的人格魅力。文化课的差距不等于能力的差距，不等于综合素质的差距，更不等于未来事业的差距，所以没有太大意义。走上社会之后，见识和修养将起到决定性作用。比如：要用长远的眼光看问题；对人有礼貌；谦虚谨慎；守时守信；愿意分享；乐于助人；不背后论人短长；决不护短；能够通过协商解决问题；能够克制情绪等。

7. 要勤于学习，尤其是要读书

要敢于认识到自己的平凡和不足，并愿意努力提升，愿意学习，乐于读书。这是给自己"保值""增值"的重要手段，更是给孩子做榜样。有人说，把财富留给孩子，不如把孩子变成财富。太对了。

很多人说起读书都会有这样的感受，小时候读过的书，长大后书名和作者都忘记了，情节也记不太清楚。但是自己被某个细节深深地震撼过，持续了几十年，影响了自己的整个人生，这就是读书的意义！所有认真读过的书都会融进灵魂，沉淀成智慧，静静地等待。心灵深处只要被触动，就会喷薄而出，读书无疑是提升认知最好的方式。持续而大量地阅读不仅能让人习得新的技能和本领，更能增长见识，丰富人生的经验。人生的淡定和从容都是从学到的知识中修炼出来的。爱读书的人，心灵有温度，乐于感知世事百态；爱读书的人，生活有情趣，不会因现实的琐碎而放弃思考。

8. 要让孩子有信仰

古语说：父母之爱子则为之计深远。

拥有信仰，淡化苦难，努力向前，向着标杆直跑，是谓"不忘初心，牢记使命"；家长和孩子都不要只把心思放在一味追求术的层面，而是要多思考道的层面，有术无道的结局会把孩子变成一个机械的工具人。人之为人，一定有不同于其他动物的高贵之处。讲两个故事吧：《红楼梦》中的贾雨村刚出场时是个穷书生，他饱读诗书，有真才实学，心怀大志，曹雪芹曾为他写下"雨村真是英雄"的判语。可在登科及第步入官场后，他丧失了做人的良知与道德，蜕变成了一个忘恩负义、丧尽天良的阴险小人。书中曾预言他"因嫌纱帽小，致使锁枷扛"，曾十几次怒批他为"奸雄"。

热播剧《狂飙》中的高启盛出身寒微，从小学习刻苦，有较高的人生目标，凭借优异成绩考上了重点大学。但是，由于毕业后长期遭到旁人的歧视，他的自尊心受到了严重的扭曲，他贪慕钱、权与"胜"，失去了读书人的信仰，逐渐沦为一个不择手段、没有道德底线的黑恶分子，最终坠入毁灭的深渊。

家长要为孩子的终身发展负责！

9.要让孩子能够换位思考、有利他之心

在思考和判断上，其实人人都是用"双标"在理解世界。你开车时，总觉得行人不遵守交通规则；你步行时，总觉得开车的不尊重行人。你是学生，会觉得老师这也不对，那也不好；你要是老师，可能会比现在的老师更痛恨你自己。如果能够换位思考，孩子的抱怨就少，解决问题的办法就多，麻烦和苦恼就少。所以，要培养孩子的同理心、利他心。

同样，盲人夜晚出门打灯笼的故事大家都耳熟能详，方便的是别人，受益的也是自己；佛祖一生都在度众生，后世众生都在拜佛祖。帮助别人，成就的是自己。老师在干什么？不是在度你吗？老师图个啥？不能让孩子只是以自我为中心。那会害了孩子的。

孩子如果能够换位思考、有利他之心，心胸也自然开阔，性格也自然豪放开朗，初、高二问题也就迎刃而解。

10.要知行合一，让孩子信服

以上9点，最重要的是做到知行合一。家长能够以身作则，给孩子示范，并能够像朋友一样交流沟通，不断修正，共同提高，问题基本上就解决了。

同时，要鼓励孩子参与各种活动，各种竞赛。在活动中检验、在活动中碰撞、从活动中领悟；在竞赛中学习别人的优点，通过竞赛开阔孩子的眼界和胸襟，学会尊重对手、信服强者。

父母是永不退休的班主任呀，父母要做孩子学习的陪伴者，成长信息的收集者，未来教育的引领者，人生选择的参谋者。

家长只要把这句话理解透了，用心去观察、思考、寻找办法，做一个智爱慧爱的家长，孩子不但能平稳度过初、高二，还能以乐观向上的姿态朝着理想的方向前进，创造他们人生的奇迹，给我们带来意想不到的惊喜！

第四辑　语文教学篇

高中传统文化与文史教育融合的途径与方法

中国传统文化是我们中华民族赖以生存和发展的根基，是国家兴旺发达的精神支柱。而语文、历史学科教学处处渗透着文化的魅力。它们不仅承载着教育的工具性特点，让学生具备较强的文学能力，更肩负着提高学生的审美能力，进而让学生形成良好的思想道德素质和科学文化素质，为学生终身学习和有个性的发展奠定基础的使命。正如习近平总书记说："优秀传统文化可以说是中华民族永远不能离别的精神家园。"

现实情况是，高中生已经具有较强的自我认知意识，而且叛逆意识也在逐渐加强，但是他们的知识储备还相对短缺，对传统文化也存在着误解，他们更希望接触新知识，追逐新潮流，认为传统文化在这方面似乎与他们现阶段的思想意识背道而驰，因此在此阶段弘扬与强化传统文化的学习并不容易，甚至充满挑战。这也要求高中阶段的老师制定相应的策略，实施相应的方法与措施，减少传统文化与学生认知的冲突，让学生更容易接受并认可传统文化。基于此，本文在课堂呈现的基础上进一步探索传统文化与课堂融合的途径，总结了如下几点经验。

一、丰富文化储备，挖掘教材内涵，引导学生了解传统文化魅力

要在高中文史教学中进行传统文化的融合，教师自身必须要有丰富的相关知识储备，并且要有良好的文化素养，善于将现代文化与传统文化相结合，营造出良好的文化氛围，激发学生的学习兴趣，从而加强学生对传统文化的接受程度，既能让学生掌握好传统文化的相关知识，便于对传统文化继承和发展，又有利于学生在传统文化的例子中明白更多的做人道理。

例如：历史《宋明理学》一课中，想要学生很好地去理解宋明理学的相关内容，我们必须讲清宋明理学的主张是在特定的背景下提出来的，这就是唯物史观社会存在决定社会意识，再结合之前儒学的特点——务实，学生便能理解此时儒家思想价值的重建。如果教师再能够将其思想价值延伸至当今社会，比如：社会责任感，社会道德等，定能进一步激发学生对于传统文化的兴趣。同样，语文

《鸿门宴》一课中，教师必须对楚汉之争的背景、刘邦项羽以及课文内出现人物的身份等做一个系统全面深入的认识，才能帮助学生更好理解本篇文言文的情节，同时，在讲解中将涉及的座次等礼仪文化、酒具文化等渗透给学生，让学生在掌握史实、了解文化的基础上，感受英雄主义魅力。

二、丰富教学方法，更新教学手段，激发学生学习传统文化兴趣

教学方法是教学内容的呈现方式，不同的内容需要不同的方法来呈现，因此教师需要根据授课需要，拓展多样的教学方法。可以借助诗歌、辩论、竞赛、游戏等课堂小活动来活跃气氛，提高学生学习兴趣。比如：设置名词孟子、儒学、道家、法家、董仲舒、理学等让学生根据另一学生的描述猜词；再如对于《廉颇蔺相如列传》可以让学生自己演绎最感兴趣的情节，《琵琶行》课文较长，背诵时可以给学生放音乐，让学生唱起来。

教学手段是展示教学内容的平台和途径，教师要更新使用先进的教学设备，创设教学情境。多样化的教学方式不仅能提高学生成绩和教师业绩，同时也能提升学生兴趣，让学生更立体直观地参与到课堂学习中来。

三、延伸教材内容，提供展示机会，提高学生传统文化认知水平

高中阶段的学生对中国传统文化的认知和继承还停留在较低层次，对其深意一知半解；体验传统文化的方式比较单调，更难主动积极地将课堂中遇到的问题同传统文化有机结合起来。但我国传统文化博大精深，单纯地依靠课堂或者教材，很难让学生对优秀文化有深入的感知，也不能开拓学生视野，不利于学生的综合发展。因此，在实践中，教师还应该鼓励学生利用阅读课、自习课以及闲暇时间，多阅读一些经典的文学作品，让学生在此过程中充实自身知识结构体系，并加深对我国优秀文化的感知。

这就要求教师在课堂上善于引导，提醒学生相关的扩展链接，帮助学生在听教师讲解期间，自然代入到情境之中，并联想以前所看过的电视剧、动漫作品中的相关内容与思想精神。比如在讲解秦汉时期，"楚虽三户，亡秦必楚"的纠葛，以及西楚霸王项羽、汉高祖刘邦争权的内容时，教师可以将《霸王别姬》与我国国粹发展史联系起来，让学生体会到在不同的历史时期，人们对戏剧的喜爱都是富有时代潮流特质的。在鼓励每个同学课堂沟通交流的同时，让他们体会到传统文化的魅力与影响力。

文化的主要功能在于教化。教师作为文化的传播者，"传道、授业、解惑"是最基本的职责，而唤醒学生的心灵，引导学生的正确价值观，是更高的能力和境界。今后，我们将在日常的教学中用传统文化的知识激活课堂，不断探索适合学生发展的新道路。

借诗词之美，提升育人品质
——新课改理念下的教学实践

在新一轮高中课改中，修订后的高中语文课程标准从学科育人价值的角度，凝练了"语言建构与运用""思维发展与提升""审美鉴赏与创造""文化传承与理解"四方面学科核心素养；提出新的课程结构，"以语文学科核心素养为纲，以学生的语文实践为主线，设计'语文学习任务群'"，包括18个学习任务群。修订后课程标准18个学习任务群的设置，充分顾及问题导向、跨文化、自主合作、个性化、创造性等因素，并关注语言文字运用的新现象和跨媒介运用的新特点。

"学习任务群"的本质特征是整合。重视整合，一方面，语文是一门高度综合性的课程；另一方面，整合既是语文学习的目标，也是语文学习的方法与途径。以必修教材第三单元诗歌为例，新教材诗歌单元的诗歌数量比较多，如何整合，整合哪几首，整合的点是什么，是开展单元教学，践行"学习任务群"最大的困难，也是最妙的地方。

经过反复研读，我选择了曹操的《短歌行》和辛弃疾的《永遇乐·京口北固亭怀古》。因为两首诗歌都传达出一种担当意识，一种积极有为、渴望建功立业的政治抱负，两位诗人都有着满腔热忱，都有对天下、对百姓的一种共情。两首诗的相逢，是明主贤臣的相遇，也是家国情怀的相遇。

家国情怀，是整合学习任务的切入口，串联起了不同时代的两个诗人，两个时代，一种情怀，在这里完美交融。于是，我确定紧紧围绕"审美鉴赏与创造"这一核心目标、以"家国情怀"为主题设计教学流程，借助听、说、读、写多种活动来达成"借诗词之美，提升育人品质"的目标。

第一环节：以声传情

诗词本身蕴含声韵美，需要带入情感，声情并茂，反复诵读，才能体会这种声韵之美，诗歌教学必须以诵读为第一要务。因此，我在设计教学流程时，将诵读作为第一个环节。

课堂上开展朗诵擂台赛，学生自由进行朗诵，其他学生根据评价标准进行打分；老师适当评价，适时奖励。以声传情，让学生掌握诵读技巧，了解吟诵，感受诗歌声韵美，体悟声情美中蕴含的家国情怀。

第二环节：写作训练

设置情境，引导学生开展写作训练，是语文日常教学的常态。因此，在充分朗读之后，我设计了写作训练。

在国庆节前我们要评选10位最具家国情怀的古代诗人。请你结合这两首诗，为曹操或辛弃疾写一段推荐词，300字左右。

这既是写作训练，又是诗歌鉴赏情感类和人物形象类问题的变相考查，综合性比较强，学生需要在感知情感和人物形象的基础上展开写作，可以提升学生阅读与鉴赏、表达与交流、写作的能力。学生独立写作，写完后组内交流，推荐展示人进行展示。

学生写作展示"曹操"：

中华千年历史长河中，有这样一颗明星熠熠生辉，20年来，平黄巾，定河北，征乌桓，收荆州，天下九州得其六，方有今日中原之一统。论胆略二十岁击蛟，毫不畏惧沉着应对，论才情，对酒当歌横槊赋诗，20篇绝唱，千古流传，论智谋，割须弃袍，望梅止渴。他以周公吐哺，天下归心的家国情怀，生民百遗一，念之摧人肠的忧民之心，吾无才，天下之才皆我才的政治才能，在汉末三国舞台挥斥方遒，独领风骚，他就是曹操。

第三环节：设置情境，大胆创新

在这一环节，我展示了铅山辛弃疾诗词摩崖石刻群、安徽亳州曹操纪念馆的相关图片，让学生直观感受优秀传统文化的当代价值。

看完后，让学生纵横想象：

假如，曹操和辛弃疾相见，会怎样？

让学生感受家国情怀之美，培养创新思维，探究精神传承。

根据《短歌行》和《永遇乐·京口北固亭怀古》来看，辛弃疾与曹操相遇，辛弃疾会成为曹操麾下的大将军。因为曹操的理想是"周公吐哺，天下归心"，胸怀统一天下的大志。《短歌行》中主题是要招揽天下人才，实现他的千里之志。而辛弃疾则是愿成为廉颇那样的将军，为实现国家统一而奉献毕生精力。他们会成为知音，既是政治上的知音，也是文学上的知音。他们会在战争中配合，也会在诗词上唱和。

更为可贵的是，有四个学生，还借助湖南这一特殊地点，想象辛弃疾和毛泽东的相遇，以辛弃疾创办飞虎军的经历和毛泽东探寻救国救民的理想碰撞，制作了三分钟的小视频，配上恰当的对话，展现了辛弃疾引导、鼓励毛泽东走上武装夺取政权道路的历程，与辛弃疾和曹操的相遇遥相呼应，让家国情怀代代传承。

第四环节：探究家国情怀的文化根源和当代价值。

最后一个环节作为升华，让学生回顾积累的古诗词，背出那些抒写家国情怀的动人诗句，回溯"家国情怀"的文化根源，深度感受"家国情怀"之美。我特意引导学生背出林则徐的"苟利国家生死以，岂因祸福避趋之"所彰显的殒身不恤，陈毅的"此去泉台招旧部，旌旗十万斩阎罗"所流露的死而不已等诗句展现出来的"上下求索"的可贵精神，激励学生根植家国情怀。

从学生课下、课上的参与热情和实际行动来看，学生热情高、参与度高，文字和原创视频的质量也很高，达到了培养"审美与创造"能力这一核心理念的目的，厚植了家国情怀，实现了引导学生做一个有知识、见识、才识、胆识，有思想、会审美、能创造美、更有深厚家国情怀的人的目标，提升了育人品质！

运用"十化教学法"，提升语文课堂效率

2009年以来，我就一直在探索运用疑探教学理念来培养学生语文能力和语文核心素养、提高语文课堂效率的最佳途径。经过十几年的不懈努力，我逐渐探索出了既符合学生身心特点、教育学规律、心理学规律，又能切实有效提升课堂效率的"十化教学法"。具体就是：

1. "学生"主体化

这些年来，我一直是坚决地坚持践行把课堂还给学生，让学生做学习的主人、课堂的主人的理念，并且坚持实行让学生学会学并能够教会其他同学的措施。在我的语文课堂上，几乎每一节课都能体现学生是知识的"主人"、方法的"主人"的理念，把学生从被动的接收者变为主动的实施者、灵活的运用者、创新创造的引领者；老师变为学生潜力、潜能的激发者，创新创造的引领者。同时，为了解决不同基础的学生的接受能力不同的问题，我又在班级内设立了"专家团"，选拔接受能力强、课堂学习效果好的同学做"语文小专家"，每节课都会留至少五分钟的时间和我一起深入各个小组，为同学们答疑解惑。具体操作时，我们还会根据不同学生的不同需求，结合各个"小专家"的专长，让小专家到最需要的同学那里，带领大家一起探求答案，坚决不可以直接把答案告诉同学。这样以来，全班都动了起来，课堂就生机勃勃了！

2. "目标"简明化

"目标"设置要简单易操作，明确不泛化，可操作性强是根本要求。每节课我们的目标设置都尽量简单，甚至相对单一，绝不贪多求全。比如人教版教材必修四中的《苏武传》一文。我们都知道这是一篇篇幅比较长、知识点比较多、可探究内容非常丰富的，可很好进行爱国主义教育、人生观教育、价值观教育的优秀传统文化文本。我在具体教学时，就没有采用教学参考书或者其他同事的课时设计方案，用3课时讲完，而是把它分成6个专题6个课时：背景专题1课时、字词专题2课时、故事呈现1课时、价值观探究1课时、当世之用和创新1课时。先把整体思路告诉学生，然后一课时一课时逐个完成。从学习效果看，我班学生对这一课的掌握情况明显好于其他班级，不仅是知识掌握得牢固，学生对文本理解的宽度和深度更远远超过其他班级。目标简明的另一个体现，就是在大胆整合舍弃上。有些课文，我会把两课、甚至三课合到一起，只突出一个主题，其他暂时忽略不计。比如我把曹操的《短歌行》、辛弃疾的《永遇乐·京口北固亭怀古》、陶渊明的《饮酒·其一》三首诗词整合到一个专题：探讨人生的价值追求。总之，我会根据教学文本的特点，该分解的就分解，让"毛细血管"清晰可见，该整合的就突出重点，其他的"视而不见"，让每节课的目标都具体而简明，确保课堂效果最佳。

3."知识"精准化

基础知识坚决夯实，专业术语绝不含糊。这是目标简明化的进一步保障措施。只有精准的知识，才是有用的知识。这个观念从高一的第一节语文课就开始强化，直至形成班级文化，融入每一个学生的潜意识，变成自觉的追求，不管是背书还是书写，这都是第一位的要求。所以，我班学生很少出现会而不对的现象。

4."检测"即时化

具体表现是"检测"频次多、方法活、时间不固定、学生参与面广。我倡导的理念就是"自己说会不算会，检测正确才算会"。所以在课堂上，每完成一项任务，我们就立即检测：我即时随机提问、同桌互相提问、"小专家"随机抽查等；我们既可口头检测，也可书面检测，或者二者结合；可指定人员回答，可抢答；也可在大课间进行培优补差点餐；也可以为选择题专训、知识读背、错题讲解等。此举可尽可能调动学生积极性，提高学生的参与度。我们坚持一个观点：现有知识没掌握、现在培养的能力没达到，我们就不往下走。确保步步为营、稳扎稳打、劳而有功。

5."知识清单"系统化

我们无论是平时课堂的即时检测，还是各种测试，都要及时建立知识清单。尤其是大型统考后，更要列举详细的、既针对本次考试内容又进行前勾后联的知识清单总结；既可以单个知识、方法整理，也可以分类整合梳理。这样有利于学生时时处处对所学的知识进行查漏补缺，巩固复习。

6."责任"自觉化

我认为，只有落实到位的措施，才是有效措施。为了确保措施执行到位，就必须强化学生的责任意识。举一个例子：在我们班的语文课堂上，但凡书面展示，学生必须首先写下姓名、小组，然后再书写答案。署名的行为其实就是在倒逼学生提高责任感，让他始终牢记，他的板书，不是他一个人的事，强化其规范作答的意识；凡是进行评价的学生，也必须先自报家门：我是××组的×××，我代表我们组现在对××组的×××同学的展示进行评价，时时处处让学生明白，他不仅仅是他自己，他也是一个团队的成员，以此强化学生的责任意识。所以，在我们的语文课堂上，责任已经变成了一种无须提醒的意识，所应该完成的任务，都能够自觉地完成。

7."规划"精细化

每学期之初，我都会把我们的语文整体教学计划详细地列出来，贴在教室里，让学生们也知道，并请他们及时提出建议；每一次作业设计，也请"小专家们"参与，尽可能符合学生的需求；每一节自习课也努力做到极致应用：一部分同学在班级内互讲互学，培优补差，一部分同学在教室外分小组培优补差；各组同学按不同情况分包人员具体到"小专家"个人，且各人不同任务都提前作了极其精细的规划。而且，我们的"小专家"也是动态的：这一个问题谁精通谁就是"专家"。所以，可能今天你是"专家"，明天我是"专家"，这就更能调动学生的积极性、激发学生的无穷潜力，在保证整体学习进度的基础上实现"因材施教"，走向"共同富裕"。

8."限时"常态化

其实就是培养学生管理时间的能力。就学生能力培养而言，即时反应、快速反应能力、快速表达能力，都是将来不可或缺的重要能力。2021年3月18日的中美阿拉斯加会谈上，我方翻译张京"吊打"美方翻译的精彩表现，赢得了全国人民的赞誉：那其实也是对张京快速反应能力、表达能力的肯定！所以，我们在"限时"意识的培养上，也绝不含糊：凡做事，必限时。因为从高考的角度看，高考比拼的也是"谁在单位时间内做的有用功多"嘛，高考从来没有人会给你延迟一分钟！当然，我们对学生限时意识的培养也是循序渐进的，比如高一第一个月，我们背100字古文，限时25分钟，第二个月，限时24分钟，第五个月，限时17分钟等；同样，每次的口头或书面展示、评价，都要结合不同年级时段、不同题量内容进行限时。规定时间内精准完成的，大力表扬；没有完成的，下去后找"小专家"再表达。这样就提高了学生做事、做题的效率，时间观念也融入学生生活的时时处处。

9."知识学习、能力培养"滚动化

我们在进行新授课学习时，实行的是师生四遍教学法：第一遍教师讲：老师根据具体授课内容，突出重点地领着学生完整地学习一遍。在这个过程中，老师还要注意适时地启发、引导学生主动参与解决他们力所能及的问题，坚决反对一讲到底；第二遍学生复述：原则上是同桌两个互相讲述，也可根据"小专家"们的接受情况，让他们也参与到"听讲述"中，即时发现、收集、整理问题；第三遍"小专家"们分组讲：根据第二步的情况，小专家们迅速整理、分组给接受不太好的同学讲一遍；第四遍学生分组互讲，我和"小专家"们分别到各组听讲。这样的滚动式学习法，特别适用于古诗文教学。它既提高了课堂的参与度，做到课堂无闲人，也解决了部分学生听不懂了就破罐破摔的问题，拉着他们一起走，又符合遗忘规律，有助于全体学生的记忆、理解与运用，切实提高课堂的效率。

10."语文活动"多样化

每一学期，我们都要举办多种多样的语文活动，借此提高学生的知识、能力的转化与运用能力，深度思考和精准表达能力。例如，我们会在学习诗歌后举办诗歌朗诵与原创作品展示会；在学过《我有一个梦想》《在马克思墓前的讲话》等演讲后会举办演讲会；在学过《鸿门宴》《烛之武退秦师》等古文后会举办以"我要打动你"为主题的情景剧比赛和辩论会，在学完《诗经·采薇》、屈原的《离骚》等，会举办"守住优秀传统文化的根——家国情怀"征文比赛等，就是在高三紧张备考的间隙里，我们也会结合某一次试卷上的试题，把前面反映时代进步、科技发展的阅读题文段与后面文言文语段、诗歌等结合起来，组织一个"知识大串烧"或"梦回千年大穿越"。通过这些活动，既巩固了知识，又培养了能力，提升学生的语文核心素养，还可以强化对学生的价值观、人生观、世界观教育，达成"立德树人"的目标。

以上的一切都最终必须落脚在灵活"落实"上。我的语文教学观就是：人生百态，皆是教材；嬉笑怒骂，都是方法。在遵循"十化教学法"的同时，更注重与生活的密切联系，让"学语文并不就是为了高考"成为可能，在学生的主动参与下，把"立德树人"和高考有机地结合在一起，让应试与育人并行不悖！

唯愿墨香飘千古

读过李汉荣先生的《汉语，我想为你哭》后，我真的有一种想哭的冲动，但我没有哭；李先生质问世界上哪个国家考试必考汉语，我不想质问也不想拷问，我只想表达我最淳朴的愿望：唯愿墨香飘千古！

我不想过多地指责那些急功近利、只想培养高级工匠的短视行为，我只做一个比喻：空气是我们几乎不用任何努力付出就能得到的东西，可谁敢一刻离了空气或者让他少呼吸一些？那他马上就会感觉不舒服！其实，汉语，就像我们中国人的空气！汉语的现状也真的类似空气的现状：被忽视着，被污染着！面对现状，我觉得骂是没用的，作为一名语文教师，我能做的就是尽最大努力展示汉语魅力，让学生热爱汉语，热爱语文，自觉地学习语文学好语文，积极继承优秀的传统文化，染一身墨香。所以，我觉得有以下几点需要做好：

一、教师要积极研究《新课程标准》中要求的"广泛阅读各种类型的课外读物，课外读物阅读总量不少于260万字，每学年阅读两三部名著"的标准，积极做好自己的阅读准备，用自己丰厚的文化底蕴去感染学生，激发学生，老师要经常进行纸质阅读，进行新材料阅读，不要让学生从你身上看不到榜样的影子，而要给学生榜样的力量

二、积极进行网络阅读，认真体会其利弊，用自己最真切的感受去解决学生喜欢网络阅读而不喜欢纸质阅读的问题。网络阅读的特点与优势，就是方便、快捷、海量、高效，容易激发阅读者探究与参与的兴趣，而且大多是在自由、无拘无束的、无负担的状态下进行的。所以，作为老师，怎样让传统纸质阅读占领主要阵地，是需要深入研究的课题，

三、教师要多朗读，朗诵，让学生从你身上感受到美的享受，美的力量，具体的方法有：

（1）老师要通过文章的情感美来激发学生的美感。现在新课标的语文教材，所选的文学作品绝大多数是古今中外的名家名篇，无不渗透着作家深厚真挚的情感，具有较高的思想艺术性和审美价值。老师要把握作品的情感脉搏，自然会让学生产生感情的共鸣，激发他们的审美潜能，进入美的境界，受到美的熏陶。

（2）老师要利用作品的形象美来激发学生的美感。经典文学中的典型形象，是一笔宝贵的财富，要让学生在阅读而不是电视或网络游戏中去寻找或者感知。

（3）老师要利用作家的人格力量来激发学生的审美情操。像孔子的"知其不可而为之"的执着，孟子"独乐乐不如与人乐乐"的博爱，范仲淹"先天下之忧而忧，后天下之乐而乐"的博大，史铁生"职业是生病，业余是写作"的坚强，张承"志不为物欲所动"的坚守……

（4）老师要运用作品的语言美激发学生的美感。作品的语言美，可以追溯

到《诗经》《楚辞》，自然也会想到唐诗和宋词。这些经典的魅力，是很容易激发学生的审美愉悦的。而且现行课本也加大了这些内容的比重。只要我们运用得法，是会起到很大作用的。

那么，我们该怎么来运用好朗诵、朗读等声音手段来激发学生的阅读兴趣呢？我觉得首先应该从教师的口语入手，让我们的口语充满美感。我下面就从教师口语的角度，谈一些认识：

白居易的《琵琶行》有一句诗"大弦嘈嘈如急雨，小弦切切如私语"，形容声音的粗重轻细的变化造成"嘈嘈切切错杂弹，大珠小珠落玉盘"的美妙境界。

美的声音之所以美，是因为它在人们听觉器官神经末梢上引起了某种感情的共鸣，如法国作家雨果所说"它正是以旋律来呼吸、来反抗、来表达愤怒的。口语在传达情感时简直就像音乐"。

对于运用语言传道、授业、解惑、感化学生心灵的教师来说，在语调和节奏组成的口语语音旋律中，一个音节就是表达复杂感情的一个音符，如何通过这些音符唤起学生心理的沟通、感情的共鸣、创造的激情，并非只是发音器官简单的生理运动，而在于一个人如何运用言语符号去组合去表现的过程，在这个过程中，我们要重视形成言语旋律的最主要的因素——教学口语的"度"，从而让我们的语言给学生带来美的享受。

1.响度

音高、音强、音调的恰当组合形成抑、扬、顿、挫的音乐感即是合理的响度，也指说话音量的大小、高低、强弱的程度，是受心理状态和气息支配控制的。教学口语中最常见的毛病是声音过高或过低，过高的声音容易对学生听觉产生超强刺激，引起疲劳，难以使注意持久；过低的声音则不成熟、不稳定，难以引起听觉注意，影响听话效果。

合理的响度要求说话从表情达意的角度调节音量，声音过高的人说话时可松弛喉部，降低音调，在中、低音区进行共鸣，声音过低的人说话时应打开口腔，加大音量，体会高音区共鸣的效果，做到声音清晰有力、圆润丰满，让前排的学生听得舒服，后排的学生听得清楚。

2.速度

它指说话时语流行进的速度快慢，由内容表达需要决定。一般来说，说话基本的速度为每分钟180个音节，但在传达不同语气语调及感情时必须与语言内在节奏相一致。

最常见的毛病有两种，一是速度快于学生的思维，如放机关枪，学生没有理解、回味、记忆的时间；二是速度慢于学生的思维，容易使学生思想不易集中，难以调动学习和思考的积极性，影响教学效果。

这两种毛病主要是平时不良语言习惯造成的，同时口语能力也是一个人的思想深度、敏捷深度和知识广度的综合体现，所以在强调口语能力的同时，不可忽视知识对能力形成的重要性，修养内心与锻炼口才同样重要。

3.对比度

为什么同样的嘴巴，能引起人们或喜或悲或激昂慷慨或低沉绵绵等不同的感情共鸣？这就是语言对比度的神奇作用，它是语言的内在感情基调、语言节奏、气息状态及外在的快慢、高低、强弱、虚实、升降、轻重、停连等各种声音形式的总和，它把语言的层次脉络和感情波澜准确、传神地体现出来，并且把人的呼吸器官、发音器官、共鸣器官的作用发挥得淋漓尽致。

口语对比度的实质是感情、气息及声音形式三者的关系。声音受气息支配，气息受感情控制，而感情的引发又受语言环境的制约，只有感情的千变万化，才有气息的千姿百态，也才有声音的万紫千红。可以说，感情的真和声音的美是通向学生大脑和心灵的最有效通道。

4.流畅清晰度

指说一段相对完整的话时流畅清楚，并且答疑接话时应对敏捷，清楚明白。常见的毛病是选词时常"卡壳"，表达时有"断档"，应对接询迟钝缓慢，口头禅多。

提高教学口语的流畅清晰度从两方面做起：

（1）提高思维品质和内部语言的快速选择组合及转换能力，即知道应该"说什么"。

（2）在实践中增强对动态语境的适应能力，即知道"怎么说"。

以上教学口语的四度对教师语言运用提出了一个科学可行且前景诱人的高度，要走上这个高度，必须苦练内功、外功，具体可从以下做起：

（1）以读练说：找一段练习材料，按四度要求读完，体会响度、速度是否合理，感情是否到位，检查对比度、流畅度方面的问题。

（2）录音分析：在熟读基础上改读为说并录音分析，找出毛病，直到完全合乎要求。

（3）上台练讲：在正式场合讲一段教学语言，发动同学给自己找毛病，直到满意为止。

因为"教师的语言是什么东西也不可取代的感化学生心灵的一种手段"（苏霍姆林斯基语），所以，教师口语语音细微的变化所传递出的丰富的情感，就会像音乐一样扣动学生的心弦，让学生感受到语言的魅力，语文的魅力，从而积极愉快地进行阅读，让汉语的墨香永飘千古！

用优秀传统文化点亮高中语文课堂

——"传统文化"主题阅读与写作教学的结合

中华民族拥有五千年的悠久历史，优秀传统文化则是五千年悠久历史的丰厚遗产。最新修订的《普通高中语文课程标准》中指出："祖国语文是中华儿女的精神家园，语文课程对继承和弘扬中华优秀传统文化、革命文化、社会主义先进文化，培养文化自信，推动文化的创新发展，具有不可替代的优势。"因此，作为语文教师，高中语文的教学不应仅仅局限于传统的语言文字教学，更要求教师有意识地将传统文化分门别类，进行"主题阅读"，并与写作训练相结合，有意识、有规划地将学生培养成有"审美与鉴赏"能力、能够"继承与传承"优秀传统文化的现代高中生。

然而，现实情况却是：许多教师忽略情感的熏陶，只是简单要求背诵课文，机械翻译古文，生硬灌输常识，并没有主动引导学生去理解感情，体会文章内涵。同时，学生在学习方面也只是一味依赖工具书，仅仅追求会背高考默写涉及的64篇，只要能翻译出古文、诗歌等的字面意思就满足，不求甚解，只求得分，更别提组织"主题阅读"进行深度鉴赏了。鉴于此，用优秀传统文化点亮高中语文课堂势在必行。今日，本文仅就语文教学与传统文化的"主题阅读与写作"的必要性作简单阐述。

一、有利于提高个人综合素质，形成初步价值观

随着教育体制改革，素质教育显得尤为重要。高中阶段是一个人性格养成的关键期，是初步形成价值观的重要时期。因此，将传统文化分门别类融入高中课堂进行"主题阅读与写作训练"是重要的手段。这样既可以使学生在增长知识的同时开阔眼界，陶冶情操，逐步形成自己的思想、行为准则，树立为人处世的原则，增强为中华民族伟大复兴而努力的历史使命感和社会责任感，又能通过古为今用、以古鉴今的写作训练达到"知行合一"的育人目的。

以必修课本为例，进行"家国情怀主题化阅读"，学生就能够在屈原的"亦余心之所善兮，虽九死其犹未悔"中体会坚贞的力量；能够在曹操"周公吐哺，天下归心"的热忱里汲取"兼济天下"的动力；在辛弃疾的"把吴钩看了，栏杆拍遍"里感受收复河山的执着；在《书愤》中感受陆游"如山"的爱国豪情，散乱于几本书的内容被集中到一起，就会对学生产生强烈的感情冲击，帮助学生根植家国情怀。由此可见，语文教学中，常常是从优秀历史人物身上汲取优秀品质，倡导当代青年继承和传承中华文化中优秀的处世治事之道，挖掘优秀文化的时代精神，落实立德树人的根本任务，培养能够担当时代大任的接班人。

二、有利于认识优秀传统文化的博大精深，培养民族自豪感

语文教学涉及方方面面，在语文的学习中融入传统文化"主题阅读与写作训练"，帮助学生了解古人的智慧，深入感知传统文化的魅力，理解为什么中华文化历经千年而不衰，源远流长？比如在"家国情怀"主题化阅读的指导下，学生通过一系列主题化阅读，产生民族自豪感、认同感，培养热爱中华文明、热爱祖国、热爱人民、热爱中国共产党的深厚感情，以及热爱美好生活和奋发向上的人生态度，进而践行民族大义，弘扬优秀的民族文化。

这里不再过多赘述传统文化的博大精深，只简单陈述在"家国情怀主题化阅读与写作训练"的熏陶下，学生的志气、骨气的变化：我们明显可以看到，在新冠疫情肆虐之后，高考志愿表中填医学相关专业的毕业生骤增；洪水袭来之时，坚定从军信念的学生越来越多；"台独"分子横行，许多学生能够把"台湾自古以来就是中国不可分割的一部分"挂在嘴边。这就是"主题化阅读"带给我们的自豪感，使命感，让高中生在全面建设社会主义现代化国家的新征程上，知道自己应该担当起时代赋予的重任，砥砺品质、增长本领，与祖国同频共振，在实现

中华民族伟大复兴的实践中书写精彩人生。

三、有利于把握高考命题原则，争取试卷高分值

高考试题命制落实《深化新时代教育评价改革总体方案》要求，落实立德树人，其注重加强对考生德智体美劳全面发展的考查和引导，将优秀传统文化有机融入试题。这完全可以证明传统文化在高考中的分量。这就要求教师在日常教学中渗透传统文化知识，而进行"主题化阅读与写作训练"就是充实课堂、照亮课堂、激活课堂、提升成绩的最佳途径。

以近两年试卷中占比较大的作文和文言文为例，2020年全国1卷中选自《宋史·苏轼传》的文言文，讲述苏东坡这个秉性难改的乐天派，在政治上的坚持己见，体现出可贵的担当精神和家国情怀，让学生感悟苏轼人格之美，在做完高考试题的同时激发学生的家国情怀，进而弘扬责任与担当精神；2021年全国乙卷作文材料中的"修身以为弓，矫思以为矢，立义以为的，奠而后发，发必中矣"，取自汉代扬雄编撰的《扬子法言·修身卷第三》，探讨如何追求和实现理想。这就需要学生具体解读这句话的含义，同时在日常学习中，在优秀传统文化的熏陶下，树立远大理想，才能写出有内容、有思想、有内涵的高分作文。2020年全国1卷作文题"历史人物评说"，材料有齐桓公、管仲、鲍叔君臣合作、共成霸业的历史性陈述，让学生感受历史，品评人物，观照现实，思考个人发展，从中体会中华优秀传统文化的丰富内涵，汲取精神力量，坚定文化自信，实现个人品德修养的提高；而进行系列"主题化阅读与写作训练"显然能够从容应对这样的高考试题。

中国传统文化博大精深、意蕴丰富，是中华民族集体的财富。教师完全可以以教材为基础，将教材内容进行有机整合，进行系列化的"主题化阅读与写作训练"，以"点"带"面"，发掘学生对语文学习的兴趣，提高学生鉴赏优秀传统文化的能力，切实做到"知行合一"，真正提高高中生的综合素养，增强高中生的家国情怀，激扬青春的力量，培养堪当大任的中国青年！

让语文美化，让生命升华

我这里说的"美化"，有两个含义：一个是让语文学科、语文知识"美"起来，焕发出迷人的光彩；另一个是用美丽的方式让学生发生变化。我觉得这首先是理念，其次是方法。

让语文"美"起来，这是新课改四大核心素养中的一个，"审美鉴赏与创造"。这更是我们每一个一线教师必须要有的理念！语文课堂美起来，学生才愿意走进课堂，走进课本，走进生活，才能有真正的"语言建构与运用""思维发展与提升""文化传承与理解"，才能有真正的人文素养。

用美丽的方式让学生变化，是指语文教学要用灵活多样的，让学生感到美的享受的方式，对学生进行潜移默化的滋润和转化。美丽的方式，我认为至少有两种：一是要用美的眼光努力寻找语文之美；二是能用让学生觉得美好的、易于接受的方式接受这种美，吸收、传承并创造更多的美。

基于这种理念，在教学过程中，我尝试着先从汉字入手，进行语文的"美化"教学。在人教版必修一中有《优美的汉字》，我和学生们一起学习了汉字的起源等内容之后，就组织了"趣味汉字"的活动：我先把我名字中的那个"夫"字写给学生们看：我先写了一横，告诉学生这"一"代表地，代表着人类万物赖以生存的基本环境；然后又加上一个"人"字，变成了"大"字，引导学生明白，当土地上有了"人"之后，就变得"大"了，体现了我们的先民对人的重视，认为人是万物之灵长，"域中有四大，人居其一焉"；接着我又在"大"字上面加了一横，变成了"天"字，引导学生理解，这体现了先民对上天的敬畏；最后我把"人"字的一撇拉出头，就变成了"夫"字，这又体现了"人定胜天"的思想，那些敢把天戳个洞的人，就成了顶天立地的大英雄、大丈夫，所以那些为我们华夏文明做出重大贡献的人，就被称为"夫子"，孔夫子、孟夫子是也。听到这里，学生就初步体会了汉字的造字之美，对汉字的兴趣就被激发出来了。

我趁机给出了"人"和"朋"两个汉字，请学生思考，假如你是仓颉，为什么把这两个字这样造？五分钟后，我让学生把思考成果在小组内讨论，然后在班级进行分享。

学生的分享，真是令我大开眼界，"人"字他们给出了七种解释：

（1）一撇一捺两笔即成，暗示着做人要简单，简单致胜，体现了简单之美；

（2）一撇一捺互相支撑，暗示着人应互相协作，互相帮助，体现了和谐之美；

（3）笔画一长一短，暗示了人有长处，也有短处，但主要看人的长处，体现了平衡之美；

（4）一撇一捺，长的似头顶天，短的如脚踏地，暗示做人要顶天立地，体现了情志美；

（5）一撇一捺左右对称，在中点处向上突出，暗示着做人要有主心骨，要有独立之思考，体现了思想美；

（6）一个向上突破，两个向下扎根，三个维度，多角度发展，同时又依靠三角形的稳定性来支撑，暗示了稳步发展，稳步前进，体现了稳健之美；

（7）三人为"众"、二人为"从"，暗示了"人"在一起，就有无限可能，体现了创造之美。

学生从多角度发现的美，真正体现了语文之美，也让我看到了学生青春热情洋溢之美，生命蓬勃向上之美！

而学生对"朋"字的五种解释更是精彩纷呈：

（1）由两个"月"字构成，寓示着物以类聚，同性相吸，体现了和合之美；

（2）"月"在黑夜、在人最需要的时候出现，为人带来光明，寓示着成人之美；

（3）"月"，明亮，但又不刺眼，不伤人，正如君子之美德"爱而不伤"之美；

（4）不能不见，不能常见，一月一见，寓示着保持恰当的距离最好，体现了"君子之交淡如水"的平淡之美；

（5）两个"月"字并列，寓示着"不争长短高低、比肩比翼"，体现了和谐共生之美。

在这时，我突然又问，那"朋"为什么不写成两个"日"字呢？学生们思考了一下，马上明白两个"日"字是"昌"。而且很快演绎出"昌"字的含义：揍扁和你一样牛的那个，把它变成你的垫脚石，你就会"昌"了，昌盛发达了，所以"天无二日"！

这节课上到这里，学生对汉字产生了非常强烈的好奇，争先恐后地对好多字进行了阐释，比如"劣"，"少"出一点"力"就变成劣等的了；"赶"，不停地"走"，不停地"干"，就会"赶"上别人，等等。这每一个解释，都是一句美丽的励志名言，在思考说出这些解释的同时，也是进行了一次自我教育，不但理解了汉字里面蕴含的优秀传统文化，更是促进了自己的成长，让自己的生命得以升华！

"爱美之心，人皆有之"，当学生真切地体味到学习语文之美，当学生把追求美当成一种生活必需的时候，自然也是语文实现"美化"的时候，也一定是学生会审美、能创造美的时候，更是实现学生生命品质提升的时候！

高中语文五环教学的实践探索

【摘要】教育教学质量既是教学的出发点，也是教学的最终目的。在不断地教学实践中，教师探索出"五环教学"的教学方法。"五环教学"法以"提升教育教学质量"为中心，从早读、疑惑探寻、课习研讨、"打补丁"、变式训练五方面着重发力，有效地实现教育教学的提质增效。"五环教学"的方法在高中语文教学中的应用，有效地提升了学生学习的效率，提升了学生的核心素养，有效地落实了语文要素，真正做到语文教育的提质增效。

【关键词】高中语文；五环教学；实践探索

高中的时间是紧张的，这就需要有效高效的教学方法进行有效的教学。"五环教学"法从早读、疑惑探寻、课习研讨、"打补丁"、变式训练五个方面进行专点专攻教学，着力提升教学质量，做到提质增效。"五环教学"既实现了教学过程中的连续性和统一性，又各有侧重；既个性发展，又浑然一体。

一、分析高中语文的教育现状

语文学科的学习是一个连续性的过程，需要不断地积累。语文知识是学科的集大成，其中包含着许多超乎语文的知识。高中面临高考的压力，对语文的学习侧重于死记硬背，机械地记住知识，而不是解惑，探寻不足之处。学生在疑惑状态下长期对语文知识的死记硬背会引起学生对语文学科的反感，从而很难有效地落实语文要素，对记忆中的语文知识也很难做到灵活运用。

二、"五环教学"法在高中语文教学中的积极实践

"五环教学"法的应用既兼顾语文积累的需求也注重对知识的理解。其中包含着早读、疑惑探寻、课习研讨、"打补丁"、变式训练五个方面。教师对其进行实践上的深刻理解与优化教学，更好地做到教育的增质提效。

1.激情早读是基础

语文是一门需要大量积累的学科，在高中时间紧张的情况下，早读进行背诵记忆是最好的选择。大声读出课本知识既可以唤醒早上初醒蒙眬的状态，又可以加深知识的记忆，与此同时，激情背诵的声音会传到其他同学耳朵里，其他同学背着又听一遍，在互相影响之中更好地加深对语文知识的记忆。早读是一天有效学习的基础。

例如，人教版高中语文必修五《逍遥游》，《逍遥游》是一篇晦涩难懂的文言文，其中有许多生字、难字，甚至很多字学生都读不出。这篇课文出自《庄子》，它具有很多的文化常识，这些都需要记忆。这就需要早读的记忆。激情的早读可以在五点的清晨唤醒学生的大脑，让学生在知识中迅速回归学习状态，早读的状态影响一天的学习。教师可以布置上课听写的任务，更好地激励学生进行激情早读。例如衡水二中的疯狂早读，是具有一定道理的。激情的早读可以提升学生的学习记忆效率，有效地让学生积累语文知识，落实教学要素。

2.疑探教学是主阵地

疑惑探寻的教学是老师最基础的教学方式。高中语文知识点多且混杂，横向纵向延展性长，所以高中语文教学要有的放矢，不能囫囵个地全部授课，教师要熟悉把握学生疑惑的问题，并对其进行有重点的教学讲解。疑探教学是教育教学的主阵地。

例如，人教版高中语文人教选修《先秦诸子》中《论语》选读，这是孔子

及其弟子言行的汇总的节选，其中包含着孔子为人处世及对待教育的大智慧。因为学生对古文掌握程度低，以及孔子思想高深莫测，学生难以理解。因此，学生对《论语》的讲解有着很多问题，教师可以将这些学生的问题汇总，着重进行讲解，对知识答疑解惑有的放矢。这样，学生可以更好地对课文进行理解与掌握，教师也可以更好地掌握学生的学习情况，从而进行更高效的语文教学，更好实现教育的增质提效。

3."一课一研"的教研活动是保障

教学科研是有模板的，但是真正的有效教学需要专攻的课研。对于每一课进行专门的课研是高校教学的保障。不仅仅是课文，对于疑难习题的不同问题，也需要课研组对其进行专门的课研，从而更好地进行有效教学。学校确定好人员、地点、时间、内容、方式等进行有效的课研讨论，集思广益对疑惑进行探寻，更好地实现教学的增质提效。

例如，人教版高中语文必修五《滕王阁序》，对这篇文言文的课研不仅仅是对课文内容的讲解，也要包含相关习题和文化常识等内容。学生对这篇课文的预习中出现的问题要在第一次课研中解决，这其中包含着文化常识、课文翻译、讲解、思想等基本内容。讲解完这篇《滕王阁序》，学生会存疑，会有很多其他的问题，这就需要第二次课研，这次又包含着课文讲解中的问题和课下习题中出现的问题等。对这些问题和课程进行专门专攻的课研是进行高效的语文教学的保障，真正做到教学的提质增效。

4."打补丁"与"变式训练"打通堵点

高中的学习主要服务于高考的考验。学生在日常学习中会出现各种问题，这些问题就像一个个破洞，难以维持学生学习的小船到达高考的彼岸。教师需要帮助学生对知识漏洞进行查漏补缺，进行有效弥补。只要在高考前发现，一切都为时不晚。"变式训练"是查漏补缺的最好方法。学生对一个知识的掌握不能仅仅局限于眼下的题目，对其进行改编和与其他知识的融合，学生也应该熟练于心，得心应手。在变式训练中，既能有效地弥补学生的知识漏洞，也能有效应对高考题的灵活变化。"打补丁"与"变式训练"打通学生与高考之间的堵点。

例如，人教版语文，古诗词情境式默写是历年来高考必有题型，但是其问法和题面灵活多变，具有相当的迷惑性，学生需要对古诗有着相当熟悉的把握，才能在此题上不出问题。高考题灵活多变，但是对其考察的基础点是不变的，学生对知识漏洞的查找是至关重要的。教师可以对理念高考题进行改编，然后让学生对其查漏补缺，进行有的放矢的高效学习，从而既查补了学生的学习漏洞又锻炼了学生面对灵活性问题的能力，在面对高考题时，学生能够更为冷静地作答。

【结束语】"五环教学"法在高中语文教学中的应用有效地提升了学生学习的效率，增强了学生学习的目的性。教师根据"五环教学"法能够更好地进行课研与教学，实现教育教学的增质提效，促进高校课堂的创新化发展，实现教学质量的飞升。

如何有效开展高中语文主题阅读教学[1]

【摘要】高中语文主题阅读教学可拓宽学生的阅读视野、提升学生的阅读能力、培养学生终身阅读的习惯。为此，教师要把握主题阅读的概念与内涵，依托教材课文与学生共同确定并归类主题，在课堂上积极引入拓展素材，教授学生主题阅读方法，使学生形成举一反三、触类旁通的阅读思维。

【关键词】高中语文；主题阅读教学；有效开展策略

随着素质教育不断推进，高中语文新教材应运而生，新课标也对高中语文教学提出了新要求，指出教师要从学生的核心素养出发，使学生在阅读中形成各方面能力。这就要求教师在教学中开展主题阅读教学活动，让学生认识到文章中心思想的关键性，从而克服盲目阅读的问题，提高学生对阅读的兴趣，准确把握文章的主题。

一、构建高中语文主题阅读教学模式的意义

随着新课改工作的不断推进，语文的教学也要不断满足新的教学要求。语文课程作为高中时期一门十分重要的课程，不仅在高考中占有很大的分值，而且对于提高学生的语言思维能力、审美能力、鉴赏能力等有着重要的作用，有利于

---

1 河南省教育科学"十四五"规划 2021 年度一般课题"普通高中五环教学策略研究"（课题立项号：2021YB1389）的研究成果。本文系 2021 年度河南省基础教育教学研究项目"语文主题化阅读与写作教学的实践研究"（JCJYC210113022）研究成果。

促进学生的全面发展。而语文试卷的内容有很多都与阅读有关。语文更注重于考查学生对于语文知识的综合运用，所以要想学好语文这门课程，仅仅学好课本上的知识，阅读课本上的文章是远远不够的。阅读的能力体现着人们对于文章的理解程度和表达能力，通过阅读教学可以帮助学生更好地理解文章所表达的主旨以及提升学生的表达能力，对于学生写作水平的提高也有很大的帮助。在语文的阅读教学中，通过对于爱国主题、亲情主题、生命主题、文化主题等这些主题的提炼，加强不同作者、不同体裁、不同时代背景的文章之间的相互联系，这种主题阅读的方式可以加强语文资源之间的联系，不断提高学生的阅读理解能力、语言思维能力、审美能力和鉴赏能力等，帮助学生进行深层次的阅读，提高学生对于阅读的兴趣，以及在阅读方面的技巧。所以，构建主题阅读教学模式具有很重要的意义。

二、高中语文主题阅读教学的有效开展策略

1.单元主题切入

高中语文新教材的内容编写具有一个特定的规律，即每一个单元所选的课文都拥有一个共同的宏观主题。高中语文教师必须要展开语文主题阅读教学，在按照单元展开阅读教学时，必须要先引导学生从宏观上把握这一单元的大主题，使学生在进行单元内容学习时，对每篇文章的宏观主旨做到"心中有数"，培养学生主题阅读意识，从而落实新课标学习任务群中促进学生思维发展与提升的要求。

例如，《谏太宗十思书》《阿房宫赋》《六国论》这三篇文章都同属于一个单元的内容，《谏太宗十思书》主旨是劝谏唐太宗居安思危，《阿房宫赋》通过描写对阿房宫的兴建及毁灭警醒当朝的统治者，《六国论》则通过论证六国灭亡的原因告诫当时的统治者不要重蹈覆辙。从主旨大意上看，无论是借古讽今还是直接进行劝谏，这三篇文言文的情感主旨都是作者对所处时代的统治者进行规劝，劝导统治者要居安思危，勿重蹈前人覆辙。因此在进行这一单元教学时，教师可以"忠诚的讽喻劝谏"作为这一单元阅读的主题，并将这一单元内每一篇文章的主旨都升华到这一点上，使学生更好地理解这一单元文章的中心思想。

2.联系生活实际

高中阶段的语文阅读教学任务所涉及的范围与初中相较扩大了很多，新课标也提出了以核心素养发展为中心的"18个学习任务群"等明确的要求，这极大提

升了学生的鉴赏能力和思维能力。但是在教材的更新和课程标准修订的情况下，许多高中语文教师在阅读教学中还存在着教学模式单一的问题，对主题阅读教学的定义并不明确，教学内容也仅仅局限于教材，而无法摆脱传统阅读教学方式的束缚。对此，教师可以将生活实际融入语文主题教学中，使学生轻松掌握阅读技巧与经验。

文学来源于生活，很多作家的创作灵感都是从生活现象中汲取的。在众多的文学创作主题中，最"接地气"的主题莫过于"亲情"主题。对高中生来说，这一主题是温暖的、贴近生活的。教师可以整合教材中关于亲情的课文，这一主题可以包含史铁生的表现伟大母爱的《合欢树》，归有光的表达父母之爱和夫妻之爱的《项脊轩志》，贾平凹的表达兄妹情深的《读书示小妹十八生日书》等。教师要让学生在阅读和学习这些文章时联系实际生活，感受文章中所描绘的亲情，让学生学会感恩父母、感恩生活，学会感受生活中的亲情，学会用自己的文字记录生活中充满爱的瞬间。在这样的主题教学下，教师不仅能开展阅读教学，还能更好地开展情感教育，并让学生在课后写一篇与亲情有关的文章，做到阅读教学与写作教学相结合。

3.点拨阅读方法

主题阅读倡导以一篇课文主题为主线，与同主题课文及课外阅读素材构建成主题阅读群，使学生掌握各主题阅读的方法。教材课文及课堂教学是学生汲取阅读技巧与方法的主要阵地，在教学中教师应教授学生多种多样的、创新性的阅读策略，帮助学生积累阅读知识，为其后续的自主阅读奠定基础。

其一，粗读与精读相结合。粗读是把握文章大意的主要方法，可培养学生高度概括、提炼关键信息的能力；精读是一种细致品味语言、全面分析文章内涵与作者思想感情的阅读方法。以精读理解课文主题，以粗读求课外拓展素材之大要，可使学生形成粗读与精读相结合的阅读策略。如，在讲解《陈情表》时，笔者首先为学生创设"李密为何作陈情表"的问题情境；其次，请学生以小组为单位提炼文内的关键语句回答问题，探讨这篇文言文的主题。学生通过"愿乞终养"等词句提炼出"孝"这一主题，并通过精读体会文章的动人之处。最后，笔者引入毕淑敏的《孝心无价》为拓展性资源，学生以粗读快速找准与"孝"这一主题相契合的语言，实现了主题阅读的举一反三。

其二，对比阅读。多篇文本的主题比较与内涵延伸可培养学生的思辨能力。如《林黛玉进贾府》一文，除林黛玉这一主角外，还有一个特点鲜明的人物———王熙凤。为使学生在脑海中构建更为立体的形象，领悟原文语言的精妙与贴切，笔者引入了《红楼梦》内描绘王熙凤的多个片段，消除学生对王熙凤"先入为主"的印象，学生通过对比，逐渐提炼出"泼辣""狠烈"等突出王熙凤性格的词语，激发了学生阅读整本书的兴趣。

4.个性阅读理解

在"主题归类"阶段，学生已经初步确定了教材内课文所归属的主题，并发现同一篇课文会有多个主题。这种冲突与疑惑便是学生参与主题阅读的最佳动力。

例如，讲授《小狗包弟》时，如只将课文主题确定为"控诉那个特殊年代"，则表明学生仅从课文的创作背景与表象上提炼主题，未能感受到作者内心深刻且复杂的情感。于是，笔者围绕"作者将包弟送走"这一片段引导学生体会作者当时的内心感受，以自己的生活经历理解作者向包弟表达歉意的勇气，内心的懊悔与自责。通过体会小狗包弟的悲惨遭遇与那个年代千千万万百姓的遭遇相同，时刻处于惶恐之中，感受灰暗时期的残忍，领悟作者实则在抨击人性的冷漠与仅为保全自己的丑恶，呼吁人们善良、互助的用心。由此对《小狗包弟》课文主题产生个性化理解，提炼出"反思、求善"的新主题。

三、结语

综上所述，构建良好的高中语文主题阅读教学模式有利于提高语文课堂的教学效率，帮助学生在阅读的内容上实现多样化，并在这种情境中感受到阅读的乐趣，增进对于生命的体悟，最终使学生在语言运用、思维发展、阅读审美等方面取得很大的提升，并能够进行一定的创新、增进对文化的理解以及传承。

语文科学备考1+5策略[1]

【摘要】 在立德树人和新高考背景下，怎样科学高效地实现"育人"与"育分"的结合，对河南教育来说是一条刚刚开始的探索之路。立足现实，展望未来，守正创新，不断探索，对已有经验和方法进行符合时代要求的继承、改造、创新优化，赋予语文教学新的时代内涵，是每一位河南教师的应尽之责。"坚定一个目标、做好五个管理"的"1+5"备考策略，在坚定不移落实"立德树人"的前提下，结合一线教师的高考备考实际，优化"计划、时间、考试、纠错、效果"5个环节管理，给出了有益的探索。

【关键词】 备考；有用功；管理；提质增效

提到语文备考，学生、老师和家长们最关心的就是怎样备考才高效。尤其是在新高考背景下，试题难度不降反增，综合素质和学科素养、知识迁移和运用能力考察要求也越来越高，更是令众多学生和家长忧心。结合27年的语文教学经历，我在抓好常规教学的基础上，尝试运用了"1+5"科学备考策略，经过6年的教学实践，经历了两届毕业生的检验，在立德树人和提质增效方面初见成效：

所谓"1+5"备考策略，就是"坚定一个目标、优化五个管理"。

具体来说，要树立一个坚定的目标：生尽千方百计做有用功。这是每年接到新班级我给学生上第一节语文课时就明确提出的要求。这里面隐含了三层意思，一是要"做有用功"；二是要为"做有用功"而"生尽千方百计"；三是最终衡量我们所做的一切工作的指标就是"要看是否是有用功"。同时，也必须明白我所说的"有用功"，可不仅仅是分数，更蕴含着立德树人、核心素养、精神品质方面的要求。我经常说，最终的胜利，一定是人品和学品的胜利！德育工作我是一直都放在首位的。为了达成"做有用功"这个目标，就要学生在读书、做题、反思、纠错等各个环节，杜绝一切的假努力、伪努力，摒弃一切"身在曹营

---
1 本文系2021年度河南省基础教育教学研究项目"语文主题化阅读与写作教学的实践研究"（JCJYC2101113022）研究成果。

心在汉"的无奈和"做给老师和家长看"的应付，只要"我做了，我有收获、我有长进"的实在，这才能从根本上确保我说的高效备考的目标。我经常讲，不是努力就能成功，而是用心才能成功。语文备考要提质增效，就是落实好"用心"二字。

所谓"五个管理"就是：计划管理、时间管理、考试管理、纠错管理、效果管理。具体就是：

1.计划管理

有人说"没有计划，那你就是在计划失败了"。我班的学生，每年高三开学的第一周，就要制订个人详细的语文备考计划。从开学第一周一直到第二年6月8日高考结束。不管是一天、一周、一月、一个学期，还是高三一个学年；也不管是读书数量还是写作能力提升，都要做好计划。详细的计划管理能够帮助我们天天有所获，周周有所得，月月有所增，成绩有提升！这个计划既包括分数计划，也包括身体锻炼计划、品德提升计划、习惯改进计划、心理强化计划等。在制订分数提升计划时，我要求学生一定要把个人修养提升计划列出来，要明确自己通过怎样的方式、阅读哪些或哪方面的作品来提升自己哪方面的修养。因为我始终坚信，个人修养达不到，有些文章学生是读不懂、理解不到位的，那自然也提高不了成绩。这其实也有不少学生感觉语文怎么补也不容易提升的原因。在之后的时间里，我会不断地检查学生读书的情况，也通过交谈、上课发言、测试时的典型题答题情况等，来评价学生的个人修养提升等级，并给予适当的奖励。

在具体分数提升上，我坚持"抓两头、促中间"策略，即强化选择题练习，培养学生的阅读理解能力、分析综合能力，追求选择题做全对；作文朝着55分的目标努力，加强拟标题、开头、分论点和结尾的训练，让学生把丰厚的积累用优美的形式表达出来。为实现这一目标，我们要进行多次的作文升格训练，通过反复的同学间互评互改、教师适当点拨的方法，使学生的作文水平达到目标分数。同时，作为班主任，我还要求学生在总目标指引下，再分解成10个月目标；在每月开学的第一周，再把月目标分解成周目标；在每一周的第一天，再把周目标分解成日目标；每天早上起床后再把日目标分解成一天的时段目标。这样长短目标结合、大小目标结合，就让同学们每一天都方向清晰、步履坚定。

其次，还要做好自己的提升计划。梁岗老师在谈到"学生偏科，扬长还是补短"时说：学优生中的偏科生，重在"补短"；中等生中的偏科生，重在"扬长"中"补短";后进生中的偏科生,先"扬长"再"补短"。在这一点上,我很是赞同。所以,我在引导学生时特别强调一定要结合自己实际情况准备补差和培优两个计划。先说补差。我们都知道木桶理论,决定一个木桶能装多少水的,不是最长的那根板,而是最短的那根板。同样决定一个人将来总成绩的,不是最强的那门学科,而是最差的那门学科。所以我们都知道补差的重要性。我在补差时,特别强调,一不贪多,只选一至两门学科作为重点突破;二不贪难。重点抓好差科的基础,尤其是要在准确度和熟练度上狠下功夫。明白了这两点之后再制订出切合自己实际情况的补差一月计划、三月计划,并与老师密切配合,不急不躁,循序渐进,充分利用课下时间,重点突破。三个月后看效果。我要特别强调的是,补差不仅仅是补成绩,还包括身体素质、心理素质、学习方法、考试技巧等。总之一句话,在影响学生成绩的因素中,哪儿差,就补哪儿。

再说培优。优势科目,不能不管,也不能多管,那就要精心计划,精准找到自己的增长点,课堂时间,专心专注,高效利用;心怀敬畏,认真练习;借助较好的基础,练悟结合,争取更优。总之,一切行动都不是走着说着,漫无目的,如盲人瞎马,而是都在计划之内,意料之中。这样一来,做的有用功就越来越多!

2.时间管理

管理时间,就是管理人生;学会科学高效管理时间,就能够科学高效管理好自己的人生。语文学习,其实就是时时学习、处处学习,功夫就在平时,平时就在"挤",科学地"挤"。"人生一分钟,奋斗六十秒。如果我们每天都抛开虚荣心,不与同学比吃、穿、用,如果我们拒绝诱惑,少空想,少发呆,多动手,我们的学习效率将可以提高多少?"所以,在开学之初,我就会和同学们一起算一笔时间账:如果我每天能再多利用5分钟,那300天就是1500分钟;高考4个学科的考试时间加起来才540分钟;这1500分钟,差不多够3次高考用了!如果这1500分钟,用来背书呢?用来背范文呢?这将会产生多大的效果呀!这就从思想上让学生重视时间管理。在具体策略上,我们强调三点:

(1)要运用统筹方法,科学管理

我经常给同学们讲的一句话就是"质量的秘密在于次序的排列"。每年,每月,每周,每天要做的事情有很多,对于学生来说却相对固定而简单,我们可以有计划地大致排列好要做的各项事情的次序,在绝大多数的日子里,我们可以按计划进行。如果我们统筹到位，那就会事半功倍，拉长了自己的有限时间。

（2）要不断优化，精细管理

以一天的时间管理为例，春夏秋冬四季，起床分别用几分钟，洗漱用几分钟，到教室路上用几分钟等，这些学生能够自主掌控的时间，就必须依据不同季节精确下来；平时练习或考试的时候，从一开始就要养成用高考时间来严格训练的好习惯；如果是平常小测验，拿到手之后，也要根据分值立即按高考标准计算出需要的时间并认真执行。

（3）尽量拓展时间运用的宽度

比如在去餐厅、回寝室的路上，把同学们走路的状态变成几何图形、把同学们的谈话内容用英语翻译出来、想一想喝的牛奶等饮料的化学成分、看看路边绿色植物想到光合作用……总之，把目见耳闻的一切都与相关的知识点联系起来，并用精练的语言表达出来，能起到事半功倍的效果，每一分每一秒可以利用的时间就被拓宽了，而且这样做时时处处都在学语文，在不知不觉中就比别人多出来好多看不到的时间，语文水平也就慢慢提升了。

3.考试管理

考试是高三的常态。管理好考试，也就管理好了高三。我引导学生认识、理解、认同考试也是一种文化，是中国传统文化在一个学生学习过程中的综合体现：考前要用儒家敢于迎难而上、知其不可而为之的心态，竭尽全力，生尽千方百计，积极主动去努力争取更好的结果；在考试过程中用道家的心态，不管遇到什么考试内容或题型，顺其自然就是，绝不怨天尤人、产生内耗；考试以后就用佛家"空空如也"的心态面对，过了就忘了！所以就形成了我们班独具特色的考试文化。关于这一点，我们有三点具体做法：

（1）以积极的心态迎接考试

我们经常说，分数就是一个检测我们学习效果的载体，就高考一次有效。高考以外的所有考试，都只是用来帮助我们发现问题，并寻求解决问题的办法的一种手段而已。所以，在每一次考前，我们都要用高考的心态去对待它，严阵以待，全力以赴，生尽千方百计拿到高分；考试过程中，我们要学会用深呼吸、抬头看看天花板、看窗外等多种方法调整自己的状态，确保正常发挥；而考后要用平常的心态去看待它，坚决不能纠结于分数。这样每考一次，就发现一些问题，然后去用心解决它，我们就会有进步和提升。为了培养学生的这种心态，我们从高一就开始引导：高一时，成绩对情绪的影响不超过一天；高二时，不超过一晌；高三不超过十分钟。当然，提了要求，我也会想尽一切办法对学生进行疏导和管理的。经过三年的历练，我的学生，都能沉静大气地参加高考。我印象最深的是2020年6月7日下午2：30分，我在教学楼上看学生们进考场，当我看到钟毅清和陈柯宇边走边把警戒线当皮筋跳时，我就放心了。果然，高考成绩揭晓，钟毅清同学以678分夺得河南省文科第二名。

（2）一定要牢记：自己写得好，改卷老师改得好，才算考得好

尤其对语文，干净规范书写、精准简练表达，可以放到与精准的知识、熟练的方法一样的高度上。我一再强调，考试就是三方对话：与出题人对话，明白出题者意图；与改卷人对话，明白改卷老师想看什么；与自己对话，明白自己应该写什么和怎么写。明白了这些，关于认真审题、规范作答、干净书写等要求，也就慢慢变成了自觉行动，考试成绩也就自然能够较为全面准确地反映学习的状况了，也就自然能为下一阶段的改进提供科学的依据和正确的方向。

（3）一定要提升对试卷的评估和预判能力

随着经历的考试次数的增多，对试卷的设置类型也会逐渐熟悉，慢慢就由少见多怪到见怪不怪了。这时候就要求，拿到试卷之后，能够平心静气地把试卷整体难度和难易题设置情况大致了解清楚，然后根据自己的能力情况，对各个题作出评估和预判，确定有哪些题在第一轮做，哪些题在第二轮做，哪些题放到最后有时间再做，没时间了就不做；作文应该留多少时间写，都要心中有数、按部就班。另外，我引导学生在安排一、二轮顺序时，还要考虑"性价比"的问题，就是按高考单位时间内我的得分率与我要做的这个题所需要时间之比，确保得分率不低于90%，就是性价比高；否则，就是低了：比如有的同学诗歌鉴赏差，鉴赏分析的这个题可能要耗费很长时间，而且得分也不一定高，那高考时就可以考虑暂时放过。敢于舍弃、善于舍弃，就能平心静气地逐步完成，而不至于心慌意乱，结果甚至连会的题也做错了。这种能力就确保我们能在高考时达到该做对的题都做对的境界，不留遗憾。高考没有遗憾，就叫青春无悔！

4.纠错管理

我们提的口号是"改了才能进，改了就能进"！所以，高质量的纠错才是我们想要的纠错。我的理念是，哪怕一份试卷，学生只要真正有一点收获就是有效！所以，我们师生达成共识：一份试卷，解决的问题一般不超过三个。我们坚

持小步快跑的思路，决不贪多。我们的做法是：

首先要摆正心态，一定要根据自己的能力状况，纠自己力所能及的错。坚决反对贪多贪难。我们一开始就让学生明白，两个同样是10分的题，一道题你得了2分，一道题你得8分，我们应该先纠的、重点纠的是得了8分的题，而不是那个你只得了2分的题。因为那个得了2分的题，你根本就不会，是你力不能及的，要暂时放一放；那个你得了8分的题，是你力所能及的，是你蹦一蹦就可以摘到的桃子！而这恰恰是许多老师、学生和家长的误区！同时一定要控制好"量"。根据你现在的能力水平，以语文为例，120分是你的目标，那你就纠到至多达到125分的题；你是130分的目标，就纠到能够达到135分的题就行。所谓满分卷，就是你能够达到的分值就是你的满分！

其次，一定要确保纠错的"质"。人们经常说，量变会引起质变。我们说，有质的量变才会引起质变，无质的量变可能引起变质！所以要纠的题一定是经过精挑细选的、质量很高的典型题、高考必考题；同时要反复做，照着三遍五遍做。第一遍确保做对；第二遍能快速做对；第三遍能真正理解出题人意图并做对；第四遍能想到可能的变式；第五遍能验证变式的正确性，并快速做对。这样的纠错才是真正高质量的纠错，才能真正实现进步！

5.效果管理

做任何一件事，我们讲究目的、方法与效果的统一。这一点，在语文教学上，对老师和学生都是适应的。所以我们建立了老师和学生双向"日清周结月提升"制度：我要求学生每天晚上要拿5分钟对一天的上课、作业情况进行整理、归纳、反思并找出第二天的优化方案；学生在每天晚上临睡前一定要拿15分钟对一天情况进行总结，既肯定和表扬自己的改进和提升，又要记下第二天需要努力的方向，并且要求小组内、同桌两个结成互助对子，互相表扬、互相督促改进；每一周都要拿一节课时间进行整理和总结，扔掉已经掌握的试卷，记下需要继续努力的内容，并要求自己在下周进行改进，并接受组内同学或同桌的提问检查，以此确保真有收获。如此周周循环，每个月的最后一天，一定要拿出1个小时左右的时间，再进行一次整理和清理、归纳和简化，确保日目标，周目标，月目标都能按计划完成；之后，再结合开学初就已经制订的月计划，对下个月的计划进行适当的调整。当然在具体实践过程中，也会有意外的问题和意外的惊喜，月目标和周目标也可以做灵活的调整。但所有的调整又都是积极的调整，而不是消极的退让。这样一来，就能够让我们天天有收获，日日有进步，周周有提升。

语文核心素养的提升，最重要的是阅读量的增加、视野的开阔和理解能力、表达能力的提升。我在认真做好常规教学工作的基础上，大力落实了"1+5"策略，从而促进了常规教学的效果，确实促进了学生能力的提升。2020年高考，我班钟毅清同学摘得河南省文科第二名的优异成绩，语文是139分；2021年高考，我校文科5个考上清华、北大的学生，语文均在140分以上，最高分是贾慧慧同学的144分，她也是我的学生。未来的探索，还将继续，我相信，只要永不止步，理想的彼岸就一定能够成功地到达！

"儒道互参，美美与共"主题阅读与写作教学

听说读写，一直以来都是语文教学的重要内容，这四项能力，也是学生通过语文学习应该拥有的基本的也是最重要的能力。新修订的高中语文课程标准更是从学科育人价值的角度，凝练了"语言建构与运用""思维发展与提升""审美鉴赏与创造""文化传承与理解"四方面学科核心素养；新的课程结构中，"以语文学科核心素养为纲，以学生的语文实践为主线，设计'语文学习任务群'"的形式来培养学生的能力。这18个学习任务群，在关注问题导向、跨文化、自主合作、个性化、创造性等因素的同时，首先关注的是"语言建构与运用"。所以，我在教学中既注重学生审美能力、审美品质的提升，更注重学生运用能力的提升。

重视整合是"学习任务群"的基本特征。进行整合，首先因为语文是一门高度综合性的课程；同时，整合更能使主题更突出，内容更充实。以必修教材第三单元诗歌单元为例，新教材诗歌单元的诗歌数量比较多，整合哪些篇，整合的切入点是什么，整合后要到达怎样的效果，是开展本单元教学，践行"学习任务群"——主题阅读与教学最紧要的地方。

通过认真比较，我选择了曹操的《短歌行》和陶渊明的《归园田居（其一）》。因为两首诗歌表达了两种完全不同的人生选择、价值追求：一个是勇于担当、积极向上、渴望建功立业的政治理想；一个是退隐山林、诗酒自娱、独善

其身的处事态度。两位诗人的不同追求，也反映了儒道两家给中国读书人带来的不同影响，但是整合学习目标的切入口，恰恰也在这里：尽管最终他们选择不同，但他们两个同时都受到儒道两家的影响这一点是相同的，而且，曹操用入世的精神开创了"建安风骨"，奠定了曹魏的基业；陶渊明以出世的率真开创了田园诗派，成为"隐逸词宗"，他们都为中国文学的百花园种植了美丽的种子，他们都是美的！

这样看来，不同时代的两个诗人，两种情怀，在这里完美交融。于是，我确定紧紧围绕"审美鉴赏与创造"这一核心目标、以"儒道互参、美美与共"为主题设计教学流程，借助听、说、读、写多种活动来达到"提高读写能力、提升审美品质"的目标。

教学设计：

一、教学目标

（1）语言建构与运用：知识与能力目标抓住重点词句，领会诗歌不同的语言表达出的真挚的情感。

（2）思维发展与提升：通过自主、合作、探究，体会两位作者的人生志趣和人生境界，进一步了解其文其人。

（3）审美鉴赏与创造：提炼表现曹操和陶渊明思想志趣的语句，进行探究式学习。

（4）文化传承与理解：了解曹操和陶渊明做出不同选择的原因，深刻体会两位诗人的情感。

二、教学重难点

（1）感受两首诗歌不同的语言风格，比较质朴刚健和平淡舒缓的两种不同诗风。

（2）体味两首诗歌所抒发的情感，领悟诗人的人生志趣和思想境界，探究其人生选择的时代意义。

（3）运用所学，进行写作训练。提高运用能力。

三、教学策略

运用探究法，教师可以事先预设几个探究性的问题，来完成相应的教学目标，另外，通过激发学生的思维，生成新的问题，师生共同探究；设置恰当情境，引导学生"用我手写我心"，自然而然、迫不及待地写作。

四、教学过程

1. 导入

谁的人生之路都不平坦。李白高呼"行路难，行路难，多歧路，今安在？"但他终究在徘徊之后毅然高歌"长风破浪会有时，直挂云帆济沧海"；范仲淹也感慨"是进亦忧，退亦忧，然则何时而乐耶？"但他最终以"不以物喜，不以己悲"的崇高人生境界、"先天下之忧而忧，后天下之乐而乐"的博大胸怀，帮自己摆脱了人生的困境！今天，我们就再次穿越时空，来看一看曹操和陶渊明面对人生的困境，又做出了怎样的抉择。

2. 知人论世

让学生发言：说说自己对曹操和陶渊明的了解。可以让学生结合影视作品、歌曲、文字阅读等渠道获得的知识，畅所欲言。

教师结合情境，加以明确：一个是一代枭雄，一个是隐逸之宗；一个具有一统天下的宏大气魄，一个则有崇尚自由的隐逸情怀。

3. 任务一：读诗歌，品音韵之美

方式：自由诵读、默读、齐读、教师范读、听名家诵读。要让学生广泛参与，要对诵读情况进行评价。

目的：扫清字词形音义上的障碍，粗略了解诗歌的大概内容；准确把握诗歌的节奏。

教师明确：《短歌行》基本上是两个节拍，二二式；《归园田居》一般是三个节拍，二二一式或二一二式。如：户庭/无/尘杂，虚室/有/余闲，久在/樊笼/里，复得/返/自然。

《短歌行》全用四言，四句一韵，平仄、韵脚交互使用，句式整齐，音调和谐，无论是从视觉还是听觉上，都能给读者一种美感；韵脚的转换伴随着感情的起伏，曹操浓浓的愁绪如"毕竟遮不住"的江水一样奔泻而出，却最终升华为"天下归心"的慷慨高歌，有振聋发聩之效！

《归园田居》全诗五字一句，一韵到底，语言质朴平淡，如同民谚，朗朗上口，一吟成诵，这与其复返自然的欢快愉悦之情，契合若神，读来让人神清气爽。

通过多种途径的阅读，真正让学生沉浸于诗词之中，真正能够领略诗词音韵之美。

4. 任务二：析诗歌，品情志之美

问题一：比较两首诗同中之异。

（1）两首诗都用到的一个字是？各自有怎样的内涵？

生答：归。"天下归心"表达的是一统天下的抱负，"守拙归园田"表达的是回归田园的愿望。

（2）两首诗都写到的一个意象是什么？含义一样吗？

生答：乌鹊、羁鸟。

《短歌行》中曹操以乌鹊绕树、何枝可依的情景来启发那些犹豫不定的人才——鸟择枝犹如士择主，进而希望这些人善于择主而从。这两句诗生动地传达了那些犹豫彷徨者的处境与心情，曹操在浓郁的诗意中表露着对他们的同情和关切。《归园田居》中诗人以"羁鸟"和"池鱼"自比，自己就像关在笼子中的鸟一样向往自由自在的田园，像养在池塘里的鱼一样渴望闲适恬淡的生活。表达了诗人对田园生活的眷恋与向往之情。

问题二：比较两首诗异中之同。

（1）曹操怎么让天下归心？

可分解为两个问题：①所忧为何？

人生苦短（忧）、贤才难得（忧）、功业未成（忧）

②想得到什么样的贤才？

得到贤才——天下之人、叛降之人、徘徊之人。

（2）陶渊明为什么要回归田园？

摆脱俗杂、消弭束缚、返璞本性、天人合一、精神自由。

5. 任务三：析手法，品读诗歌艺术之妙

（1）这首诗运用了哪些表现手法来表现"忧"情？

比喻：

"譬如朝露，去日苦多"比喻人生短促。

"明明如月，何时可掇"把贤者比喻为高空的明月。

借代：

以造酒的杜康代酒，形象突出，引人联想。

"子衿"本是"衣领"，这里代指贤才。

用典：

用"周公吐哺"的典故说明自己渴望多纳贤才，殷勤地接待贤才。

作者发此感慨，是因为他感到年事渐高（时年五十四岁），时日见浅，而眼下大业未成，匡扶济世之才又极为难得，一种紧迫感、焦灼感油然而生。正是因为有这种思想，才发出"山不厌高，海不厌深"的呼唤，袒露自己求贤若渴、成就伟业的心迹；这种积极有为的人生态度使他对生命感到充实、自信，发出了仁人志士的共同呼喊。这个最恰当的典故表达了最美好的情志，正可谓文质兼美！

6. 任务四：写作运用，知行合一

通过阅读，深入体味两首诗歌音韵美、情志美、艺术美之后，就立即运用所学，进行拓展运用，真正达到学以致用的目的。

写作任务1：当今社会，有人面对所谓的"内卷"等困境，不思进取，选择"躺平"；有人禁不住金钱、名利的诱惑，深陷泥潭，迷失自我。曹操和陶渊明的选择，给了我们怎样的启示？

佳作展示（庞凯文作品）：

追求人格的完善，追求人伦的幸福，追求人与自然的和谐，是中华文化的核心价值取向；拒绝躺平也应该是我们当代青年毫不犹豫的选择！

曹操悲叹后的进取也罢，陶渊明入世后的归隐也好，这些先贤们，用儒道互参的思想，用优美的诗歌，借诗言志，从社会功能和审美功能两个方面，浇灌着历代读书人的心田；这些优美的诗歌，伴随着优美的意境和动人的形象，用它丰厚文学价值、美学价值、文化价值，当代价值，悄悄进入我们的内心，滋养着我们一代代炎黄子孙，"以入世之心做事，以出世之心做人"推动我们的精神世界向着崇高迈进，激励着我们干事创业、为实现中华民族伟大复兴而努力奋斗！

写作任务2：写辩论稿，组织班级辩论会。

鲁迅先生评价曹操："是一个很有本事的人，至少是一个英雄。"

他评价陶渊明："陶潜正因为并非浑身静穆，所以他伟大。"

你支持曹操的建功立业还是陶渊明的归隐田园？在现代社会，我们又该做出什么样的选择?

辩论:

正方:积极入世不负青春

反方:归隐山林返归自然

从课后调查情况看,本主题以写作活动为载体,既巩固了课内诗歌阅读的效果,又让学生把不同主题的阅读素材进行归类、整合,能够发现它们的异中之同,从而通过提升素材运用能力和整合信息的能力,进而提升学生的写作能力。

浅谈高中语文主题化阅读与写作教学策略探析[1]

【摘要】传统的高中语文阅读教学效果并不理想是我们要承认的现实问题。因为对学生的思维状态、语言发育、个体感受的忽视,所以不少高中生在阅读时产生了惰性思维,难以形成良好的阅读能力。同样的,因为高中生在阅读时只关注语言素材的储备情况,很少去自主总结阅读技巧、对比文本共性、解读同一类文体的表达方式及其结构特征,所以就很少去剖析作者的人文思想,难以顺利地通过阅读活动发展自身素质。但是,主题化阅读不同,它以结构性文本为载体,主张学生成为阅读的主人,而且主张师生双方通过多维互动去解读议题、确立主题,对照文本内容进行深入思考、精准表达,这将切实转变高中生的思维状态与表达状态,而且学生也能积极迁移阅读经验,也就更易于提高高中生的自主阅读能力与写作能力。

【关键词】高中;语文;主题化阅读;策略

进行主题化阅读与写作,教师首先要主动开展群文阅读教学实践,改变单篇文本为主的阅读形式,使得高中生能够借助关联性文本实现深入、全面的思考,切实发挥学生的创造力、表达力,为培养高中生的语文学科素养做好充足准备。具体来说,教师可以按照以下方式去开展群文阅读与写作实践活动。

1　本文系 2021 年度河南省基础教育教学研究项目"语文主题化阅读与写作教学的实践研究"(JCJYC2101113022)研究成果。

一、围绕教材内容，确定阅读主题，拓展文本资源

群文阅读活动的一个特点便是要整理有关联性的文本，形成文本结构，比如同一个作者所创作的文学作品、人文主题相似或相同的文学作品、同一类文体中的经典作品、同一个时空环境下的文学作品等。在统编版高中语文新教材中，各个单元的人文主题是比较丰富的，且具有关联性，所以教师在组织群文阅读教学实践时，应根据教材资源进行设计，同时也要主动整理课外资源，形成多文本结构，以便切实优化高中生的阅读空间，使其能顺利实现深度思考。在此方面，教师可通过以下方式去设计多文本的结构：第一种，根据新教材的单元主题去整合文本资源，整理主题相关、文体相同等具有共性特点的文本资源，据此设计群文阅读教学计划。在此过程中，教师可以打破单元篇目的编排顺序，创造性地使用新教材。比如在必修一上册第二单元的"实用性阅读与交流"单元中，本单元的课文便具有一个共性，即文本材料具有实际应用型，反映着现实生活，属于非文学类文本。对此，教师可以利用教材资源去引导学生探究阅读实用类文本的方式方法，使得学生能够总结每一篇实用类文本所讲述的具体内容、论证方法等，同时还可以组织学生鉴赏实用类文本的语言表达特点，学生通过这些实用类文本群文阅读活动不仅能积累知识，还能增强自主学习意识；第二种，以"1+×"的方式组建文本结构，即以一篇课文资源为载体，从中提取一个主题，同时整理丰富的课外读物，形成多文本结构，有效利用课外资源去丰富学生的阅读内容，从而切实改善学生的阅读品质，有效提高学生的自主阅读能力。比如在《沁园春·长沙》诗歌教学中，由于大部分学生都了解到毛泽东是一位伟大的革命家，且已经学过《沁园春·雪》这篇课文，初步了解到毛泽东所创作的文学作品都具有豪迈、爽快、充满美好希望与高尚的革命信仰，所以为了帮助学生更准确地鉴赏毛泽东在创作诗歌时的文学风格，笔者便选择以"1+×"的方式组织群文阅读教学实践，以《沁园春·长沙》为基础，同时选择课外读物《忆秦娥·娄山关》与《满江红·和郭沫若同志》两篇课外读物，据此形成结构性文本，希望学生能够积极参与群文阅读活动，积极探究毛泽东在诗歌创作方面的文学造诣，及其在诗歌中抒发革命情怀与爱国抱负的伟大品质，从而增强高中生的主题化阅读意识，使学生能主动参与诗歌鉴赏与交流活动。同时教师还要在群文阅读活动中激发学生的爱国情怀、革命信仰，促使学生能切身感受毛泽东渴望民族独立、向往和平生活的美好心愿并尝试形成文字。

二、设计群文议题，创设人文情境

开展主题化阅读和群文教学实践的一个核心元素便是"议题"，即可讨论的话题、可议论的话题，而议题也往往体现着一轮群文阅读活动的文本共性，可对学生产生思想启迪，也有利于提高学生的自主阅读能力、写作表达能力。

1.备课阶段设计主题鲜明的群文议题

群文阅读的议题设计应该在课前备课时完成，且教师要从学生视角进行思考，预设学生在群文阅读活动中的认知特点、思维状态，以及高中生在群文阅读活动中有可能产生的困惑、疑虑等，选择能对学生产生思想启迪、情感熏陶的议题，使得高中生能在丰富的阅读探究中自主阐释议题内涵，优化学生的自主阅读状态。比如在《故都的秋》、《荷塘月色》与《我与地坛》群文阅读教学中，这三篇课文分别由郁达夫、朱自清与史铁生三人所写，记录了三位作者与北京的故事。学生普遍对北京有向往之情，但是游历过北京的学生却不多，所以对于我国首都的认识依然停留在想象层面，而这三篇课文却可帮助学生去想象在北京生活的状态，使其能理解游子在北京生活时的孤独与寂寥、坚持与信仰。因此，在设计本轮群文阅读活动的议题时，我们可以根据学情预设这样一个议题：邂逅北京，尽得清欢。接着，学生便可自读课文，围绕议题去分析三篇文本的共同特点，品鉴语言、体会情感，根据自己的理解写出解释议题内容的文段。

2.导入阶段利用多元方式创设群文阅读情境

阅读教学中，情境教学策略的作用显著，既可以提高学生的阅读理解能力，又有利于促使高中生换位思考，感受文本所抒发的情感。因此，教师在课堂导入阶段利用多元方式创设阅读情境，不但可以改善高中生的情智发育状态，还可以促使学生深度阅读。如在群文阅读教学实践中，有效的情境导入可帮助学生理解议题的内容，便于学生在情感驱动下去感受文本的篇性特点以及相通之处，对于学生的可持续发展有积极影响。比如在《拿来主义》《反对党八股》群文阅读教学实践中，虽然高中生在历史课程中能够了解革命时期的主要历史事件，但是却无法突破时空限制所带来的直接影响，导致很多学生在分析这两篇课文时难以产生情感共鸣。因此，为了在课堂上还原社会历史文化情境，教师可以在课堂上利用信息技术创设人文情境，即播放《觉醒年代》中能反映革命时代社会风貌的短视频，引导学生观看革命时代下我国各类思想文化相互冲击，人们因为外来文化的涌入而产生"拿来主义"的现实问题。结合现实世界中存在的"拿来主义"思想，教师引导学生写出批判性地分析这两篇课文的核心思想及其所要传递出来的人文意蕴的文章。

三、突出学生探究，实现能动交流

群文阅读教学模式十分看重学生的能动阅读感受，也影响着高中生在课文阅读中的自主学习状态。因此，我们需要培养学生的自主阅读意识，助力高中生能够在文本阅读中实现深度理解、内涵表达、健康成长。教师可以设计以学生为中心的主题阅读探究活动，鼓励学生自行解释文本知识，使学生能在课文阅读实践中积累深度阅读经验。教师还可以通过以下方式开展群文阅读探究活动：展示群文阅读议题，并据此设计探究任务，使得高中生能明确群文阅读主题以及需要完成的阅读任务。其次，设计小组合作活动，根据群文阅读活动的篇目数量、阅读难度去设计群文阅读小组活动，坚持异质互助，使得高中生能够积极参与阅读讨论，共同分析文本共性及其个性差异，教师从旁巡视、观察、记录，做好调控与启发工作，优化学生的阅读状态。比如在《窦娥冤》、《雷雨》与《哈姆雷特》的阅读教学实践中，这三篇课文都属于戏剧，都生动地展现了戏剧中常见的冲突与矛盾，给人以讽刺、激烈的感觉。根据这三篇课文的特点，教师可以设计群文阅读议题"戏剧中的冲突与矛盾"，并为此设计探究任务：阅读课文中的精彩片段，说出三部戏剧中主人公面对的主要冲突、矛盾；圈画出戏剧中重复出现的台词，并且找到能体现窦娥、周朴园、哈姆雷特三位主人公情感变化、心理特点的情节内容，分析悲剧的意义；能深度分析导致三位主人公悲剧的主要影响因素并写成研究性文章。

四、总结文本共性，达成阅读共识

高中语文主题化阅读教学实践中开展群文阅读活动的最终结果是要促使师生双方达成阅读共识，但是这里所说的阅读共识并不是要按照标准答案去限制学生的思考，而是能保证师生双方的地位是平等的，能够在保留个人异议与阅读观点的基础上，理解多文本的共性特点，且能自主阐释群文议题的实际意义，由此达到强化学生自主阅读意识，提高学生阅读探究水平的效果。对此，教师引导学生自主总结文本共性，鼓励学生积极表达自身的真实感受，促使高中生积累有效的阅读经验，提高学生的自主阅读能力，帮助学生爱上阅读、享受阅读，为写出有深度的、有独特见解的文章做好铺垫。

五、考查学生学习实情，明确阅读教学策略

知己知彼，方能百战不殆。语文教师只有切实掌握学生的学习实情，并根据学生的真实学习情况来不断调整教学策略，才能有效把控教学方向，以此改善落后的教学现状。让学生迎来全新的学习成长契机，为群文阅读法的正式实施奠定良好的基础。为此，语文教师应具备敏锐的洞察力，提高自身的教学专业素养，与学生保持密切的沟通关系，清晰掌握学生的学习实情。并以此为教学依据，制定完善的教学管理规章和策略，以夯实学生的学习基础。例如，语文教师应走入学生群体之中，深入学生的学习班组，仔细观察每一位学生的学习现状。分析学生产生学习问题的根本原因，从而秉承"治病治本"的教学原则，将之归纳于教学策略的规划中，以解决学生的学习问题。同时，教师也要注重学习意识的培养和教育，让学生不断强化自身的学习信念，使教师与学生联手合作，共同缔造全新的语文课堂教学环境，以促进学生的学习成长、表达提升。因此，语文教师应认真考查学生学习实情，以明确教学策略。

总而言之，在高中语文主题化阅读教学与写作理念指导下开展群文阅读活动，将切实改善学生的认知结构，便于学生在阅读实践中主动分享自身的经验、迁移阅读技巧，利用结构性文本资源去完善学生的知识体系，从而切实提高学生的阅读理解能力、人文修养水平、内涵表达能力。为此，教师便要根据教材资源与课外资源去设计主题阅读活动，从学生视角、基于文本特点设计议题，创设人文情境，也要关注学生的阅读探究与写作活动，使得高中生在主题化阅读中积累成功的自主阅读经验，提高学生的自主阅读能力、内涵表达能力。

让阅读遇到美丽，让生命遇到精彩[1]

——浅谈"以主题阅读培养青少年核心素养"

【摘要】 在新一轮课改中，语文被提到了特别重要的地位。学生的阅读能力成了检验语文水平的重要载体。新教材采用了大单元教学的编排模式，这也就使主题化阅读成为重要的教学手段。对主题化阅读的操作方法、实施路径，效果管理的探讨，也就成了语文教学绕不开的话题。选好关联点、优化组织形式、优化阅读方法、依靠经典指路，或许能开辟一条蹊径。

【关键词】 主题阅读；优化；经典引领

主题阅读教学是新课标理念下语文教育重要的组成部分，是提升青少年语文素养的重要途径。所谓主题阅读教学，实际上就是通过有效整合和内外阅读资源的方式，将学生的课内阅读与课外阅读紧密结合在一起，构建"一主多元"的课程体系，为学生提供内容丰富的阅读课程资源。冰心先生说："我永远感到读书是我生命中最大的快乐与体会。"书籍能在潜移默化中陶冶人的性情，读书有助于提高人的品德修养，有助于扩大知识面，有助于提高人的写作能力和文学创作素养。高中的语文教学，通过开展主题阅读活动，青少年可以更好地从阅读中不断增强认知，不断发现、丰富、完善、超越自我。因此，开展主题阅读教学活动是培养青少年语文素养的有效切入口和途径，也是促进青少年健康成长的有效"引擎"。

随着国家的大力提倡，全民阅读越来越受到重视，随处可见的阅读场所、丰富的书籍，给人们提供了便利的条件，但是仍存在一些令人担忧的现状，如：

（1）浮躁阅读思潮盛行。受商业利益驱使，碎片化阅读、娱乐化阅读日趋明显，标题党大行其道，娱乐新闻抓人眼球，人们亦多喜欢看标题、浏览娱乐新

---

1 本文系 2021 年度河南省基础教育教学研究项目"语文主题化阅读与写作教学的实践研究"（JCJYC210113022）研究成果。

闻，追求短平快阅读，而很少去翻阅需要严肃探讨和深层思考的书籍。

（2）深度阅读缺失。网络文章泛滥，如穿越文、宫廷文、霸道总裁文等无脑文随处可见，而鲁迅、四大名著等经典作品被遗忘、被搁置，阅读对青少年生命意识影响日渐衰弱。

（3）独立思考式微。当今社会，多元文化思想交互碰撞、价值取向多样化已成不争事实，享乐主义价值观、个人主义价值观等对社会主流意识形态产生冲击。青少年在多种文化潮流中难以拥有独立价值判断，很容易产生负面的价值观，如何吸纳各家精华，促成自己健康的人格养成，需要家长、社会、学校进行有效引领。

这些问题，需要社会长期关注，共同探讨，积极解决。青少年是我国促进全民阅读的重点对象人群，也是主题阅读推广的主要对象人群。对于语文教师而言，我们所能做的，就是在青少年群体中优化主题阅读内容和形式，提高阅读成效。青少年的精神发展史就是他的阅读史，有生命意识的主题阅读，能够滋养孩子们的灵魂，培养各方面的素养，完善他们的健康人格，能更深远、更持久影响他们的思想和生活。基于这样的前提，我们开展了为期一年的"生命主题阅读活动"。

我们实施的"生命主题阅读活动"，不但能保证阅读内容的积极向上，保证阅读方式的科学健康，还能保证阅读成效，具有非常重要的现实意义，促进阅读效果的可持续提升。下面我就从四个方面谈谈我们的思考和具体做法。

一、选好阅读关联点，立足生命主题意识

主题阅读的核心是"主题"，何为主题？主题即灵魂，是群文或者群书阅读的基础和条件，是阅读的神韵之所在。通俗来讲，主题就是相关文本的"关联点"。主题阅读的关联点可以是作者，文本选材，思想内容，体裁样式等。如何使青少年在主题阅读中汲取精华，选好关联点尤为重要。立足生命意识，以生命主题阅读为纲，拓宽青少年的精神世界，进而培养青少年主体人格，这就是指向特定生命主题的阅读活动。所说的"主题"不是一般的语词，而是从文本中获得或萃取的核心语词，它们既是文本的核心，又体现出精神生命内涵。这些富有人生意义、生命意义的主题话语，很多时候就隐藏在文本中，比如毛泽东《沁园春·长沙》的"使命、担当"主题，史铁生《合欢树》的"母爱"主题，贾谊《过秦论》的"借古讽今"主题，等等。

我们团队在开展主题阅读时，特别注重引导学生审视本文核心主题，如选择性必修上册第一单元《中国人民站起来了》《长征胜利万岁》《大战中的插曲》《别了，"不列颠尼亚"》《在民族复兴的历史丰碑上》，在学习时，我们着重引导了学生围绕"伟大的复兴"这一人文主题感受新中国从滚滚硝烟中走到如今的繁荣昌盛，其中涌现出来的众多个性鲜明、无私奉献的光辉形象如中国工农红军、"人民的好干部"焦裕禄等，其精神品格深深影响着每位学生。

同时，我们在选取关联点时，也特别注重学生的参与：让学生在老师示范1~2次之后，以阅读小组为单位，自己来确定一个主题、自己来重新整合教材、自己来组织阅读活动。例如，我们的高二学生就把人教版选择性必修上册中《县委书记的榜样——焦裕禄》、毛泽东的《采桑子·重阳》、李清照的《夏日绝句》、梁启超的《少年中国说》、海明威的《老人与海》等诗文组合到一起，确定了"如何实现生命价值"的主题，组织了阅读与辩论活动，并且打破年级界限，邀请高一、高二、高三的学生都参与活动，把主题阅读和人生经历融合到一起，以灵活的活动形式，丰富了活动的内容，让高三学生的感悟更深，让高一、高二的学生感悟更真，避免了书本知识的单调和教师教授的苍白，效果很好。

二、优化阅读组织形式，注重生命价值的深度思考

主题阅读中的一组材料是基于培养某种阅读目标而组合的"临时整体"，这个整体内部各材料之间的组合关系是灵活的，我们在引导学生进行主题阅读时，主要是围绕生命主题，多方面多角度地选择经典文本，循序渐进地组织阅读活动，以激发青少年的阅读热情，提升他们感受作品和表达观点的能力，拓展他们思考的深度和广度。如在学习选择性必修上册第二单元时，我们围绕"仁""礼"等核心主题，调整了《论语》十二章、《孟子·人皆有不忍人之心》、《墨子·兼爱》等篇目的学习顺序，并扩展了作品其他相关章节，同时深入品读《荀子》一些经典文段及选摘南怀瑾《论语别裁》上的文章，让学生对这一主题有了比较全面、深入的理解，从而加深了学生对生命价值的深度思考。

三、优化阅读方法，注重生命体验的"代入感"

生命主题阅读拥有更真切的读者群体和更灵活的活动形式。汲取阅读经验进一步优化主题组织形式，在此基础上增加阅读方法的多样性。通过比较阅读的方式，提升思维感知力；借助批判阅读方式提升思维逻辑力；基于想象阅读的方

式提升思维创新力。优化阅读材料组织形式，有助于解决阅读材料之间看似散乱的、无关联的文章等问题，各材料之间因为围绕同一主题，从而成为一个临时整体。如在学习外国作家作品这一单元时，通过对比《大卫·科波菲尔》（节选）、《复活》（节选）、《老人与海》（节选）、《百年孤独》（节选）、《玩偶之家》（节选）等文章的情节、人物形象等，学生们通过作品反映的时代、地域、生活环境等，深入感受小说中展现的不同时代、地域的社会生活和人类心灵，深化了对历史、社会、人生、文化的认识。这样提高了阅读效率，拓宽了阅读深度，有利于青少年读者获得更开阔的阅读场景和更丰富的阅读经验，更有利于学生自主人格的完善和生命价值的深切体验。

四、经典指路，凸显核心价值对生命要义的引领作用

经典是一个民族精神文化的源泉，是最精粹的精神食粮，阅读经典，能有效滋养青少年的精神世界，使他们成为健康成长、全面发展的人。经典阅读在青少年主题阅读中发挥了"指路明灯"作用，有了它，主题阅读才不会偏离主流社会和核心价值轨道。为了让学生热爱经典、主动阅读经典，我们开展了丰富的经典阅读活动，来激发学生阅读的兴趣，如"品读经典、感悟人生"读书分享活动、"品读经典、传承经典"的写作活动、"我与经典有个约会"经典朗读活动等。这些活动的实施，我们始终坚持一个原则：教师示范引领只有一次，其他活动放手给学生，让他们选定主题、编排材料、安排流程。学生的主体地位在活动中充分体现，学生主动品读经典的热情被充分激发，学生的能力与实践经验也得到充分锻炼，让经典更好地为学生的成长奠基、为学生的生命赋能。

通过"主题阅读"这一抓手，首先，我们希望能够引导青少年深刻理解习近平总书记说的"人生的扣子从一开始就要扣好"的道理，通过一定数量的阅读积累，增强他们的知识储备；其次，提升青少年的文化积淀，激发青少年对优秀传统文化的认同和热爱；最后更能够培养青少年的核心素养和独立人格，获取精神的蜕变与成长，去主动接纳主题阅读活动，探求生命的意义，激发青少年干事创业的豪情，并将其视作一种生活方式乃至一种生命方式。用阅读陶冶情操，最终让阅读遇到美丽人生，让生命遇到精彩未来。

例谈高一语文主题阅读与写作教学策略[1]

【摘要】随着教育改革工作的发展，教育工作者结合新教材与语文教学大纲对于如何开展高中语文教学活动进行了分析，希望全面促进教育教学工作的多元化发展。在本文中，笔者从高中语文教师的经历出发，结合高一语文主题阅读和写作教学活动对于如何开展教学工作进行了分析，希望为后续教学研究工作的开展提供借鉴与参考。

【关键词】高中语文；主题阅读；写作教学；优化策略

近年来，随着教育研究工作的不断发展与深入，大批教育工作者针对如何开展语文教学活动进行了分析与探索，希望有效促进教育教学工作的持续拓展，从而引导学生群体结合教学内容实现对于语文知识的充分了解与充分认识。在这一问题上，大量研究资料表明，通过积极做好对于高一语文教学工作的充分拓展，教师可以结合形式多样的教育教学活动帮助学生群体进一步实现对于语文知识的合理了解，其对于学生语文能力的优化具有良好的促进作用，为后续语文教学工作的开展提供了更多的可能。

一、主题阅读与写作教学对于高一语文教学的价值

1.有利于丰富语文教学活动模式

在高一语文教学工作开展期间，通过主题阅读与写作教学活动的合理开展，教师可以结合不同教学目标有效实现对于教学方法的合理设计，其有助于丰富高一语文教学活动的组织方法和开展路径，对于教育教学工作的合理落实与学生群体语言能力的充分优化具有良好的促进意义。

---

1 本文系 2021 年度河南省基础教育教学研究项目"语文主题化阅读与写作教学的实践研究"（JCJYC2101113022）研究成果。

2.有利于激发学生群体探索兴趣

在语文教学工作开展期间，通过结合主题阅读和写作教学活动对学生进行引导，教师可以结合文章与学生进行交流与讨论，并通过写作教学为学生提供更多的创作机会，激发他们的创作热情。实践表明，其有利于帮助学生在实践过程中进一步感悟语文学科的魅力，对于学生探索兴趣的激发和调动具有良好的推动价值，符合新时代的教育观。

3.有利于提升高中语文教学价值

从语文教学工作的角度来看，通过积极引导学生群体参与主题阅读和写作教学环节，教师可以帮助学生在学习期间进一步实现对于语文知识的充分理解与有效掌握，对于学生语文知识应用能力的拓展具有良好的促进作用。与此同时，相关活动可以帮助学生群体强化语言思维能力，对于学生语文综合素养的优化至关重要。

二、开展高一语文主题阅读与写作教学活动的策略

1.探索课堂教学互动模式，引导学生完成单元主题阅读

为了有效提升语文教学工作组织水平，教育工作者应在课堂教学过程中积极做好与学生之间的交流，调动学生的学习热情，从而有效促进课堂教学活动模式的合理分配，帮助学生群体充分发挥自身的学习价值和作用，以期促进预期教学目标的合理达成。与此同时，相关活动的开展可以帮助学生群体有效实现对于知识的探索，对于学生学习习惯的优化与改进具有积极作用。例如，在组织学生学习《沁园春·长沙》《立在地球边上放号》《红烛》《峨日朵雪峰之侧》《致云雀》这五首诗歌作品时，我以小组为单位引导学生对于这五首诗歌进行品读和鉴赏。

首先，在预习时，我指定班级的12个小组着重预习哪首诗歌，告诉他们每组要指定一个学生在课堂上展示成果。在课堂上，引导学生通过对诗歌意象进行评论，帮助学生提出自己的疑惑，让其他小组来进行解答，其他小组也不会解答的问题再由老师统一讲解，从而实现对于学生语文思维的激发与调动。除此之外，在条件允许的情况下，教师也可以引导学生利用网络资源对于诗人或诗歌的写作背景和内容进行搜集和整理，形成文字材料，以便在课堂上使用。

其次，教师也可以帮助学生在小组讨论的过程中对于诗歌文本结构进行分析和解读。

再次，如果学生讲解不充分，教师可引导学生群体结合诗歌内容对于诗歌作品中的意象进行解读和分析。

最后，教师可以帮助学生群体对诗歌语言进行合理的探索，从而有效实现炼字炼句的教学目的。

2.创设语文课堂教学氛围，充分激发学生知识探索兴趣

从教学工作的角度分析，在组织高一学生对于语文知识进行学习的过程中，为了充分提升主题阅读和写作教学活动的综合质量，教师应积极做好对语文课堂教学活动的合理调整，以便为学生创设一个良好的语文课堂教学氛围，继而激发学生对于语文知识的自主探索兴趣。

例如，在引导学生对《百合花》和《哦，香雪》这两篇文章进行阅读时，正好遇上假期，我先让学生利用假期时间观看《百合花》和《哦，香雪》的相关视频，让学生先对故事内容熟悉。学生返校后，我让学生在早读时间读《学习指导》的相关内容，让他们对作者和作品的创作背景有一定的了解，这样就有利于之后学生对作品内容进行合理分析与解读。在课堂上，我让学生分小组对小说中的经典片段进行演绎，并让学生自己选出"优胜表演小组"，并对"优胜表演小组"进行颁奖。课堂上学生们表现活跃，课堂氛围浓厚。

在课堂上，我帮助学生通过小组合作形式进一步实现对相关知识点的合理分析与充分解读，学生们也发扬了合作精神，运用自己的想象力，想象年轻战士和香雪的形象，让自己的表演合理而又准确地展示出了人物形象，使自己的思维能力进行了合理的延伸。

与此同时，我让学生结合假期自己在网络上看到的相关视频，对于诗化小说的内容进行口头展示，从而引导学生结合特定情境，实现了对于小说作品的合理解读与充分分析。这些教学活动的开展对于学生主题阅读教学目标的实现具有积极的促进意义，推动了学生群体思维能力的充分拓展，调动了学生的学习热情，符合高考对于高中学生的选拔要求。实践表明，在课堂上通过有效营造良好的教学氛围并为学生提供相应的实践探索机会，教师可以帮助学生在实践过程中激发兴趣并养成良好的阅读习惯，有利于促进学生自主学习语文，丰富学生的知识，开阔他们的眼界。

3.完善课堂教学评价体系，帮助学生强化文学知识底蕴

为了合理促进高一语文主题阅读和写作教学工作的持续开展，教师在组织教学活动的过程中应积极做好对于课堂教学评价体系的建立与完善，从而根据学生实际情况，调整教学工作的组织方法，帮助学生群体在学习过程中不断强化自身文学知识底蕴，为学生写作水平的稳步提升奠定坚实的基础与保障。例如，在组织学生开展"青春"主题阅读教学活动期间，我们就让学生结合自己对青春的感悟写一首小诗，评选出优秀作品，制成展板，在校园内进行展示，这有效地激发了学生的创作热情。

除此之外，我们还让学生去搜集自己喜欢的关于青春的诗歌作品，利用早读时间练习朗诵，先在班级决出优胜者，然后在级部之间比赛，胜出者去学校参赛，最后给优胜者颁奖，这些活动大大激发了学生的创作和阅读热情，学生反响强烈。因此，在教学中，教师通过结合学生群体特征有效实现对于教学内容的充分设计和调整，可以帮助学生群体结合丰富多彩的课堂活动实现对于教学工作的积极参与，其对于师生互动的充分开展与生成课堂的合理构建具有良好的促进意义。

与此同时，通过与学生对相关内容进行交流与讨论，教师可以在教学工作中引导学生群体树立良好的自主探究习惯，对于学生思维能力的合理延伸具有积极的促进作用。另一方面，通过根据学生的课堂表现进行分析与探索，教师可以在教学活动组织期间依据学生表现进行教学反思，从而评估不同教学方法在实践过程中的实施效果，并科学转变教学工作组织模式，其有利于促进教学工作综合质量的合理拓展与持续优化，为新时期我国教育教学工作的开展奠定坚实的基础，从而培养出具有创新能力的国际型人才。

通过抓住学生的特点与其进行交流与讨论，教师可以结合学生感兴趣的游戏与体育运动等话题与学生展开交流，有助于帮助教师更好地指导学生群体，拉近教师和学生的关系，使师生之间的关系变得更加融洽，对于后续教育教学工作的有序开展具有积极作用。

总之，良好的主题阅读和写作教学活动有利于帮助学生群体全面提升自身的语文学科综合素养，激发他们的阅读和创作热情，对于我国高素质人才队伍的培养与建设至关重要。为了实现这一目标，作为教育工作者，我们应积极做好对于语文教学模式的合理拓展，提升自己的教学能力，结合学生群体特征科学调整教

学活动组织方法，以便为学生提供更多的时间机会，并引导其养成自主探究的习惯和意识。在此期间，教师应注意做好对于教学活动组织情况的充分反思，以便及时和充分调整教育教学工作组织方法，继而为后续教育教学工作的持续拓展与充分优化提供强有力的保障。

一问惊众人　深探见真知
——浅谈学生质疑精神的培养策略

如何打造高效的语文课堂？如何最大程度地激发学生学习语文的热情？如何大力培养学生自主、合作、探究、创新的学习能力？我身为一线的语文教师，一直在不断探索、实践，以问题引导课堂，以问题推动课堂，以问题深化课堂，既让自己的课堂教学效果得到最大的优化，同时也有效地培养了学生的独立自主能力、合作探究能力、口语表达能力、书面书写能力、开拓创新能力等，尤其是在"质疑再探"环节，更是拓宽了学生思维的广度，深化了他们思考的深度。

现就结合本人的课堂教学实践来谈谈自己的认识和感受。在执教郁达夫先生的《故都的秋》这一课时，在解决完本节课的基本问题和引导学生赏析完文章的重要语句之后，我按常例引导学生对本课进行进一步思考，我问他们："大家是否还能提出更有探究价值的问题？"有个学生忽然站起来说："老师，我有一个疑惑，既然作者是赞美故都的秋，那为什么不写一些好的方面，反而是写它的'清静、悲凉'呢？这让我在感情方面很难接受。"该生一问，真是"一石激起千层浪"，教室顿时沸腾开了，许多学生也在低声附和着。

此时，我的心咯噔一沉，"是啊，这位同学说的也很有道理，我咋没想到？该怎么办？是维持'教参原判'草草收场，还是让学生展开讨论，仁者见仁、智者见智？"蓦地，我心头一亮：这难道不是培养学生自主阅读能力的一次绝好机会吗？于是，我趁机展开引导："现在我们对郁达夫对故都秋天的情感有了新的困惑？究竟怎样看呢？请结合课文、作者写作背景，分组讨论，要求说明理由。"

　　话音刚落，前后桌的同学马上围在一起，你一言，我一语，展开了激烈的讨论。之后。许多同学都踊跃发言，有的学生说："因为作者此时在北平闲居着，所以能仔细观察槐落蕊的情形，所以他更能体会到故都秋天的静，这是他的真实感受。"有的同学说："因为作者此时无事可做，心情不好，所以他把自己内心的悲凉也传到对外物的观照上。"也有的学生说："因为此时全国各地正处于动荡不安的时候，作者这样写对故都秋天的感受，表达的是对祖国现实的一种忧思……"

　　学生们各抒己见，思维的火花在辩论中不断碰撞，我忍不住频频点头赞许，最后顺势引导他们说："大家还记不记得我们以前学过闻一多先生的诗歌《死水》？《死水》要表达的是诗人怎样的感情？"学生们异口同声地回答说："赞美祖国！"我紧接着问："赞美祖国，但诗人为什么把祖国比成一沟波澜都不起的死水，这里断不是美的所在。"这时，有的学生说："作者正是用严峻的眼光来看待中国，实际上表达的是一种深沉真挚的爱。"也有的学生说："作者是恨铁不成钢啊！但这绝对是爱。"最后，我总结说："郁达夫也是如此，描写清、静、悲凉的故国表现的是深沉、真挚的家园之思，故都情结；俗话说，狗不嫌家贫，儿不嫌母丑。爱国，不是光爱她的强大、繁荣，也爱她在磨难中的坚强。正因为如此，所以他才在文章的最后深情表诉，我们一起来读课文的最后一段。"正是在这样激烈的讨论、深入的质疑过程中，学生对作者的情感有了更为深入的认识。

　　"学入佳境始有疑，疑而得解方见真。"学生在全面把握文本的基础上，通过进一步的质疑，往往会语出惊人，达到"一问惊动众人思，深探更见真理明"的效果，课堂教学也常常会取得意想不到的结果。

抓基础厚积薄发，重细节有的放矢

——19级高三语文备考工作总结

2022年的高考早已尘埃落定。回首这一年的备考，每一个瞬间都历历在目，本组32位教师团结一致，群策群力，奔着同一个目标而去。这一年里，辛苦中渗透着感动，汗水中闪耀着光芒。伴随着一次次的钻研与反思，我们完成了任务。虽谈不上骄人业绩，仍存在些许遗憾，但这些遗憾是我们工作努力的方向和内驱力，我们将在今后的教学和复习备考中不断去修正和完善。

一、试卷剖析

我省2022年高考使用的是全国乙卷，在遵循《普通高中语文课程标准（2017年版）》的精神，秉持"一核四层四翼"高考评价体系确定的原则，突出语文学科核心素养的基础上，稳字当头，稳中有变。整体上坚持"立德树人"的导向，选材上，在突出时代性的同时兼顾弘扬中华传统文化的要求，贴近学生生活；设题上，坚持在具体情境中考查语文应用能力；在考点布局安排、考查方式、考查角度、情境类型选择上呈现了一些与去年不同的特点。试卷整体结构稳中有变，与新课标卷联系更为紧密，文本选择上范围更大，如文学类文本阅读变成了散文，文言文出自的史书也是平时学生没有遇到的，17—19的选择题都变成了主观题，由于主观题相较以往有所增加，所以考生普遍感觉要比2021年的语文试题难度大。

二、备考之得

1.第一轮复习阶段——模块巩固加综合练习

（1）以教材为本，注重基础，构建知识系统

教材基础知识要狠抓落实，尤其是课本所选的文言文篇目，注重对课下注释中的重点实词、文化常识的掌握；牢记考纲要求的64篇默写，做到规范清晰书

写，准确无误识记。背默无巧劲，一定要自始至终踏踏实实地进行，准确理解文意内容，才能以不变应万变。再拿第11题来说，虽然由以往的文化常识变成了词语含义理解，但一个出自所选文本，一个出自所学课本，用代入法再加上合理的语境推断，还是能很容易把正确答案选出来的。

由于高一高二进度非常快，所以课本的掌握并不是特别深入，到高三进行板块复习时，时间紧，往往会"囫囵吞枣"，这也是很多学生对本该熟知的知识"一问三不知"或者"模棱两可"的重要原因。第一轮打好基础，二轮三轮复习也就轻松很多。我们往年复习时，常常只复习文言文，其他的不过问，导致我们做其他题型时，十分面生。今年我们对书本中小说单元、诗歌单元、散文单元的知识结合高考考点进行了细致的梳理，确实在平时答题时轻松许多。

对于经典篇目，我们可以结合高考考点，以课后习题为依托，挖掘课本资源。以熟带生，以课本为基，强化高考考点，让学生在熟悉的语境中掌握这些冰冷的术语会好操作很多。让学生自己分析，自己举一反三。老师在这个过程中不要越俎代庖。

套路已不足以应对当下的高考。在教学过程中，要让学生除了会术语之外，要学会结合积累，联系文本具体分析，只有套路，没有实质内容，很难在高考中获得高分。

（2）长期跟进成语积累、文化常识积累、病句和作文素材积累工作

今年高考成语由以往的客观选择题变成了主观填空题，病句亦由客观选择题变成了主观的修改题，难度增大，但基本考点没有变，这提醒我们一方面充分利用好早读、夜自习、阅读课、上课前等时间，让学生有计划、有重点地对成语、病句等进行积累，先立足于课本，后延伸到课外，文化常识虽然今年没有考查，但也不能忽略，课本内的文化常识及各地模拟试题中出现的文化常识还要关注，同时要注意积累文言文板块涉及的知识点。但要注意有布置就要有检查落实，不能太相信特优班学生的自觉性，还是要有督促才行。另一方面要注意北京等地高考题型，让学生多见些新题，以开阔学生视野，更好地应对新题型。

定期给学生下发有关社会上热点事件的素材，要注意下发前先要对时政热点进行选择分类，文字进行浓缩，力争将最有价值的内容呈现给学生，尽量使学生在较短时间内掌握更多的内容，并定期组织学生对所给热点事件进行讨论、分析，写出简评，以提高他们的事理分析能力，语言表达能力，为提高写作水平

服务。

（3）开展基础知识与主干知识交叉复习的策略

在复习每一知识板块时，力求在全面的基础上，特别注意重点知识、常考题型的强化训练，注意方法引导，同时兼顾小阅读题、文言文题、成语、病句、补写题这些必考且必得分题的长期练习。我是以春节为分界线，春节前全班统一做，每周必练一张卷子，成语、病句、文化常识甚至是天天练，先以高考题为主，后兼顾网上各地最新模拟试题。这期间要注意登记清北之星及一本临界生在训练这些题时出现的问题，哪些地方掌握不够好，一边强化，一边澄清，以备后来更有针对性提高训练。春节后在兼顾全班同学的基础上，以清北之星和一本临界生薄弱点为主，精选试题有针对性地进行强化训练，同时给他们出个性"点餐"，以消除短板，强化提升。

复习备考中力争做到"精、实、活"，精即精讲、精练、精考；实即讲课实在、训练实在、辅导实在；活即讲课活、方法活、题型活。立足基础、稳扎稳打、步步为营、追求实效。避免虚套，督促学生把练习、试卷上的题目做得落在实处，防止只讲不检查、只顾自己不顾学生的片面教学行为现象的发生，使学生不再眼高手低，从而避免造成学生一看就会，一做就错，一看考后试卷就后悔现象的发生。

（4）重视选择题的训练

选择题是实打实的分数，拿下选择，"革命"就成功了一半，选择题错得多，在后面主观题是很难拉平的。可以不同板块，各个击破，有计划有针对性地周训练。

（5）抓住默写，力争一分不失，尤其是培优生

这个板块要反复筛查，逐渐缩小包围圈，每个培优生的易错点，做好定期回头看。另外也要预防以前没问题的题又出错，所以整篇挖空可以隔两个月再做一次。对于默写差的学生，自改和老师手批相结合，也可以让他改作业，加以强化。这个方法适合很多题型，学生差的题型，让学生自己组织标准答案，自己讲。讲透几次，绝对有大提升。

（6）重视作文序列训练及升格训练

语文看两头，选择和作文，这两个板块是你用心了就立马会有提升的板块。得作文者得天下，作文大有可为。

因此作文要做好序列训练及升格训练，一类至少巩固两次，题目、首尾、分论点方方面面打磨。平时的限时训练，一套题两小时完成，要求写出完整作文题目、首尾、分论点、论证的主干。每次训练的重点必须有针对性，要及时反馈。高考中130分以上的同学，我相信他们的作文功不可没。高考55分以上的作文，并非遥不可及，专家打出的58分、59分的样卷都是书写好、有分论点、扣关键词、又有文采的。所以平时有意识强化，特别是书写，一刻也不松懈。

2.第二轮复习阶段——专题复习加综合练习

以专题讲评和试卷为主，注重思维训练、方法点拨和知识点的梳理和归纳。

（1）采用专题模块形式

首先我结合往届高三老师及一轮各板块知识的复习情况，认真对本学科的知识点、高考重难点、题型特点和答题的技巧、方法进行梳理和整理，并形成书面资料印发给学生，使每个学生对每个板块的知识、技能形成一个系统的结构和网络，并在之后的教学中引导学生强化、运用，以达到复习备考的最佳效率。

（2）充分用好网上教学资源，如语文学科网、教考资源网、高考资源网等

每天跟踪下载有关试题，然后自习先做，抓住题目的质量，精心挑选优秀试题，再发给学生，力争让学生做的每道题都有效。从而真正达到训练的目的，拓宽学生视野和提高他们的学习能力，尤其是知识迁移的能力。

3.第三轮复习阶段——查漏补缺加综合练习

在以练为主的基础上再次回归教材，让学生巩固基础知识。好的做法：

（1）限时训练，与高考接轨。临考阶段模拟复习训练与高考在时间上尽可能保持一致，提前让学生调整好应试状态，以适应高考节奏。

（2）抓好纠错本、每次考试后教师总结的有关知识点归纳及变式的复习。做到温故知新，时时有进步。

（3）强化有效教学，向课堂要质量。针对作业的批改情况，认真充分备好每一节课，同时力争提前备好下一节课。课堂上与高考无关的知识不教，与高考无关的东西不讲，尽可能做到有效教学，加大课堂容量，让学生在有限的时间里，做更多的试卷，掌握更多的知识。

（4）强化对新题型的关注，对新高考试卷及各地模拟试题中的新题型要及时关注，全面备考，重点攻克。

三、要长期重视书写与规范

去年我参加了为期10天的高考阅卷，再加上今年改高考卷子的老师回来反馈的信息，更加充分感受到了高考阅卷的严格公正，以及金子定律。实践证明，只要我们用心备考，高考终究会不负所望。虽然专家在定标准的时候，极尽宽和，但是时间短，任务重，干净规范的卷子还是能让人眼前一亮，分数可上可下的时候，往往可以得上分，一个题多一分，整体出来就很可观。高考阅卷时间紧任务重，在海量水平参差的卷子中更凸现了书写和规范都做得出色的试卷的优势。好卷子的标准，就是我们平时要求学生做到的规范标准——卷面整洁，条理清晰，先总后分，条与条有区分度，简洁利落，关键词突出。我们要坚持，并严格落实。

抓好练字。漂亮的书写总是多一分幸运，书写干净漂亮是优秀生的标配。练字一定要高度重视，固定时间练，久久为功。

抓好规范。平时无论是组题还是讲评，渗透规范意识，让学生知道究竟应该怎样才规范。高三开始就结合高考评分标准进行规范培训，然后一整年就按着这个标准完善自己，而不是到考前才去培训。书写和规范至少要15分！

抓好细节。在高考作文阅卷中，常规字如"筚路蓝缕、艰苦奋斗、砥砺、踔厉"的高频错误以及常见标点的错误使用简直令人瞠目，这些基础性的知识在平时教学中不可大意。

因此，2023年高考语文的复习备考更应该做到将眼光放长远，思路更开阔。在选题时力争做到试题的精而优，更符合考纲要求，更好满足学生的需求。

总之，计划是美丽的，落实也是实在的。我坚信"平凡的事做好就是不平凡，简单的事做好就是不简单"，培优工作是这样，语文教学工作也是这样，只有把这些看似简单、平凡的工作做好，我们的理想和目标才会实现。我亦坚信，通过我校各位老师及各位领导的共同努力，我校的发展一定会再上一个新的台阶，取得更辉煌的成绩。

第五辑　教学水平提高篇

他山之石可攻玉，虚心请教定攀高

上周四早上，在高校长带领下，我们一起在西峡二高进行了将近一个半小时的深入学习。这次学习，深深地震撼了我，启发了我。

震撼一：

学生早读激情四射、动力十足。

那天早上我是5：15到达二高校门口的。远远望去，整个校园，已经没有走动的学生；可以清晰地听到最前面这一座教学楼上学生琅琅的读书声；隐隐约约地看见这个教学楼的一楼，在走道里侧有学生在晃动。

5：21，我走进去一看才知道，教室里边是学生在大声读书，教室外面晃动的学生是在做题。

走进教室两分钟后，我就被他们读书的场面震撼了：全班学生，有的站在自己座位上，有的在走动，有的在边读边写。但不管是何种状态，每一个人的声音都特别大，每一个人的脸上也都洋溢着快乐的笑容，你看不到倦怠，看不到偷懒，更看不到厌学。一个个都那么激情满满！

我把整座教学楼转了一遍，发现所有的班都是这样。在四楼的文科特优班，我遇到了班主任刘德芬老师。和她进行了五分钟左右的交流，我得到了三点启发：

（1）要想学生有激情，老师首先要有激情，要以身作则来带动。所以今后，每个早读，我都要在教室前面大声读书，用我张开的嘴巴，洪亮的声音，来感染学生，感动学生，激发学生。

（2）发挥各班委的示范带动作用。班委们都分布在各个小组，一个班委能带动一个小组，全班就被带动起来了。

（3）要发挥积分榜的刺激作用，及时对各部的情况进行评价，让学生们在竞争中迸发热情。

震撼二：

教师们的超前意识特别强。整个教学楼转变之后，我发现，所有班级，老师都把检测的内容提前安排好了。课代表和被检测的同学，早上来了之后，都能以最快的速度进入检测环节。

检测之后的批改环节安排好了，被检测学生做完之后第一时间就能得到反馈信息，如果仍有错误，就能在第一时间进行整改，检测的效果就能达到最佳。

启示有两点：

（1）老师每天都要将课堂教学情况进行及时的反思和整理，并以最快的速度反馈给课代表和有问题的学生，充分做好二次检测的准备。

（2）要把课代表和助理培养成得力助手。老师一个人可能教两个班、三个班，有时候顾不过来。具体的落实在相当程度上要依靠课代表和助理。把他们培养好了，落实就能真正做到了。

震撼三：班主任和学校领导亲自督促落实检测情况，更加有力地提升了检测的效果。

在我转整座教学楼的过程当中，发现所有的班级都有班主任在，有的是在指导学生检测，有的是在亲自进行检测，还有的亲自在进行批改，也有的班主任在批改后进行辅导。在教学楼一楼东第二个教室门口，我碰到了高三的包级领导乔龙飞校长。他是在逐层逐班检查各班落实情况的。我和他进行了约10分钟的交流。和他的交流，我得到了三点启示：

（1）说得再多都不如亲自去抓落实，亲自到一线去看具体情况。千条计万条策，再好的东西落不到实处都等于零。所以，只要是认准的，主要领导必须亲临一线抓落实，亲临一线找问题，结合实际找办法。这样才能制定出符合实际情况，切实可行的好策略，才能真正抓好高效的落实，才能真正出成果。

（2）具体工作看实际，讲策略。从乔校长反映的情况看，文科班，理科班，实验班，特优班，各个班级有不同的具体要求。而且在落实的过程当中，经常和班主任进行沟通反馈，及时改进落实中不合适的地方，基本上做到了一班一策，各班基本做到因人而异，灵活施策。这样的落实才能出高效！

（3）全年级工作一盘棋，各级部之间既要有竞争，又要有互相借鉴和学习。乔校长在交流中说，他在转的过程当中经常会和某一个年级部主任一起转，发现哪个班级，哪个级部有做得比较好的地方，就建议级部主任学习并推广。这样一来，三个级部主任天天都在学习，天天都在互相"攀比"。这种良性的攀比必然能够带动各个级部管理水平上台阶，管理品质的提升必然带进管理效益的提升。

短短一个半小时的学习，让我收获很多，启发很大。我将根据我校我班的具体情况，坚决落实关于小早读各项措施，真正提高早读效率，打造真正的高效课堂！

用精细化提升班级管理品质

无论是我们学校提出的五个意识疑探课堂、班级管理积分榜的运用、五个意识高效课堂赛课方案等，还是焦文礼老师的教育理念，都让我深深地感受到：只有运用精细化管理的思想，才能提升班级管理的品质！

一、精细化打造班级文化，把班级变成全体师生共同的家

我们以前进行的班级文化建设，高大上的多，贴近学生生活实际的少。所以我们各个班级要根据班级的学生特点，打造属于自己的、个性鲜明的班级文化，更为重要的是，各班都要展示孩子们的学习、生活等，从中看出班级文化在他们身上的展现。这样的班级文化才有亲和力，才能形成向心力，真正起到用文明的方式让学生转化的目的。

二、精细化备课，夯实基础，切实做到目标明确、效果明显

各科老师上，尤其是理科老师，要抓好定义、定理、定律的精细化、精准化，理解掌握；书本上的例题，课后的习题和在考试过程中遇到的典型好题都要认真反复练习，并做好积累；老师通过反复检查，尤其是借重拔尖考试，通过反复滚动练习，真正掌握。同时老师还要对教后反思、学生规范、激情早读等内容进行精心准备，确保每一个时间段做的都是有用功，都能达成目标，达到目的。

三、精细化上好试题课，要让每一次考试都能达到预期目标

我们学校要求50岁以下老师，并鼓励50岁以上老师，参加包括联考在内的各项大型考试，让老师在解题的过程中发现问题，并积极思考学生会遇到什么问题并寻求解决问题的办法，从而在上课的时候才能讲到学生的痛点、要害点，才能真正解决学生知识和思维上的漏洞，才能使变式更精准，练习更有意义。

四、精细化讲评，提高学生易错知识和方法的巩固率

我们要求学生走上讲台，敢于把自己的错题展示给同学们，并能用正确的方式给大家讲解。这对于绝大多数同学是很有帮助的。那么对于取得满分的同学怎么办呢？我认为也应该让他们上去讲。他们可以给其他同学讲他们便捷而高明的方法、清晰而严谨的思路、展示他们简练而流畅的书写、规范而严谨的排版；同时也能够锻炼他们准确的表达力、培养他们大气的心理素质、激发他们取得成就感的内驱力，甚至还可以发现他们可能有些似是而非的知识和方法漏洞，达到一举多得的目的。

五、精细化管理纠错，提升纠错的效果

老师把学生每一次考试出现的问题分类整理，可以按知识、方法来归类，也可按易错程度来归类；然后保存在电脑上，隔一段时间让学生来电脑上直接做。这样可以节约时间和印刷的成本，同时起到巩固的目的。

纠错建议学生用两个本。第一个本主要梳理各类错题；第二个纠错本只记典型错题。这样一来，学生的纠错本重点更突出，复习起来就会轻松、便捷。

总之，通过此次学习，各位老师的讲解，给我们提供了许多新鲜的思路。再结合我们最近在大力推行的五个意识疑探课堂教学改革，适当灵活地吸纳这些新东西，必定促进我们教学教育工作有长足的进展，也必将促进我们办学水平的整体提升！

优化沟通途径，提升家校共育品质

在这次班主任培训过程中，四位老师的做法从不同角度都给我很大启发。尤其是来自辽宁盘锦的郑重老师的讲座，给了我更多的启示。今天就简单地谈谈我的感触：

孩子的教育本来就是一个家校共育的过程。家庭教育同学校教育一样重要，甚至在有些时候超越学校教育的功能。

孔子和孔鲤的庭中问答应该是中国记录较早的家庭教育的典范之一。有一天孔鲤从庭院中快步走过，孔子见了他，随口问道：你学诗了吗？

孔鲤说没有。孔子就说，不学诗，无以言。孔鲤于是回去就开始学习诗。有一天，孔子又问孔鲤学礼了吗？孔鲤说没有，孔子就说，不学礼，无以立。于是孔鲤就开始学礼。

在这个记载当中，孔子首先是作为家长身份出现的。有了孔子的诗、礼教育，孔鲤就修得了良好的家教根基，孔鲤自然又把这种家教传给了孔伋（子思），儒家的思想得以发扬光大，也就顺理成章了。

所以作为教师，尤其是班主任教师，重视并利用家庭教育的作用、优化沟通途径、提升家校共育品质，就显得特别重要了。

一、优化沟通途径，提升家校共育品质，从转变理念开始

在实际工作当中，家校沟通有两种不良的倾向：

一种是几乎不与家长沟通，等到学生犯了大错，再把家长叫来配合教育或处理。在这种情况下，有相当一部分家长难以理解和接受，有家长说我一个好好的孩子，怎么到你们学校这么长时间就变成这样子了？从而导致班主任与家长产生矛盾甚至冲突。

另一种情况是无论大小事儿，只要学生犯错就叫家长，把学生的问题全部推到家长身上，搞得家长疲惫不堪、敢怒不敢言，直至某一天就上升到家校冲突。

我的做法是：开学之初，利用家长送学生到校的机会，首先开一次家长见

面会。把我的带班理念、班级文化、规章制度，培养目标等先与家长进行一个初步的交流，并留下联系方式，便于以后沟通。在之后的具体工作过程中，充分利用校讯通、微信群的便捷优势，及时把孩子在学校的好的和差的表现都单个发给家长，表现好的，拍照发给家长并要求家长对孩子进行及时激励，或者把家长请到，和孩子一起领奖、拍照；不好的现象，根据事情的大小、轻重、缓急，和家长一起探讨解决的方法，达成共识后，支持家长落实，并把学生的改进情况及时向家长反馈。这样，家长、学生和我就在这个过程中共同成长，家长和我也就成了孩子成长的见证者和参与者，家校共育的效果就得到了提升。

二、优化沟通渠道，提升家校共育品质，以尊重个性差异为突破口

在与家长沟通的过程当中，有的班主任喜欢用千篇一律的方式、用一成不变的规则，来谈学生的问题或给家长提要求，教方法，结果导致家校共育效果不好。

我的带班理念是：我相信每一个孩子都是一朵花期不同、花色不同的花，人人都有绽放的愿望和可能。所以我在带班的过程当中，包括在与家长沟通的过程当中，非常尊重不同孩子的个性差异，会给不同的孩子提不同的目标和要求，给不同的家长交流不同的方法，并和家长一起因材施教，关注效果。曾经有一个孩子不热爱学习，但对烹饪有很大的热情。家长非常反对他的想法，导致这个孩子与家长矛盾升级，准备辍学。我得知情况后，和这个家长进行了细致深入的分析和沟通，终于说服这个家长尊重孩子的选择，在高考后直接报了职业技术学院，学习烹饪技术。现在这个孩子已经拥有自己的饭店了。

三、优化沟通途径，提升沟通品质，要以真正育人为宗旨

教书的目的是为了育人，所以才有"教书育人"。我们作为教师，尤其是班主任，一定要牢记这个教育的本质。有不少家长对孩子的成绩特别关注，却对孩子的身心健康以及为人处世漫不经心、毫不在乎。在与家长沟通交流的过程当中，我坚信教育就是水滴石穿之功，我不厌其烦地用多种不同的方法，因人而异地给各种家长进行这方面的沟通，并且以三年始终不发学生成绩的硬性措施淡化家长对学生成绩的关注。我班师生达成的共识是：每次小考，学生也不用给家长说成绩；大型考试，学生可以根据具体情况自行决定是否给家长说成绩。更多的时候我和家长沟通的是孩子在家里做人做事等方面的改进情况。最终达到的目

的就是，要想取得好成绩，先要做个好人！我们的口号是"有好人自然有好成绩"；清华北大等名校不是你考上的，而是你配得上的！你上清华北大的目的，也不是为了远走高飞，而是为了更好地报答父母、回报社会、报效国家！

郑重老师说，最好的教育是有味无痕。我非常赞同！希望我们的各位班主任同志，把学生的教育工作真正变成自己的事业追求，优化家校沟通途径，提升家校共育品质，把"有味无痕、润物无声"的教育效果发挥到极致，为民族复兴培养更多的栋梁之材！

用心陪伴，做一名幸福的班主任

——听班主任培训心得

什么是教育的幸福和教师的幸福感？我认为做学生喜爱的班主任是最能体现教师幸福感的有效方式。教育是一门"动心"艺术，班主任只有把工作做到学生的心坎上，才能真正满足学生的需要并达到教育的效果。今天，听完几位专家的讲座，我更深切地感受到这一点。唯有用心陪伴，守正创新，才能真正做一名幸福的班主任。

一、用心，给学生一个"温暖"的家

从当上班主任那天起，我就对自己说：一定要用心做好每一件事。今天，各位专家的讲座中也都提道：做班主任一定要用心！多年来当班主任，我认为班主任不仅要用心，还要用智、用力、用情，具体有：

1.用心了解自己的学生

与学生见面之前，班主任要精心备课。运用问卷调查、提前家访、电话沟通等方式，快速了解学生的情况，除此之外，还可以通过以下几种方式：

（1）依靠班主任团队，多沟通交流

对于分班前的学生中，表现优秀的或者问题学生进行初步了解，列好清单，供新上任的班主任掌握情况，了解科任老师，对于学科问题，让科任老师将优秀

学生、问题学生的有关内容列出清单，以便对其快速摸排。

（2）利用第一节班会课展开团建活动

有趣的团建活动，能够迅速使学生之间消除陌生感，陈宇老师讲了制作"名片"，如"你好，同学！"，以丰富、有趣的形式让学生彼此间快速了解。

（3）开展合适的公益劳动，在互助中认识学生

陈宇老师说的开学前组织一次"公益大扫除"，让学生自愿带劳动工具，在这次活动中，能迅速捕捉哪些学生有领导能力，哪些学生做事细致，哪些学生有互帮互助的奉献精神……在活动结束后，要给学生家长发具体内容的表扬短信，让家长知道班主任对自己孩子的用心。

反思自己平时的工作，在中考、高考前也会有这样的劳动，对于一些主动、踏实、表现好的学生，自己就关注不够，潜意识中认为学生这样做是正常的，这其实还是自己关心学生、用心做事不够，这一点是我要用心改进的地方。

2.用心创造良好的氛围

每个新学期，学校都会让所有班级从教室标语、小组建设、理想园地、带班理念等方面，加强班级文化建设，长期下来，我也自然而然地认为：班级建设也就该如此，学校让怎么做，你按部就班地做好就行了。今天，听完专家的讲座后，我才知道，班主任是应该一直有心的，只有时时给学生创造惊喜，才能让他们感受到学习的乐趣。

陈宇老师说的"班级未来畅想曲"，畅想班级愿景给了我很大的启示：让学生构建自己理想中的班级，通过构建班级，让学生真正爱上这个班，更好地融入这个班级，从而更好地规划自己的未来。

3.用心制定班级公约

对于班规建设，平时我是不怎么注意的，今日听完陈宇老师的讲座，才更深刻认识到班级公约、班规对学生成长的重要作用，而由学生自己制定的公约，更有利于学生遵守，通过小组讨论—选定—教师筛选—整合公布等流程，制定出来的班级公约更有说服力，更得"生"心，另外，要明确班级公约不等同于班规，是从思想高度上引领学生如何更好修养自己、更好做人、做事做学问！

创新，给学生一个"新奇"的家。

做一名班主任，经验固然重要，但是人的创造力最大的敌人也是经验。不能照搬经验，因为学生是有血有肉、内心丰富的人，尤其是不同时代成长起来的孩

子在观念上与教师有很多不同，班主任若故步自封很难做好班级管理工作，因而班主任必须突破自我，敢于打破思维的壁垒，不给思维设限，才能走向创造。

几位专家的讲座，无不告诉我，要创新常规管理方式，把烦琐的事情做出情怀，把细微的事情做出深度，把平凡的事情做出新意，常规工作也能变得精细、精彩起来。如开学时的常规工作：检查假期作业，用棒棒糖酝酿美好的祝福，用便条送去美好祝福，让已考入名校的学哥学姐来励志收心，让犯错的学生表演一个节目，让挑战赛输的一方给赢的那一方鞠躬……

班主任作为班级的领头雁，唯有不断思考，不断实践，不断改进，才能由单一、零散、随性的班级活动走向有目的、有计划、有序列的工作；唯有具备不断思考的原动力、不断实践的执行力、不断坚持的意志力，才能让教育在有意义的前提下变得越来越有意思。

二、陪伴，给学生一个"幸福"的家

"教师的爱是滴滴甘露，即使枯萎的心灵也能苏醒；教师的陪伴是融融春风，即使冰冻了的感情也会消融。"高校长说：高效陪伴就是最好的管理方式。他建议班主任要将自己的办公桌搬到教室，要在平时的管理中，注意观察学生的情绪、心理状态、听讲状态、坐姿、书写习惯等，引导学生养成良好的学习习惯、生活习惯，拥有高度的责任感和集体荣誉感，对此我深以为然。

几位专家分别从关爱女生、共建班级公约、开好每一节班会课、注重家庭教育等几个方面，解读了班主任应如何有效开展班级建设。结合自身经验，我认为高效陪伴，要求班主任有"三心""三爱"。

用"三心"赢得学生的尊重。所谓"三心"，即有爱心，无论学生成绩好坏，都力争一视同仁，爱的公正、公平；要细心，平时要注意对学生"勤观察、勤交流、勤鼓励"，及时肯定他们的点滴进步；有耐心，要有百分之两百的耐心来对待学生，尤其是一些有个性、不听话的学生。

用"三爱"赢得学生的信任。"偏爱"学困生，让他们感受到你对他的关注与期待；严爱优等生，对优等生，班主任不能宠更不能迁就，要时时提醒他们"做学问得先做人"，做一个心胸宽广、正直热情、坚忍果敢的人；博爱中等生。这些学生既不像优等生那样容易产生优越感，也不像学困生那样容易自暴自弃，所以他们往往最容易被老师忽视，因此要注意调动他们的积极性，对他们给予尊重、理解、信任，鼓励他们更好发展。

三、格局，让学生做一个十足"优秀"的人

几位专家的讲座中都谈到，要引导学生做一个胸怀广大、格局高远的人，这和我平时教育的教育理念是一致的。

和学生见面的第一节班会课，我会告诉学生要以"国家振兴，我的责任"为目标，做一个"爱祖国、爱家人，对社会有用的人"，以"世界眼光"关注社会，做一个有大胸襟、大格局的人；以"快乐学习、阳光智慧"为学习准则，做一个乐观自信、追求卓越的人。

我班张君昱，是高一分文理班时我唯一劝过的让她选择学文科的学生，当时我和她一起分析了她的学科优势，指出了她要注意的地方，并告诉她只要一直坚持下去，就一定能考上北大，从那以后，她就把必考北大确定为自己的目标，并持之以恒去坚持，尽管成绩不理想时，她也有过沮丧和怀疑，但行动上一点也没有放松。高考前一个月，她的立体几何还不过关，恒主任就给她找了四五十道题来做，她真的一直坚持把这些题都做完了，等她做完之后，她微笑着告诉我"我有信心、有把握应对这类题了"。看着她微笑自信的样子，我知道她高考一定能行。最终她如愿地考上了北京大学。

通过这次学习，我深刻认识到，班主任要不断学习，只要留心，处处皆有学问。班主任唯有用心陪伴，不忘初心，守正创新，才能在工作中处处收获幸福与快乐，最后我想说：

你不是在管理班级，你是在和一群孩子演绎精彩故事；

你不是在解决这样那样的问题，你是在解读心灵密码，你是在探索成长的足迹，你是在和一群孩子眺望和书写生命的传奇；

你不是在辛酸地付出，忙碌地工作，你是在不断发现和遇见，发现和遇见更美的旅伴，更美的时光，更美的教育，还有更美的自己。

总之，只要我们每个人都能做一位有心、用心、尽心的人，我们一定正走在通往"优秀"的路上，走在成为幸福班主任的路上！

从细节入手，做好培优工作

2022年9月13号夜晚，我们在报告厅集中学习了襄阳五中培优优胜班主任王凌老师的讲座。

王凌老师是全国五一劳动模范、襄阳五中培优班班主任，2014年一个班曾经有五个学生考上了清北。

2022年高考，他所带的历史类班级，一个班一共有八个学生考上了清北。他这样骄人的业绩，来自他对细节的深入理解和科学管理，他的讲座给了我很大的启发。

一、第一个细节就是抓好学生的习惯

王凌老师特别注意对学生习惯的培养。无论是对学生的生活习惯还是学习习惯，他都细致观察，深挖习惯背后形成的原因，并采取灵活多样的方法，改变学生的坏习惯，从而让学生养成良好的生活和学习习惯。结合我自己这些年做培优班班主任的具体实践，我完全赞成他的观点。我们六位老师经常在一块儿交流得最多的就是学生一些不良学习习惯和生活习惯，尤其是像转笔、咬指头、捋头发、身体乱晃、打草稿凌乱等顽疾，我们也想了一些办法，但效果都不是很好。听了王老师的讲座，我决定，从学生的心理因素入手，和学生一起分析养成这些不良习惯的心理根源，并让他认识到这些不良习惯能带来的危害，然后让他观察班里有哪些同学没有这种习惯，鼓励他主动和这些同学交流，并借鉴别人成功的做法，最后再和我一起制定他个性化的改进措施。

另外为了促使改成效果更好，我准备把有不同坏习惯的学生分成几组，定下改进的期限，并让他们展开改进竞赛，天天观察，天天评比，天天交流心得，进步的同学要发大奖。

只有通过多种渠道，养成好的生活习惯、学习习惯，真正的尖子生才能在细节上不丢分，才能在最后的决战时刻比别人高一分，才能达到我们的期望。

二、狠抓基础知识管理上的细节，确保学生该得的分一分不丢

王凌老师在讲到他对高中教学的三个不同阶段的划分时反复强调，让学生抓好基础，就是最关键中的关键。要抓好基础，也应该从细节抓起。结合我们的实际情况，我们要老师准备好两个记录本：一个本用来收集日常教学、练习当中的典型错题。要有具体的时间，具体人，具体内容，具体错因，并实时记录改错情况；另一个本子专门记录每次考试当中的典型错题。记录内容除第一个本子上需要记录的内容外，还要加上具体变式，变式的做题情况、之后跟踪改进的情况、下次考试进行滚动的情况。总之，通过反复碾压，不断强化，让学生对基础知识掌握得牢不可破。

三、要注重学生应试心理这方面细节的辅导，确保学生学得好，考得好

王老师根据学生不同的年龄时段，结合学生不同的心理状态，分别采取了不同的心理辅导措施。比如他在学生刚入学时，非常注重学生的适应性心理培养、在高三时特别注重对应试心理的培养，这些都给我们很大的启发。结合我班的具体实际，我决定，把学生按照不同的心理状态，进行分类，然后再按三个阶段进行不同的培养。

第一类如庞凯文、马依林、赵旭东、刘莹、刘润姿、李玉、牧群等心理素质较好的同学，学习和生活中可以加大他们工作的难度和挑战性，强化他们良好心理素质的成果巩固；第二类像李毅瑞、鲁佩元、陈博涵、李聪、田依然、于凤阳等同学，心理素质基本可以，但在细节上仍须锤炼的，除了加大他们平时发言、展示的机会外，尽可能多地给他们增加一些学习和生活的任务，让他们能够迎接挑战；第三类如刘书涵、王亚迪、尹志琴等少数心理素质需要强化的同学，一方面，动员同寝、同组的学生，给予日常生活学习当中不停地帮助和指引，另一方面，让老师留意观察，抓住任何一个可以利用的细节，及时鼓励他们向好，向善，争取在元旦前后，能够让他们达到第二类学生的水平。第二类学生在元旦前后能够达到第一类学生的水平。在一模前后，全班同学都能够以良好积极的心态，看待考试，应对考试，最终在高考时确实能够达到学得好、考得好的要求，真正实现人生无悔青春无憾。

总之，王老师的讲座让我充分认识到了学习生活中时时处处无小事，小事处处有文章。我和我的团队，以抓好细节为契机，整体教育教学水平和管理水平，再上新的台阶！

悟于心、践于行，稳步提升

——9月17日南阳学期感悟

2022年9月17日上午，我们一行23人在南阳参加了红状元组织的一轮复习备考研讨会。我们语文学科请的是湖北省襄阳四中的王老师做的讲座。

他的讲座分为两大板块：一轮复习备考策略和作文训练专题。听完他的讲座，我受到的启发主要有以下3点：

一、我们要有高度的自信

王老师先从国家的高考大形势讲起，然后结合语文教学各个板块具体操作方法，详尽而坦诚地做了交流。从他讲的国家大形势和他们的具体做法看，我们现在的努力方向是完全符合新高考大趋势的。比如说他讲到的三年一盘棋思想、备考先要拿计划意识等，实际上也就是我们反复强调的要有超前意识；他强调在基础知识板块的复习要进行反复训练，老师要做好记录等，实际上也就是我们讲的强化检测意识；他在讲作文时强调要跟不同的学生划分不同的分数要求，以48分为界，分别提不同的要求，并进行不同方法的训练，实际上就是我们强化的目标意识；他不管是讲基础知识还是讲作文，凡是学生不讨论的他不讲解，学生不先讲、他坚决不讲的方法，实际上就是我们要求的疑探意识；他在讲到高分策略时，反复强调要书写规范、要注意卷面并对不符合要求的学生进行惩戒，实际上也就是我们强调的管理意识。所以从王老师的讲座中，我感觉到我们不管是从思想上还是行动上都符合国家新高考的方向，我们应该是走在新高考的前列的，所以我们要充满信心地把我们现在的做法坚持好，充满信心地迎接新高考！

二、一定要狠抓基础

王老师在讲座中从论述类文本阅读、非连续文本阅读、小说阅读、古文阅读、诗歌鉴赏、语用题等各个板块到作文专题，都反复强调基础知识和基本方法的巩固和运用。他列举了他引导学生掌握小阅读阅读方法以及进行小阅读知识思维导图整理的典型例子，让我们看到了他们学生扎实的基本功。其他各个板块他们也是这样把基础抓得扎扎实实。这就使我想起了襄阳五中王凌老师讲座时强调的一句话：基础是奇迹的前提。所以大道相通啊，我们也应该狠狠地抓好基础，借助我们的拔尖考试、周考等，对基础知识进行反复"碾压"，并建立基础知识整理清单，用排除法逐项解决。我相信我们各个学科如果都这样来抓基础，我们也一定能够创造出我们新的奇迹！

三、以谦虚谨慎的心态

学习借鉴讲座老师的哪怕一招比我们高明的地方，并认真落实，我想我们也会有很大长进的。比如王老师在讲到，他也在语文课前有三分钟演讲的活动。但他把活动往深处延伸了：他让演讲者每一次演讲后都要提一个问题，并准备好高质量的答案。演讲结束后随机提问，班里同学进行回答。他说这样做的好处至少有三点：一是请演讲的同学准备得更加充分，更加深入，有更多的思考；二是让其他听的同学也都不再走神，提高了注意力和思考力（实际上也就是我们运用的检测意识）以此提高演讲的效度；三是每次演讲都会作为作文的素材积累下来。通过长期训练，学生的作文水平也就不知不觉地提高了。我觉得这个方法就比我做的高明。我的做法是每次课前三分钟，只让学生找有正能量的材料，或者是一些时政热点材料，学生看完之后将感悟进行分享，而没有提其他要求。这就使我们班的课前三分钟质量大打折扣。所以我要改进我们班课前三分钟或者是阅读课观后感分享的方法，确保每一个活动都达到真正的训练效果。

学习就是要这样：立大志，做小事。点点滴滴地发现，一招一式地运用，悟于心、践于行，逐步提升自己的教育教学能力，使自己真正有能力为学校的发展贡献自己的力量！

坚定信心，朝高目标前进

11月21日，我们聆听了李金池校长的报告。李校长从个人经历、衡中变革、精英学校改革和发展等方面给我们回顾了他从教近40年的感悟，我听后很受启发。结合我校我班实际，我觉得以下5点最值得我们学习借鉴并认真落实。

1.再次坚定我们的信心

李校长和我们分享了他在衡中实行的"三转五让"教学方法和在精英中学实行的"6+1"教学方法，其中有许多地方都和我们的理念和做法是相同的。比较突出的，比如"能让学生表达的，尽量让学生表达"和六个环节中的展、评环节就与我们三疑三探课堂上的展示、评价两个环节非常吻合；六个环节中的"检测"环节，就与我们的课前检测、生成检测如出一辙；6+1中的"1"是用，也就是练习，与我们的早读一轮检测、拔尖考试、周考滚动等也是不谋而合的。所以李校长用他把衡中和精中都推向顶峰的经历，也雄辩地告诉我们，我们的方向和方法是正确的，我们要坚定信心，坚持走好我们自己的路！

2.一定要有高远的目标

李校长在做衡中校长时，立志要把衡中打造成名校；在做教育局局长时，要把整个衡水的教育做强；在危难之际接受精英中学时，又是高目标、长规划，又把精英中学打造成河北名校。所以我们老师们也要有做名师，做教育家的高远目标；学生要有考名校、做大事的高远目标，我们学校也就能成为有内涵的真正名校！让我们在"培养有创新能力的国际型人才"这个高远办学目标的指引下，把我们学校真正打造成国内一流，国际领先的名校！

3.一定要狠狠地抓基础

李校长反复强调培养尖子生，尤其是清北生，更要注重抓好基础。他通过反复强调和举例子，一再告诉我们，清北之星起关键作用的往往是基础知识、清北之星的差距也是来自对基础知识掌握的精准程度。所以我们一定也要牢固树立"抓清北先抓基础，抓基础就是抓清北"的理念，借助一轮复习全面性的特点，毫无遗漏地，把知识点一网打尽，通过反复滚动检测，让学生把基础知识抓牢固。并采用记账的方式，把出现问题多的知识点记下来，在二轮甚至三轮复习时再进行反复滚动强化，真正让清北之星做到基础知识滴水不漏！因此我们决定从今天起，每天中午12：20—12：50三十分钟时间，由数学老师出一份基础知识梳理的小卷子，让学生进行选择或填空，午休后来了就立即收，立即改，并做好问题记录，具体到某某人某某知识点。然后再进行一对一的强化巩固。其他各科也可以借鉴这个方法，进行基础知识梳理。

4.真正培养学生的能力最重要

6+1高效课堂的奥秘就在于把课堂还给了学生，学生成了课堂的主人，唤醒了学生的主体意识和探索精神，使学生真正做到主动地学，独立地思考，积极地探索，全身心地发展，并通过6+1的各个环节，把学生的阅读能力，独立思考能力，有效提取信息的能力，合作学习能力，口头表达能力和沟通，雄辩能力，大胆展示能力，发散思维能力，勇于质疑的能力，归纳能力，建构能力，反刍内化能力，动手能力，独立解决问题的能力都培养起来了。学生有了真正的能力，高考成绩自然就好。我们现在仍然有部分同志不敢放手，不愿放手，担心学生浪费时间，总担心学生解决不了问题或者达不到心中的期望值，一直扶着、抱着，更有甚者还在喂着，这是不能培养学生真正能力的！高考是学生独自出发的远行前的最后一次考验，是我们无法替代的，只能让他独自完成，所以也只有我们在平时多放手，多培养孩子独自解决问题的能力，高考才能考好，学生独自出发的远行才能走好！

5.一定要有一份热爱教育的真心

李校长从37岁受命于危难之际开始做衡中校长，历经十年呕心沥血、励精图治，把衡中打造成河北省乃至全国的名校；之后又做了六年的教育局局长。做教育局局长期间，他深深地感到不舒服。这种不舒服，是源于他对教育的热爱，是他真心从教的执着追求与局长这个位子的深深的不协调，用他自己的话说，六年里做了很多和教育根本不沾边的事，以致让他觉得痛苦。所以从55岁起，辞去局长职务，从零开始，又打造了精英中学。他的这种经历，让我真切地看到了一个教育老兵，是怎样在他热爱的岗位上，书写自己人生的华彩乐章。我觉得，做教育，真的需要这种淡泊名利的情怀，专注教育的热爱，把教育当作自己一生真正热爱的事业，全心全意地做好！

激情教育重高效，精细管理铸卓越

——李金池校长报告心得

2022年10月21日下午，缔造了衡中神话和精中传奇的李金池校长，亲临我校做了一场精彩的报告。一直以来，衡水高中都是神一般的存在，年年成绩辉煌，考入清北的学生要以百计，更主要的是所有学生都为学习"疯狂"：早上起床后跑步到操场、跑步去食堂、跑步去卫生间，跑操前读书、课间读书、吃饭排队时仍在读书……跑操前大声读书，所有在别的学校、别的学生看来不可能的事，却真实地发生在了衡水中学，后来又发生在了精英中学。今天见到了传说中真人，并聆听了他如何把衡水中学打造成今天的神话，又聆听了他如何将一个学生入学成绩几千名，在教师中无人问津、名不见经传的石家庄精英中学改造成今年有二十多人被清北录取的教育奇迹，"开展激情教育、打造高效课堂、实行精细管理"的教学思路，让我茅塞顿开的同时，更引发了我的深入思考：我该如何借鉴李金池校长的管理理念去深化自己的教育思想、拓宽自己的教育思路，以更好地实现教学的高效与激情。

一、用教师激情点燃学生全身心投入的火花

什么是激情？《现代汉语词典》中的解释是指强烈的，具有爆发力的情感。心理学研究表明：激情是一种强烈而短促的情绪状态。指的是激烈、激荡、激动、激奋、激发之情，能振奋人的情绪，激发起人的平静心情，令人雀跃兴奋、喜悦自信，对前景充满希望与渴求的美好祈盼和动力的情绪。它具有巨大的魔力与吸引力，吸引着无数的人去爆发、奋进、向上！激情就是战斗力，激情就是创造力。

李校长说："一个没有激情的学校是没有希望的；一个没有激情的年轻人是没有未来的。"而我要说："一个没有激情的教师，一定培养不出有激情的学生。"美国哲学家爱莫尔说："热忱是人的内心之神。没有热忱，便没有伟大的

成就。"德国哲学家黑格尔说："没有激情，世界上任何伟大的事业都不会成功。"驰名中外的大文豪雨果也说："脚不能达到的地方，眼睛可以达到；眼睛不能到的地方，精神可以飞到。"而我国儒学集大成者朱熹也有言："须磨砺精神，去理会天下事，非燕安暇豫之可得。万事须是有精神方做得。""精神"就是一个人能量爆棚，精神饱满，容光焕发，好像他浑身上下每一刻都有用不完的"劲儿"。

法国著名教育学家第多斯惠说过："教育的本质不在于传授知识的过程，而在于激励、唤醒和鼓舞。"一个国家要有骨气，一个民族要有豪气，一个家庭要讲和气。那么一个学校、一个年级、一个老师、一个学生呢？一个学校要有名气，一个年级要有士气，一个人要有志气！激情就像燃烧的火把，教师是举着火把的引路者，只有教师在课堂和工作中充满激情，才会充满信心地了解每一个学生，让教师这个职业更富创造性和价值。教师的激情来自哪里呢？来自对学生的爱，对事业的追求，对社会的贡献。

1.教师的激情来自对学生的爱

爱学生，就要接受学生的对与错，好与坏，表扬优点进步，善待缺点错误，不要"一棒子打死"，不区别对待，不戴"有色眼镜"，对所有学生能一视同仁。教师要像太阳般明亮闪烁，用自己的光照亮每一个被黑暗笼罩的花朵，用自己的热温暖每一个被冰雪覆盖的种子。即使做不了太阳，那也要做月亮、做星星，哪怕只是做一根蜡烛、一根火柴，只要发光、发热，就是在传播爱。教师要让学生感觉他们师生之间的关系很亲密，但要注意这个度一定要把握好。教师也许是喜欢学生的，但可能所作所为却恰恰相反，如下课拖堂，强硬给学生灌输知识，不重视学生的课间休息；不了解学情，盲目提供一些太简单或太难的资料，不能针对学生的薄弱点进行有效训练；无视学生的想法，不尊重学生的需求，而强硬地维护自己的"师道尊严"等。爱学生，就要在我们的行为中清清楚楚地表露出来。

2.教师的激情来自对事业的爱

爱事业，就要有一颗"事业心"。教师这一行业，不是单纯的养家糊口的职业，"教书育人"这四个字奠定了这份工作的特殊与崇高。教育的本质是一棵树摇动另一棵树，一朵云推动另一朵云，一个灵魂唤醒另一个灵魂。在学生的成长过程中我们要做那样的人，用自己的真诚、善意、爱心，唤醒学生的灵魂，做他们成长路上的指明灯，给学生以学习的引领、生活的启迪，让学生体会到原来成长是一件这么幸福的事情。拥有强烈事业心的教师，才能成为一个优秀的教师。教师的激情最重要体现在课堂上，体现在与学生在一起的每一分钟的陪伴上，不管你是课下几个小时的备课，还是两个小时的研讨，还是三个小时的批改，最终你都要牢牢守住课堂的40分钟。从充分精准备课、整理衣冠、激情候课到怀着愉悦心情、面带微笑走进教室，做好课前三分钟的激情检测，再到课堂上的激情授课、密切关注每一位学生、及时进行课堂检测……想当年，梁启超为清华大学学生上课时，讲到动情处，则手舞足蹈，情不自禁，有时掩面，有时狂笑，有时叹息；讲到欢乐处，则大笑，声震屋瓦；讲到悲伤处，则失声痛哭。先生如此激情投入，听课者怎能不被感染？所以，以教师投入课堂教学体现的激情，感召学生学习的渴求之情；以教师用心对教育的事业追求，焕发学生终身学习的热情。学生的情绪很容易受到老师的感染！

作为语文教师，在课堂上运用丰富的表情语言、肢体语言、身态语言，动作语言来表情达意，采用抑扬顿挫的声调，富有表现力和感染力的导入语、过渡语、总结语来感染、召唤学生，让学生入目、入心、入情、入理、入神，学生的主动意识和进取精神被调动起来了，那么学生就乐于讨论，愿意发表见解。

老师与学生的情绪是互相影响的，但老师的情绪占主导地位。我们上课时如果感觉沉闷，请不要一味地指责学生，我们也要好好地反思一下自己！也许，所有的一切都做得不错，但因为缺少一腔激情，这堂课也不会让学生激情飞扬地参与到课堂中！教师的激情要时刻保持，并且要用自己的激情去点燃学生的激情。

3. 教师的激情来自不断研究难题

在教育生涯中，我相信每个教师都会遇到后进生、单亲家庭、留守儿童、早恋、网瘾、升学率等无数的难题，面对这些难题，我们该怎么办呢？我们要把难题当课题，因为这不但是克服职业倦怠的有效方法，而且也是任何教师获得专业提升并赢得教育成就的最佳途径。

仔细想想，为什么有的老师老感觉不到职业幸福？因为他每一天都没有变化，面对一个个难题他除了哀叹或发怒，就束手无策。日复一日地重复做自己，这是许多教师渐渐厌恶职业的重要原因。我经常对年轻教师说："有的老师教了三年书，其实他只教了一天，因为他每一天都在重复自己，今天和昨天没有什么不同。"这样教书，不厌倦才怪！

那如果换种职业状态呢？尽可能让每一堂课都有那么一点点创意，让每一天都有一点点和昨天不一样的地方，每带一个班都不要重复自己……这里的"创意""不一样""不重复"来自哪里呢？正来自一个又一个的难题。

2018年，那一年我教高一，新生刚入学不久，我就发现了我班有两个"刺头"，李某某和王某某，军训时因为王某某对李某某说了一句脏话，导致了两人的矛盾不断升级，如果不是有同学拉着，简直要大打出手。我耐心地进行调解，谁知双方都是得理不饶人，当着我的面就吵了起来，最可气的是两人竟都不礼貌地甩头走人了。此时我的心情就好像五味瓶。只有狠狠地骂上几句才解恨！于是一连串的气话从我的脑海里蹦出：真是不识抬举；真是目中无人；你俩就打吧，看你们谁能打过谁……可是我想起屠格涅夫那句"在开口说话之前，先把舌头在嘴里转十圈"，为了防止我在愤怒的情况下做出不理智的处理，我选择了先回办公室去做思想斗争。我在办公室里足足斗争了一节课，把气话在心里面通通宣泄了出来，然后若无其事地回到了教室，仍旧面带微笑地站在了两人面前，耐心地进行第二次调解。这一次真的奏效了，他们为自己的无理而愧疚。事后，两人都主动到办公室向我真诚地道歉。看到他们真诚的笑脸，我内心的快乐简直无以言表。

每当遇到"问题学生"，教师如果能够很好地处理，让问题学生向善、向好去发展，那么教育的"春风化雨"才真正得到了体现。

对于学生来说，教师的示范引领作用非常突出。教师的陪同和充满激情的工作更能感染学生。所以作为一名教师，在工作中，尤其是在教学工作中，要调整好心态和情绪，以良好的心态和积极的态度面对学生，给学生做好榜样，给学生展现出良好的精神状态，充分鼓励学生的自信，关心学生的学习和进步，先点燃自己的激情，才能照亮学生的心灵。

二、激发学生激情，让内因持续做功

激发学生的激情，要让学生确立明确目标。我们都知道，保险公司最初的那批员工，每天在上班后的第一件事情就是早课训练。喊口号，做运动，重复某种工作激情。他们的精神面貌和工作作风，从某一方面推动了保险业的发展。这就是成功需要的激情训练。一时的激情会带动某种情绪，点燃愿望，持久的激情则可以成为一种风范，它会时刻激励我们要向着既定目标前进，未来归属感相当重要。

"我想成为那样的人，我可以成为那样的人！""嘿，你也可以的！"

久而久之，我们在潜意识里就会认为，我们已经成了那样的人。

作为教师要引导学生树立正确价值观，对未来充满憧憬，树立远大理想。要让学生意识到"当一个人使劲踮起脚尖靠近太阳的时候，全世界都挡不住阳光"。只有激发学生的内驱力，才能让学生持续保持兴奋激情。"我源源不断的学习动力，来源于对必上北大的执着。因为只有高平台，才能让我更好地实现自身的价值。生而为人，我觉得将来的自己一定要努力改造这个社会，让我们的国家变得越来越好。'做最好自己，成国家栋梁''做有创新精神的国际型人才'的高远目标教育，让我越来越坚定自己的理想。有了这样的内生动力，学习过程中，再苦再累，我都不会感到疲倦，每天早读起身出寝室的那一刻，我一边背着梁启超先生的《少年中国说》，一边跑步去教室，感觉浑身上下都充满了用不完的劲儿。"2018届毕业生，现已考入北京大学的张玉蕊同学这样说。

激发学生的激情，要打造激情燃烧的课堂。要让学生知道，他才是班级的主人，课堂的主人，更是自己身体里上亿个细胞的主人。作为学习的主体，只有调动好自己的每个器官、每个细胞、每分精神，才能最大限度提高学习效率。读书时，要举书过肩，抬头挺胸收腹，目光专注有神，声音高亢激昂，笔不离手，随时圈画、笔画，充分调动自己的五官，做到"动眼看、动口读、动手写、动脑思、用心记"，让每一个器官都为自己当前做的事服务，这样的学习状态，学习效果怎能不好？

著名教师李希贵老师说："学生的潜能就像空气，可以压缩于斗室，可以充斥于广厦——就看我们给他们提供什么样的空间。"作为教师，最大的本领不是你知识如何渊博，不在于你教给学生多少知识，而是怎样引领学生走上自主学习的道路，让学生把学习当作一种挑战自我、体验成功的快乐，把激情当作一种生命应有的姿态。

教学19载，我和我的学生共同学习，共同成长，共享快乐，他们带给我无数次感动：忘不了课堂上同学们朗读《将进酒》、《我与地坛》、主席诗词38首诗文时或高昂或低回的真情投入，声情并茂的模样；忘不了晚饭后同学们一篇篇激情洋溢、胸怀天下、指点江山的演讲；忘不了讲评课上同学们思路清晰的习题讲解；忘不了主题班会上同学们深情回忆真挚母爱的感人故事；忘不了作文课上同学们一篇篇佳作展示……他们一个个富有激情，无不彰显着高中生的朝气和活力，担当与情怀。心、智共振而奏出的美妙乐章，将会激励每一位教育人、求学人走向美好，只有这样，教师才能摆脱"教书匠"的境地，教育才能走上一个良性循环的道路。

三、激发学生激情，重视激情校园文化建设

学校是一个生态系统，文化充盈在整个系统之中，与整个系统融为一体。学校文化是一种传统、风气和氛围，是一种行事的准则，虽然无声无息，却能对每一个置身其中的学生和教师产生深刻影响，塑造着每个孩子的思维方式、人生观和价值观。校园文化是学校文化的重要组成部分，体现一所学校的育人理念，各式各样的名言警句集艺术性与文化性于一体，让每一面墙都会说话。漫步长廊，可以跨越时空与历史对话；与世界交流，可以聆听古今良训，感悟人生哲理。"同窗同学岂能甘久居人后，同校同读怎能甘拜下风""勤奋就是聪明，自律就是智慧""下大力气做小事，下大功夫抓细节""全世界都在等待那你成功的消息""为实现伟大的中国梦而读书，为中华民族的伟大复兴而育人"……哪一句不是振聋发聩？哪一句不是令人醍醐灌顶？读后让人心神振奋，干劲十足。一幅幅名校图，激励学生要仰望星空、志向远大；一段段红色历史，让学生铭记历史的同时，更要汲取红色精神、坚毅向前；一句句挑战誓词，一段段感恩之语，一篇篇励志文章……无不在潜移默化中给人以激励和力量。

风起于青萍之末，浪成于微澜之间。随着时代的向前发展，教育也要与时俱进。激情教育的实施不是一朝一夕的事，更不能仅靠"三分钟热度"，而是要持之以恒，久久为功。"志之所趋，无远弗届。志之所向，无坚不入"，小胜凭智，大胜靠德。逐梦中的育人蓝图已绘，吾辈正当扬帆破浪；奋斗中的同人重任在肩，更须策马加鞭。以爱为马，让孩子们激情满怀，初心不改，走出半生，归来仍是少年；用心作楫，助学子们寒窗梦圆，才优品良，走出必是栋梁。

幸逢盛世，请珍惜这伟大的时代。我们不急功近利，抓激情，重高效，精细管理，铸就卓越。只要"把今天的事做好，每天进步一点点，持之以恒地做下去"，你的梦，我的梦，我们所有教育人的梦就一定能实现！

停止精神内耗，激情高效备考

我们知道，高考是一场限时的综合竞赛，它考察的是身体素质、心理素质、个人品行、方法技能、知识掌握和运用、创造能力，而不仅仅是知识掌握情况。很多时候，心理素质起了决定性的作用。因此，在27年的班主任工作中，我特别注意对学生心理素质的培养。而精神内耗，是心理素质培养过程中尤其要注意化解的一种顽疾。精神内耗，通俗地讲，就是各种纠结。我把它理解为"两个我的各种斗"。在具体工作实践中，我经常运用下列方法来帮助学生治疗这个顽疾：

1.要管理好自己的情绪，给学生做出沉静大气的榜样

首先是作为班主任，一定要让自己的情绪处于可控的状态，尤其是抱怨、后悔、愤怒、批评、指责等负面情绪，更要控制好。回想自己27年的教学历程，大致可以分为三个阶段：前三年，几乎啥都不懂，也不注意什么情绪之类的，说什么话几乎是张口就来，根本谈不上"控制"；从1998—2008年这十年，有所醒悟，边看边学，但因为我当时的管理理念是"严字当头"，所以发脾气、吼学生、抱怨领导和同事的事儿时常发生，有一次和一个高个子的男生差一点儿就在课堂上发生肢体冲突；2008年到现在，逐渐转变了理念，主动探索不打不骂不怨天尤人也能把学生教好的方法，努力有意识控制自己的不良情绪，尤其是先管住自己的嘴巴。这十年来，感觉有些收获，有些长进，基本上不抱怨了、不愤怒了，师生关系，与家长、领导、同事的关系也有很大改善。尤其是做了清北班的班主任，我更是注意控制好自己的情绪，给学生做出沉静大气有涵养的榜样，这样学生才能在考场上气定神闲、从容不迫，才能好好发挥；将来走上社会，才能积极向上、寻求突围，有所成就。

2.帮助学生进行情绪管理和心理建设

十六七岁这个年龄，正是学生性格的发展期，不少学生也正处于性格的叛逆期。在这一时期，如果能够帮助学生管理好自己的情绪，无论是对于我们的教学工作，还是对于学生的人生成长，都是非常有帮助的。在实践中我常用这几种方法来帮助学生：

（1）做问题的发现者。全国十佳班主任李迪老师曾经讲过"看见即疗愈"，就是一种非常好的方法，尤其是对于一些由于特殊原因导致性格孤僻，不愿意与人真诚交流的学生，我在开学之初就做好摸排工作，时时处处留意看到他的美好善良，看到他的改进、进步，并在恰当的时候，给他一个肯定的眼神，一个鼓励的动作，都可能胜过千言万语，让这些孩子慢慢走出封闭，走向阳光。

（2）对于清北班的学生，通过各种各样的方法，比如做深呼吸、抬头看看晴朗的天空等方法，让学生学会处理自己的愤怒、焦虑、急躁等情绪，也会非常有助于他们在考场上的发挥。

（3）一定要帮助学生树立正念、正思维。这个年龄段的学生看问题容易偏颇，容易以自我为中心来判断社会和他人，容易仅凭个人的好恶来决定是非。所以我们老师一定要帮助学生树立正念，正思维。也就是要学会对事物的评判，一分为二辩证地去看，然后有意识地采纳积极的一面，选择性地无视不利于健康发展的那一面，养成一种"生尽千方百计，不达目的誓不罢休"的精神，那么我们的学生就逐渐会成为问题的解决者，而不会成为问题的制造者。

（4）一定要眼观六路，耳听八方，尽最大可能听到、看到班级发展过程当中的各种信息，做学生发展的见证者、参与者、记录者、指引者。李老师在讲座中提到，她特别细心，所以经常能够发现一些学生微小的心理变化，并及时给予他们恰当的帮助。这一点作为清北班的老师，我也感触颇深。我们文科班，年年都有一些心思极细的学生，他们对老师说的每一句话，每一个动作都极其敏感。你在课堂上说的可能是和他没有任何关系的人和事，他都有可能主动地对号入座，然后产生一些不良的情绪，甚至形成与老师的敌对。因此，这些年来，我除了自己细心观察以外，还经常和任课老师们进行交流，及时掌握学生的动态；同时每年开学之初，我都会在班里挑选几位相对成熟懂事的学生做信息收集员，并给他们布置两项任务：一是留意同学们在教室里，寝室里等日常生活中产生的各种各样的不良情绪或矛盾，并及时采取积极有效的措施进行化解；二是解决不了或化解效果不好的，一定要及时上报，由我进行了解、观察、判断，我们共同商定更有效的解决办法。同时，也注意做好记录，以便于采取进一步的帮扶措施。

3.一定要重视营造积极、良好的班级生态

每个优秀的老师都会用具有个人特色的方法，巧妙地帮助学生控制好情绪，使班级里充满了积极向上的氛围，这一点，我特别重视班级良好生态的建设。一个班级，由于学生的家庭环境、个人阅历或知识面、性格、喜好等的不同，实际上就等于构成了一个包罗万象、形形色色的生态圈。作为班主任，一定要善于运用各种方法，把这个生态圈营造好。比如11月19日高考倒计时200天激情动员活动，我在安排整个活动流程时，就特别注意从各个层面去发现榜样，让尽可能多的学生在镜头中找到自己闪光的一面；在安排学生代表发言时，我从改进态度最好、改进效果最好、班级影响力最大等三个角度挑选了三个代表，其中只有一个是清北星，其他两个同学都不是；在安排家长代表发言时，我根据学生和家长的意愿，分别选取了目标最明确坚定、方法最灵活多样、最勇敢的追梦人等三个角度，确定了三位家长代表；在安排教师代表发言时，选取了最有潜力学科（地理）、最具决定性学科（数学）两位老师发言。通过这次活动，既适当缓解学生们的紧张、焦虑情绪，又让每个学生看到自己的优势、学到别人的长处、找到解决问题的办法、激发前进的动力，而不是变成成绩优秀的同学的专场，有利于班级良好生态构建和激情备考氛围的营造。

备考之路不会一蹴而就，培优之任任重道远。我一定会借助学校提供的学习机会，积极吸纳，灵活运用，不断提升，为学生们的健康成长助力！

用智慧启迪智慧，用正念遇见美好
——听李迪老师报告心得

周二夜晚，我有幸参加了李迪老师"做学生欢迎的智慧型班主任"的线上讲座，听完后，我关注了李迪老师的公众号，通过阅读她的文章，我深深敬佩她工作中的睿智和对待学生的温柔。深入学习下来，收获颇丰。

一、明确目标，主动作为

讲座之前，高校长语重心长地告诉我们"教师的培训，说到底是自我培训，等待和犹豫是最无情的杀手"。李迪老师说，教师要给自己明确定位：沉淀期主动学习、更好蓄力；成长期不断钻研、突破提升；精进期更精更专、追求优秀。

振聋发聩的话让我突然警醒，我一遍遍问自己，工作19载，如今的我努力的方向在哪里？积极进取的行动力在哪里？一天天躺在现有的教学水平和管理层面上真的没有问题、真的很让人满意吗？著名特级教师李镇西老师亦说："好老师不一定是'名师'，要达到'名师'还要有两个条件，即要在'三好一会'的基础上，能说，会写。好的老师要能通过大会发言，通过讲座把经验分享出去，通过文字、文章、著作让各种人知道你的经验智慧，这时你就有影响力了，可以逐步成为'名师'了。"工作如"逆水行舟，不进则退"，个人成长如果没有明确目标，不去主动作为，其实就是在走下坡路。成名师，成优秀教师，我也要如李迪老师那样，"将每一刻都当成修炼美丽的过程，以美丽的姿态播种美的种子"。试想：李迪老师如果仅满足郑州市科技工业学校老师的身份，她又怎能成为河南省最美教师？

"做一名优秀的人民教师"，不负家长和学校的重托，将学生培养成德才兼备的优秀人才。我要继续学习、继续修炼，永不满足、永不止步。

二、诗意追求、真情陪伴

李迪老师对教育有一种诗意追求，她始终用激情投入工作，读书，记录班级日记。班主任工作中的点点滴滴、细枝末节，她都是随时记下来，这是文笔的完美、资料的积累，正是因为有如此多的宝贵资料，才有她不断问世的丰富著作。李镇西老师在《教育写作》中也说："不停地实践，不停地思考，不停地阅读，不停地写作。真实做人，真实书写自己的生命传奇。"好的教师平时一定要有阅读和习作的习惯，要善于反思。教师也是人，也会犯错，犯错并不可怕，可怕的是你不懂得反思，只有对所犯错误及时反思，才能使每次错误成为你成长的台阶。如果没有反思，那么，每次所犯的错误将会让你一步步走进深渊。反思自己，平时工作做的事也不少，也想着将教育中的心得随时记下来，但"行动上的矮人"的我，总是会找这样那样的借口，很少动笔，致使到现在很多一手资料都流失了。作为一名语文教师，今后我要坚持阅读和写作。阅读，是长根的事业；写作，是开花的事业。生活因文字而定格，成为永恒，留下美好的回忆；而我，也将由读写而成长，循着足迹，走向诗意的远方。

一名教育者的诗意情怀体现在哪些方面呢？我认为应该包括以下几个方面：

1.诗意的课堂追求

课堂上不一定非要有诗，但一定要让学生感到诗一样的美，然后他们感到在这样的课堂不是痛苦的折磨，而是美的享受。

精巧的设计，智慧的火花，思想的碰撞，师生、生生的互动，民主和谐的气氛，灵动、睿智的语言等，这都是课堂中的诗性，无论哪个学科都可以实现。诗意状态下的课堂生命才是自由的，学生作为学习的主体才可能有自主探索、积极创造。

2.诗意的育人方式

无规矩不成方圆，严格的理性教育固然不可缺少，但教育更多的时候应该是和风细雨、润物无声的。或幽默，或诙谐，或亲切，或点到为止，因为向真、向善、向美、自尊自爱是大多数孩子的天性。

作为教育人我们要对学生给予充分的尊重，将枯燥乏味的道德说教融入日常生活，于不动声色中让学生心领神会，心有所动然后行有所变，"细雨湿衣看不见，闲花落地听无声"，大教无痕、大言无声，这就是诗意教育。

3.诗意的人生态度

17世纪最具天才的数学家、物理学家也是杰出的哲学家帕斯卡尔说："人应该诗意地活在这片土地上，这是人类的一种追求和理想。"德国哲学家海德格尔也说过："人，诗意地栖居。"

诗意人生不是没有压力，没有苦痛，而是拥有纯净阳光乐观的心境。教师的工作态度、处世方法必然会潜移默化地影响学生。不管现实有几多纷扰，能够以积极的心态迎接挑战，以灿烂的微笑面对生活，自信阳光，沉稳大气，这是教育也是教师给予学生的最大财富，这比单纯的知识和技能更宝贵。

4.诗意的人格修养

要让自己成为有诗意情怀的教师，就必须努力加强个人修养。教师的风采、仪表、气质，从其着装、谈吐、眼神、面容、动作等无不展现其作为教师应有的素养底蕴。身为教育人，平时我们要加强知识、思想、道德、文化等方面的学习，力争做到学问精粹，教艺精湛，人格美好，心胸豁达。那样，尽管每位教师个性风格不同，但人人本身就是一首诗，或激昂高亢，或低回婉转，或简洁明快，或隽永深沉，或豪放雄奇，或婉约清丽，每首诗都让学生受益无穷、回味无穷。

教育本身是诗意的，但需要有诗心的施教者才能彰显教育的诗意，成就诗意的教育。教师的关键是教师要有自己的内涵，有魅力，要把教育当爱好，带着喜悦之心去追求，因为有对教育的真情与真爱，才能让教育遇到美好。因爱而生专注，因专注而生坚毅，因坚毅而生对教育成功的渴望。只有不断反思、不断总结，才能真正做一名有诗意、有情怀的老师；只有对学生真诚相待，才能真正走进他们的内心，收获与他们一同成长的快乐。

三、智慧管理，正念引领

讲座中，李迪老师告诉我们，每个人在面对外界刺激时，经常会下意识地做出一些本能的反应，很难去控制自己的行为，为什么会这样呢？因为人的大脑分为原始脑、情绪脑、理性脑，每当发生一件事情时，首先是我们的原始脑和情绪脑在起反应，而理性脑需要延迟6秒以上才能做出反应。所以，我们每个人在日常生活工作中，需要更多地修炼理性脑，而不是任由原始脑和情绪脑来指挥自己。那么，面对愤怒学生，作为班主任老师应该如何做才能有效缓解他们的愤怒，让他们不至于产生过激反应呢？李老师给我们提供了四招。

（1）降低学生的重心。对于这一条的理由是站得越高，胆子越大。因此，要让学生的重心降下来，就要让学生的高度低于你。关于这一点，其实之前看魏书生、张敏等全国名班主任相关论述时，也有所提到，这一点的确可以从气势上和思想上给对方以压力。

（2）倾听。眼睛忽大忽小，嘴巴哼哈不停，身体前仰后合。这就能够体现出李老师的睿智与情商高。通过身体、表情的有效互动，增进与学生的亲近感，更容易得到学生的认可。

（3）重复。最简单的共情是重复。学生来倾诉的时候，班主任多重复学生的话，再适当发挥。但是切不可什么话都重复的，而是要根据具体情况来定。说话和做事一样，都得灵活一些。自我反思，我欠缺的就有很多，教室里坐班时，我发现自己没有英语双玉老师的温柔、幽默，没有数学李翠萍主任的严密思维、刚柔相济。这些都是我要持续学习的。

（4）抚摸。有时肢体语言会更有效。女教师可以抱抱女学生。男教师可以拍拍男生的肩等。

这一点我深有感触。带复习班时，很多学生都是外县的，由于离家远，再加上复习压力大，学生经常会出现这样那样的情绪问题。郑州来的张榆昕同学，开始来的时候不适应学校节奏，数学跟不上，一度想要回去复习，为了让她感受到一高就是她的家，每次和她交流时我都会有意识拉着她的手，一边和她分析问题，一边帮她整理一下衣服或头发，结束时我会拍拍她的肩膀并告诉她：我相信你！最后她终于坚持了下来，并在高考时以满意的成绩考上了深圳校区的香港中文大学。

讲座中，李迪老师告诉我们，在处理学生的问题时，最容易犯的错误类型：忽略—提建议—评判（贴标签）。正确的应对方法：倾听、复述孩子的感受，先认同孩子的感受，然后鼓励孩子和自己一起想办法解决此事。并告诉我们处理问题的万能说话模板：我一点也不否认你的观点，如果我是你，我也会有跟你一样的感受。尤其是她的"一致性沟通"的"四句诀"：

第一句，当……（"当"后面陈述的事情一定要客观，是确实真实发生了）。

第二句，我觉得……（这个感觉一定是非常真实的，不可以夸大其词、胡编乱造）。

第三句，我希望……（这个希望一定是具体的，彼此都能做到的）。

第四句，我相信……（这个相信一定是正向的，积极的）。

她给我们举了一个她学生的例子。小雨同学因为往未套袋子的垃圾桶里扔垃圾，在室友责备她时，她下意识撒谎说不是她扔的，亲眼所见的室友就此认定她不是一个诚实的人。那如果小雨想要向室友道歉，依照"一致性沟通"的"四句诀"过程应该是这样的：

第一句，当你们每次断定我撒谎，说我是一个不诚实的人，说话不算数（客观）的时候。

第二句，我觉得特别难受，非常委屈。我已经下定决心不再撒谎，要讲卫生。后来也没有再乱扔垃圾没有再撒谎。

第三句，我希望你们以后不要再这样说我了，我也会为自己的每一句话负责（很具体都可以做到）。

第四句，我相信这样一来，我们可以和睦相处，以后会成为好姐妹的，我们的宿舍生活也会越来越好，大家会过得越来越愉快的（正向的）。

这样一番话下来，小雨终于得到了同宿舍同学的谅解，过了一段时间后，她也真的能同大家愉快相处了。

"授人以鱼，不如授人以渔"，教会学生处理问题的方法非常重要，尤其是班干部，既减轻了班主任的负担，又提高了学生干部的管理水平，还能让班级管理迈上一个更高的境界。好教师不是仅能教书，而是通过教学过程中的每一个环节，用自身教学规范行为去影响课上课下每一个学生情感认知的发展。

李迪老师以大量生动案例说事明理，深情款款，声情并茂，这些"正面管教"的技巧和方法值得我继续深入体会和学习。同时也启示我工作的同时，要多学习，多看书，除了专业方面的书籍外，还要多看心理方面的书，从不同的知识层面来完善提高自己。

为人为师，只有不断追求完美，才能真正"学高为师、身正为范"。为人为学，只有自强不息，不断修炼，方能"厚德载物"，不愧师名。做一名优秀的人民教师，我永不止步。

激发师生潜能，提升教育效能

——吕羡平校长讲座学习心得

2月17日、18日我们分别听了吕羡平校长的两场报告。这两场报告分别从教学管理和德育工作两个方面向我们展示了忻州一中取得奇迹背后的点点滴滴。我觉得可以从以下几个方面对我们后期的工作进行改进：

教师方面：

（1）高度重视二次备课，增强备课的针对性、以学生学会为目的进行备课！尤其是讲评课，必须要在课前认真研究清北之星或一本临界生试卷、调研学生，充分掌握第一手材料，全面把握学情，精准设计每一个环节、每一道试题或变式，增强针对性，不要让好学生浪费在重复、低效的事情上，提高课堂效率，解决考试与进度之间的矛盾。

（2）凡讲课，必须有课件。要有全组统一的课件，各班根据具体情况，灵活取用。强化课堂的规范性，减少教师的随意性，提升课堂效率，并用日常言行为学生做出规范表达的表率。管委会检查的同志要通报。

（3）老师要真正理解吕校长讲的"学生是练会的，不是学会的"这句话的含义，课堂上活动要充分，要尽量让位给学生讲，在讲的过程中要刻意培养学生自我反省能力、观察能力、精准表达能力、规范书写能力；让学生听进去、记下来、讲出来、练习会。

（4）要多给学生练的时间。练习一定要分层、结合班情增强针对性。老师要高度重视即收即改、面批面改，学生要立知立改，尽最大可能缩短错误持续的时间。牢记：今天再晚也是早，明天再早也是晚！

（5）每位教师都要牢记：课大于天！以崇高的职业道德，高度的自律意识，顽强的拼搏精神，撸起袖子干好剩下的100天的各项工作！

学生方面：

（1）借鉴忻州一中的做法，每次联考或周考后，让学生对标自己的理想大学所需要的分数，找差距、找办法，采取"蚕食"策略，分解完成，一步步实现目标。

（2）继续强化对学生专注力的培养。专注是我们的核心竞争力之一，各班要大力宣传、加强自查，年级部和管委会值班同志在巡楼的时候，要把这一项纳入评价，最终变成学生的自觉习惯、核心竞争力。

（3）建议优化两操评价方案，借鉴忻州一中的做法，适当放宽对队形的要求，适当增大排间距和人间距，让跑的过程，成为锻炼身体、缓解压力、激发活力和创造力的过程。

（4）加强吃苦精神教育。全体同志要真正理解吕校长讲的"刻苦又不是痛苦"这句话的含义，积极寻找刻苦上进的典型，树立典型，通过大小班会号召学生学习典型，营造刻苦、乐观、向上的学习氛围。

（5）大力倡导就餐排队时间、课间、回寝路上等零碎时间的高效利用。

管委会方面：

（1）100天誓师挑战：①年级主任互相挑战。可以以期末考试为基础，挑战内容包括：一模尖子生情况、一本进线总量、一本增长率、综合考试情况、日常管理积分情况、零违纪率等；②班主任带领学生代表现场进行班级间挑战。

（2）充分发挥家长委员会的作用，计划从一模开始，尝试让家长参与监考；建议让愿意陪读的家长做寝室管理员，可以着手制定相关资格审核意见和管理方案，百日冲刺后或一模后开始实施，既满足了部分家长的愿望，也可以加强寝室管理的力量。

（3）可以安排不同行业的杰出校友在一模后和成人礼期间回校对学生进行一次感恩教育、一次励志教育；可借母亲节、父亲节等合适节点，组织小型活动，深化感恩教育，进一步激发学生的内驱力。

落实促高效，激情助发展
——听吕羡平校长报告心得

上周，在学校领导的精心安排下，我校全体教师聆听了吕羡平校长关于"高效课堂"和"学生管理中细节落实"的两场报告，听完后，我受益匪浅，也引发了我对教学的一些思考。

作为教师，从走上讲台的那一刻起，就会把"教书育人"的责任牢牢记在心里，每节课都希望能给学生呈现最好的，但结果却往往不尽人意，到底是什么原因让教师花费那么多的功夫却收效甚微呢？我认为原因有以下几点：

（1）教师的课前准备不充分。仅满足于所讲内容，不注重深度、广度的拓展。

（2）所讲内容没有针对性。不了解学情，不清楚哪些知识点是学生一看答案就可以弄清楚或小组讨论后可以自己解决的，哪些知识点是要针对培优补差对象重点讲解并进行针对性深入挖掘的。

（3）课上教师讲得多。学生长时间被动听，会产生听讲疲劳，吸收效果差。

（4）课后复习不及时。对所学内容，不能及时检测学生是否真正掌握。一味赶课，不能对所学重点、难点、易混点、高频点进行及时复习。

（5）学生缺少钻研精神。教师的"大包大揽"让学生丧失了独立思考、独立探究的精神。

（6）学生反思归纳不深入。虽然让学生写纠错，但多数学生仅是完成答案的整理，缺少对问题的分析。这道题为什么失分？审题为什么看不清条件？没有对做题时的心理、习惯、规范、考点、方法等做深入总结。导致"常常纠错常常错"。

（7）学生激情不能持续，动力不足。不能有效联合家长力量，虽然找学生谈话，但往往不能走入学生内心，产生共情。

作为清北班教师，反思自身存在的不足，借学校课改的东风，我要从以下几个方面进行提升、改进，让自己的课堂真正成为"高效课堂"。

（1）坚持更新观念，主动改变。要坚持"'三五'教育体系"的课改理念不动摇，教学过程中，要让充分预习、针对性反馈、高效课堂、及时考练、反思总结、帮扶提高始终贯穿教学的各个环节，在工作中，要早准备、早规划、早落实，对于清北生更要盯人、盯事、盯落实，精细管理、定标效果。

（2）自主预习定标，培养学生自学意识。目标就是问题，问题就是目标。一节课无论老师还是学生，共同的目标就是解决问题。问题解决了，教和学的目标就达成了。教师要引导学生充分发挥学案、手中复习资料的作用。要对学生及时进行充分预习后的检测，然后根据检测的反馈情况，进行第二次有针对性备课，确定本节课的教学目标，本节课要解决几个问题？重点、难点该怎样深挖掘？对学生的易混点该怎样解决？用哪些手段和变式？这节课要让学生真正得到什么？有明确的目标，才会有明确的方向。

（3）培养疑探精神，让学生真正成为课堂主人。"疑是思之始、学之端""小疑有小进，大疑有大进"。有疑才有探，有探才会深挖深究，追根到底。教育不仅仅是知识的传授，更是培养学生的综合素质和能力，让学生具备自主学习、创新思维、批判性思维、团队合作、社会责任感等能力。"五个意识"高效课堂要求"以学定教""为教而学""退教还学"，真正体现了教是为了学生的发展，教师要想教会学生，自己要先融会贯通；学生要想真正学会，要合作学习、互学互教、互帮互助，把别人教会自己才能真正学会，教师要管住自己的嘴，少讲精讲，把课堂交给学生，让学生真正动起来，学会质疑，独立思考；学会探究，刨根问底；学会合作，享受快乐。

（4）反复检测巩固，让学生真正掌握。教师讲十遍不如对学生进行检测一遍的成效大，无论是口头展示、板书展示，无论是学生间的互学互背、互检互查，还是互批互改都是学习效果的高效检测方式，只有学后及时检测、反馈，才能更高效检测出老师的教与学生的学的双向目标是否达成。

对于重点知识，要让目标学生进行展示，通过展示暴露问题，通过讨论、分析、争辩，把问题真正弄清楚，并让学生自己总结审题重点、做题方法、命题规律等。通过有深度、有广度的针对性练习题，进行及时巩固和迁移运用。每节课的课前、课中、课尾要及时对目标生进行检测，及时了解学生掌握和改进情况。从而使学生在学习中对知识的掌握有更清晰的认识，并在检测中不断巩固强化，从而使所学知识更加牢固、深化，更重要的是，通过检测，师生会更加明晰前进的方向，脚下的路也会越走越宽。

（5）砸实、拓宽、抓牢基础，稳步提升。一万小时定律告诉我们：要成为某个领域的专家，需要10000小时。按比例计算就是：如果每天工作八个小时，一周工作五天，那么成为一个领域的专家至少需要五年。大画家达·芬奇，当初从师学艺就是从练习画一只只鸡蛋开始的。他日复一日，年复一年，变换着不同角度、不同光线，少说也得练习一万个小时，打下了扎实的基本功，在最简单枯燥的重复中掌握了达到最高深艺术境界的途径。这才有了后来的世界名画《蒙娜丽莎》《最后的晚餐》。

教学工作中，教师要培养学生重视基础的意识，狠抓基础知识和基本能力，不超标（课标）拔高，不忘本（课本），不只讲授难题，要以课本为标，以课本为本，扎扎实实把基础打牢。对于尖子生尤其需要基础的牢固，因为拉开差距的往往是在小题分上。要考清华北大的学生，首先要保证小题分不能丢。

夯实基础，首先要尽量把基础铺宽，坚持做好两个"凡是"：凡是课标要求的、凡是课本印有的（包括备注、例题），都要让学生学懂弄会，一定要地毯式、全覆盖，无遗漏，不能想当然地简单取舍（这个地方高考肯定不会考，结果它就考了），不要抱幻想，哪部分一定不会考。拓宽宽度是为了支撑高度，因为我们的目标是最大限度地追求更高。

其次，是要夯实基础。就是要像砸夯一样，把基础知识、基本能力砸实，重重地砸、一夯压着半夯砸、密密实实地砸，最后让学生该记住的一定要记住，该背过的一定要背过，该理解的一定要理解，该运用的一定要会运用。最终让学生对基础知识牢固识记、灵活运用，印在脑子里，融化在血液中，成为召之即来的肌肉记忆。

（6）考练反思归纳，自查自纠自悟自结。注重平时的限时训练。通过做题，学生自查（查摆问题）、自纠（纠正错误）、自悟（感悟所得），做好批注，对于重点题型、重要知识要通过拔尖测试等让学生重做满分卷。在查摆问题时，要引导学生认真审视：做题状态、心理因素、知识漏洞、思维逻辑、是否规范等。

（7）读背展示讲评，互帮互助共促提高。重视读背，阅读和读背是学校教学的原点。犹太人小孩子从一岁半开始就进行记忆训练，让孩子背诵《旧约全书》，全文有七八十万字，到12岁时，必须背到滚瓜烂熟。识记能力是学生最基本的学习能力，而要想识记更多的东西主要靠读和背。大脑中信息储存量越大，能力就越强。清华大学博士闫聚群老师应邀来精中给师生作报告，在互动环节，有个学生站起来，抢过话筒：请教闫博士。我的英语成绩一向不好，如何才能把它提上去呢？闫博士的回答非常干脆："英语学习其实很简单，你只要把英语教科书其中的两本，背得滚瓜烂熟就行了。"这个回答看似很随便，但它准确地道出了语言学习的真谛。

读背教学的精神要贯穿于高效课堂的各个教学环节，并抓好评价，以考促读，以考促背。平时的考试命题要加大读背内容的考查，考试就是指挥棒，学什么，就考什么；要求什么，就考什么。

（8）良好品质奠基，激情坚毅面对挑战。1991年，美国国家教育目标委员会（NEGP）对学习品质的解释为："是反映幼儿自己以多种方式进行学习的倾向、态度、习惯、风格等，包括：好奇心与兴趣、主动性、坚持与注意、创造与发明、反思与解释。"积极创造良好的学习氛围，让学生每天都能时刻充满激情地以专注、坚忍状态投入到学习中。要联合各科任老师想尽千方百计激发学生主动学习的内驱力。积极引导学生养成手举书大声读书、专注学习的好习惯，持续跟进"三零"教育。重视"仪式感"激发的效果，如对每次周考、拔尖考试、课上、作业等优秀的学生，教师要大力表扬；对于表现不好的学生，让学生进行反思发言。

（9）细化管理，责任到人，落实到位。"天下难事必作于易，天下大事必作于细"，精细管理是一种意识，一种观念、一种态度，一种精益求精的理念，是把学生有关的小事都当成大事，从一点一滴处培养学生良好的学习习惯和学习品质。小事做好，大事自然成。精细管理全力配合激情教育，且目标明确：通过跑操——强健体魄，锻炼身体；通过宣誓——彰显团队精神，培养气势；通过晨读——培养专注、高效，迁移品质。同时教师要协同各学科班长重视早读检测时学生的准确、熟练和规范，关注学生读书的激情与落实，关注其课上回答问题是否积极……

学生对自身存在的不足是很清楚的，如审题不仔细、大考心里慌、答题不规范、书写只能在练字纸上写好等，但说"改"容易，真"改"起来难，真正"改掉"更难。我要注意盯着学生的问题一追到底，持续跟进，直至其最终改掉。如刘合瑞的精准细心审题习惯，必让其养成：读题时一字一字用笔点着读，圈画关键词，明晰重点后一步一步规范地做题，不跳读、不越步骤；马壮的汉字工整书写，李志远的学科符号公式规范书写等。

（10）家校联合，形成合力，共促清北成长。随着时代的进步，社会对教育的认识和定位也在发生变化，今天"教育"发展为"学校教育"、"家庭教育"和"社会教育"的组合，已经形成了"学校教育"与"家庭教育"既要有紧密联系又具有不同职责和界限的共识。一个孩子的成长和教育其根在家庭，而学校与家庭的密切配合、学校对家长家庭教育的指导也越来越重要。作为教育者，要继续做好和学生家长的沟通工作，引导家长帮助孩子坚定清北目标，只能"鼓劲"，不能"泄气"，做好情绪抚慰。可进行电话联系或当面沟通，全面了解学生成长经历或在家里的表现。以便更好把握学生性格特点和心理状况，让与学生的交流更有效。

（11）重视成绩分析，对标大学目标，清晰前行。除了中考、高考、竞赛类考试以外，其余几乎所有考试，都是为了检验学生对知识的掌握情况，为了从中发现问题，帮助学生查漏补缺以及调整学习方法的。一次考试最重要的部分其实不是成绩，而是检测之后对试卷的分析。与分数的获得相比，检测之后对试卷的分析才是真正收获的手段。所以，每次考试结束后，要引导学生分析成绩，并且对标理想大学，分析可能性与隐藏的"危机"。让学生更好关注过程，明确自己与踏入理想大学校门的"一步或几步之遥"。重视对学生进行挫折教育，利用一切机会如小班会演讲、大型公众场合发言等，有意识让心理素质差的学生参与，让其改变自己易紧张、易否定自己的不良情绪。

总之，身为教师的我要以此次课改为契机，用激情感染学生，用责任唤醒学生的内驱力，做学生生命中的贵人，狠抓落实，精准高效，给学生留下终生难忘的教育，为学校的发展贡献自己的一分力量！

路虽远，行则将至；事虽难，做则必成！

超越梦想一起飞

——长沙市长郡中学罗清华讲座心得

如何提升学生"考商",即应考能力,来应对即将到来的高考。

一、细化考试策略

1.会做的不丢分(原题落实、训练落实、作业落实)

策略:重要的题目反复练。要想高考得高分,必须原题得高分;只要基础牢,高分自然来。

为了保证原题尽可能得高分,有两个因素:(1)错题如何确定?一道错题至少看三遍:①试卷发下来时看一遍;②录入错题本一周后看一遍;③下次考试前再看一遍。如果三次都能把这个错题掌握,那么,这个错题就可以从错题本上拿下来。所以错题本必须是活页本,是错题时加进去,不是错题时拿下来。这样,高考前,每个学科的错题本可能就那么薄薄的几页。如果是厚厚的一本,那么高考前,这个错题本的复习指导作用基本为零。因为谁也没有兴趣在考前去翻这么厚厚的一本错题。(2)一本资料做两遍比做两本资料效果更好,特别是中等和中等偏下的学生,如果耐得住寂寞,把一本资料做两遍的话,效果绝对是意想不到的!尤其对目前基础不牢的学生。

2.单位时间多得分——学会把控时间

把每个学科、每一种题型的考试时间基本稳定下来。

3.选择题得高分——得选择题(基础题)得天下

考试中,选择题能:(1)在较大的范围内,实现对基础知识、基本技能和基本思想方法的考察。

(2)能比较确切地测试、考试对概念、原理、性质、法则、定理和公式的理解和掌握程度。

(3)在一定程度上能有效考察逻辑思维能力、运算能力、空间想象能力以及灵活和综合运用知识解决问题的能力。

策略：（1）选择题专项强化训练。

必要的训练不可少，依托资料，进行选择题专项强化训练，很快就可以大幅提升选择题的正确率。

（2）重视课本。

①高考命题坚持"依纲不离本"原则，源于教材的高考试题越来越多。

②源于教材的试题得分率不高（正确处理好教材与教辅的关系，不让教材成教辅，高三复习课必须用好教材）。

（3）优生不要想得太多（非常简单的题弄错——常把简单问题复杂化）。高考不是竞赛，要以正常的思路去思考问题，走"阳关大路"不要走"偏僻小道"，以免造成不必要失分。

4.语数外更优秀

做强语数外，开启学霸模式。

策略一：进一步优化习惯。

书写：规范书写，正确书写，快速书写。

计算：提高计算能力，克服畏难心理，注重关键细节。

训练：扎实基础，注重积累，小题专练，吃透题型，专项特训，消化错题。

突破：自主学习，查漏补缺，作业落实，及时反馈。深化技巧，提升能力。

策略二：抓住语文学科这个牛鼻子。决战高考：中分段拼英语，高分段拼数学，语文决定巅峰，得语文者得清北。

这样搞定语文：规范书写的习惯；广泛阅读，逐步积累；强化朗读，熟读与背诵；经常练笔，经常发言与演讲（课前5分钟）。

策略三：练、背结合，提高语数外成绩。不懂的问题，直接看解答，先背起来再说。如此一来，一题一般只要5分钟便背下来，从量来看，可以追赶得上成绩好的同学。语文试题中的中低档题，特别是需要背诵默写的64篇文章，没有任何速成的技巧，必须要记牢、记准，动动手，把平时的易错字常写写，逐篇过关，对于成语题、病句题，要注意反复放到语境里面去理解为什么对，为什么错，文言文的翻译练习要坚持，做到字字落实，宁少勿错。

高考前各科背记7～10套试卷（2022新高考I卷、II卷、全国甲卷、乙卷、一联、二联、一模、二模及在最后一个月的试卷里挑选3套左右试卷）。要求记住题目素材、记住解题思路、记住简答（填空）答案或计算步骤。

5.确定考试目标：

考名校：每题必做，尽量高分。

考一本：少做难题，中等题不丢失。

考二本：加强基础，确保选择题高分。

6.做好考试预案：

（1）要有目标管理：理想大学分数—力争达到的高考分数—下次考试各科的目标或名次—下次考试要追赶的目标或名次。

（2）要有分数管理：语、数、外瞄准400分（一流名校）、380分（600分以上）、360分（一本）、300分（二本）。另外，咬定各科班级或年级平均分。

（3）要有时间管理：建立各科考试时间轴，分题型分块划定时间区间，各科留足不少于5分钟时间填涂、机动。

（4）心态管理：既有最高目标，又有最低目标，保证每次考试后心态平和。

二、强化考试能力

知识是根本——立足基础知识过关。

方法出效率——合理规划时间，单位时间多得分。

心态定成败——小考当大考，大考当高考，高考当小考；考试要有平常心，平常要有考试心。

（1）考前时间管理：不打无准备之战，时间越细化越易落实。

（2）考前复习安排：①不要"看起来很努力"（人与人之间差距最小的是智商，差距最大的是努力；不走心的努力，都是在敷衍自己）。②要少做多看。用好三本一题：课本（是根本）、笔记（解题方法积累）、错题（事半功倍）、高考题。

（3）考中应对策略：

①先易后难，先熟后生，先小后大（按题号）。

②审题要慢，解答要快。

③难题少纠结，会做不丢分，确保成功率。

④实事求是，理论联系实际（存在即合理，先认可再理解）。

⑤答题要有正确的价值观念，丰厚的文化积淀，健康的审美情趣，恰当的学

科语言，规范的答题模式。

（4）考后反思提升：

①要为成功找方法，不为失败找借口（考试中没有"马虎"这个词，凡是出错之处，要么是知识有问题，要么是思维程序有问题）。

②解决"会而不对，对而不全"的问题。

策略：仔细审、准确算、认真写。

对于会而不对（主要是计算）的问题，要分清是计算能力不强导致的，还是算法选择得不好导致的。

对于"对而不全"（主要是简答），则要从完整性、规范性、简约性、学科特点等方面分析解决。

（标准答题，评分标准人手一份）。

仔细审：眼看是前提——嘴读是内化——脑思是关键——手画是手段——心悟是捷径。

准确算：加强基本计算能力训练。（一般是四位数乘除）

认真写：①不在规定地方；②书写不规范；③乱涂乱改。

向优秀学习：展示优秀学生的答题卡。

书写要准、快、齐。

准：指书写内容要准。首先保证想的和写的一致；其次不要认为潦草点没关系，反正答完卷以后可以检查、修改。其实，对大部分考生来说，检查时间很有限，有的根本来不及检查。所以要尽力做到一遍做好，不要多修改，更不要大片地涂改。

快：大型考试，容不得半点慢条斯理。故书写一定要快，书写太慢，严重影响成绩。

齐：指卷面整洁。书写格式要统一规划，四周空间要留合适，避免在试卷上见缝插针，东一段，西一段。在审题后，根据题型和字数多少，估计要答多少内容，有个大体估计和安排，然后再书写。书写要规范、整齐，大小要均匀，字迹潦草是答题的大忌。

三、优化考试心态

（1）考试后的心理分析与调节：

考试众生相：

考前——呐喊——雄心壮志

考时——伤逝——手忙脚乱、垂头丧气

考后——彷徨——我该怎么办

产生压力的原因：①本人过高的期望值；②家长的过高期望值——温柔的压力；③考试的排名；④学习计划难以完成。

减压策略：

①要战胜别人，先战胜自己。正确看待自己，不要因一次考试不好就否定自己。

②多与他人交流，建立良好的人际关系（一个痛苦两人分担，痛感就减轻了一半）。

③正确认识焦虑水平与考试的关系：无压力或过度压力都不利于考场发挥。适度压力反而有利于超常发挥。

④其他缓解过大压力的方法：A.深呼吸法，吸5秒呼10秒。B.目标视觉化：写出以下三项内容：我的人生理解，我最向往的大学和专业，我愿意付出的代价。C.发泄法：吼山。

（2）沉着应对：牢记学习"十六字"方针：加强研究、科学应对、鼓足干劲、寻求突破。

①加强研究：研究每次考试中暴露出的问题（基础、难题、书面表达、会而不对），分析原因、现状、对策。

研究有哪些可以利用的资源（拥有多少资源并不重要，如果你不懂如何利用，永远都不够）（方向不对，努力白费）。

②科学应对：把握好时间，学会自主学习，让时间的效益最大化，学习容量靠时间保障，学习效率要靠氛围保障。

③鼓足干劲：高昂的士气是高考胜利的必要条件（放弃不会更舒服，只会万劫不复，撑住，才有后来的一切）（我命由我不由天）。

④寻求突破：尝试改变学习方法（自主命题）（自己出题自己做，评）。

（3）微笑面对：直面考试中三大敌人：

①命题老师：大学教授、高中老师、学科教学研究者。A.全国Ⅰ、Ⅱ、Ⅲ卷团队相同。B.学会揣摩命题人意图，了解命题人思维。C.不回避近年高考中的热点，高考题原则上不出怪题、偏题，但不回避"必考点"和热点，会在命题角度、方法、题型变化上下功夫。D.试题结构：易中难=3∶5∶2。有效题：基础题

（自然渗透）——能力提升、常规题（熟能生巧，有效题目）——解题技巧、经典题（引领构建）——知识网络。E.高考命题10大原则：方向明确，立意鲜明，情景新颖，贴近实际；考查基础，变换情景，设问科学，注重创新；入易出难，路多口小，层层设卡，步步有难；材料在外，答案在内，考查思维，体现能力；体现国情，公平公正，以生考熟，直击软肋；起点很高，高屋建瓴，落点较低，回归高考；重点必考，主干多考，次点轮考，补点选考；共性好考，个性难考，试题开放，探究创新；小口切入，深入挖掘，小中见大，思维穿透；掌握理论，学习致用，学科价值，重在应用。

②阅读老师：迎合阅读老师的思维。A.了解高考阅卷要求：关注答题结构和关键词（简答题阅卷先看"要点、关键词"，再看句子质量，如果要点突出、结构清晰、句子准确、表达流畅，一般都能得高分）；排版整齐有时候比一手好字更加分（如果字不好看，也尽量对齐，不要画墨点，排版一定要好，条理清晰的答卷更得阅卷老师青睐）；文科尽量写满，理科尽量详细（文科是抓对的，写得越满抓的点越可能多，分得越多。理科是抓错的，写得越详细越知道错在哪，分扣得越细。省略步骤是理科大忌，能写尽量写，否则中间可能只是一点微小的错误，但是没有过程，导致整个大得分点都被扣掉）。B.阅卷老师建议：写楷书，也就是说尽量不要连笔。字要写得稍大。可以写得不漂亮，但一定要能看清楚。需要一大段文字时，写之前要排版。卷面整洁，这是最基本的要求。在规定的答题区域答题，否则是做无用功。表述是要根据分值思考要点，尽量细分，用分号或序号清楚表述。语言要简洁，答中要害。语言表述要规范，尽量用专业术语。

③自己：调整优化状态，战胜自己。A.乐观积极（身体好、心态好、学习好）。保持积极向上的心态，永远相信自己，以饱满的热情，以昂扬的斗志进行复习。积极参与体育锻炼，跑操、做操要有气势。面对老师、同学要表现得阳光。少一点纠结，多一点大气。B.认真仔细，比基础，比书写，比准确度，比速度。600分以上学生的比拼：不是看谁"会得多"，而是看谁"错得少"。500～600分学生的比拼：保证汇总的题不失分，就是胜利。500分以下的学生的比拼：认真把细节做好，结果肯定比你想象得好。分数不高不是没学好，而是没记牢。C.顽强拼搏（浑身伤痕累累的中国女排）。

高智商+高考商=好成绩。

所谓"学霸"实际就是"考试技能高考试成绩好"的人。

《超越梦想一起飞》可借鉴点摘录（整理版）

一、老师层面

（1）加强选择题训练，尽最大可能确保选择题不丢分。各个学科都要高度重视，生尽千方百计做研究，尤其是对不同省份不同类型的高考题的研究，并把研究成果与学生的实践结合起来，不断优化备考策略，最终确保选择题不丢分。

（2）高度重视教材，认真研究教材与高考的联系，备课、上课必须不离教材，坚决不能用教辅代替教材，坚决不能把教材变成教辅。一轮复习，尤其是要以教材为基础。

（3）清北班学生不能让他们想得太多。老师要告诉学生，高考题不是竞赛题，是一种基础的常规思路，要走大路，要用通情通法。

（4）老师要培养学生规范习惯，实现快速实现的能力、认真计算的能力。

（5）各科老师要明白，决战高考中分段拼英语，高分段拼数学，语文决定巅峰，得语文者得新高考的理念。

（6）老师要引导学生优化考试心态。每一次考试后，在对学生的考试情况分析中要有心态因素的分析。并因人施策，帮助学生进行心理建设，确保能够以强大的生态面对考试：小考像大考，大考像高考，高考像小考；考试要有平常心，平常要有考试心。

二、学生层面

（1）一定要确立考试目标。清北班而言，必须是高目标：用没有最好，只有更好的心态来要求自己。

（2）要优化自己的考试策略。要真正做到会做的不丢分、单位时间内能多得分、选择题得满分、基础题不失分。

（3）一定要做好考试预案，要有分数管理意识，要有时间管理意识，要有心态管理意识。

（4）一定要强化自己的考试能力。知识是根本，方法出效率，心态决定成败。

考前要有科学的时间管理，不打无准备之战，时间越细化越易落实；考试的过程当中要先易后难、先熟后生、先小后大、要慢审快做；组织答案要有正确的价值观，丰厚的文化积淀，健康的审美情绪，恰当的学科语言、规范的答题模式，不给改卷老师任何扣分的借口。

（5）要做好考后的反思提升。要为成功找办法，不为失败找理由，考试中没有马虎这个词，凡是出错之处，要么是知识有问题，要么是思维程序有问题，一定不能轻易放过；要重点解决会而不对、对而不全的问题；一定要提升自己的审题能力，仔细审，准确算、认真写：眼看是前提，嘴读是内化，脑思是关键，手画是手段，心悟是捷径。

（6）运用多种方法，优化考试心态，放松心情、沉着应对、微笑面对。要做到战胜别人，先战胜自己，要多与他人交流，建立良好的人际关系，要正确认识焦虑水平与考试的关系、要学会缓解压力过大的四种方法：深呼吸法，目标视觉化法，发泄法，喝水法等。

（7）要牢记学习16字方针：加强研究，科学应对、鼓足干劲，寻求突破。尤其是要尝试改变自己的学习方法，比如自己命题并设计评分标准等，让自己真正能够清晰地面对考试的三大敌人：命题老师，阅卷老师和自己，从而把自己变成考试的局内人。

（8）明白考试命题的十大原则：①方向明确，立意鲜明，情景新颖，贴近实际；②考查基础，变换情景，设问科学，注重创新；③入易出难，路多口小，层层设卡，步步有难；④材料在外，答案在内，考查思维，体现能力；⑤体现国情，公平公正，以生考熟，直击软肋；⑥起点很高，高屋建瓴，落点较低，回归高考；⑦重点必考，主干多考，次点轮考，补点选考；⑧共性好考，个性难考，试题开放，探究创新；⑨小口切入，深入挖掘，小中见大，思维穿透；⑩掌握理论，学习致用，学科价值，重在应用。

（9）注意突出要点、整洁卷面、凸现关键词、尽量大容量，从而搞好与改卷老师的关系，争取多得分，最终做到学得好，考得好。

第六辑　培优篇

把"成功"做到"功成"

《易经》曰：天行健，君子以自强不息；地势坤，君子以厚德载物。"自强不息""厚德载物"是"君子"的追求目标。习总书记也教导我们：教师不能只做传授书本知识的教书匠，而要成为塑造学生品格、品行、品味的"大先生"。我认为"立德树人"的首要任务就是要把学生教成一个"好人"，然后再使之成为一个优秀的人。20多年来，我工作的核心理念就是坚信"最终的胜利是人品和学品的胜利"；作为教师，要把教学的"成功"做到教育的"功成"。

一、打通立德树人的"最后一公里"，从开班第一节班会课开始

每年的开班第一节班会课我一定要告诉学生以下内容：

（1）明确求学的目的，树立一个意识：学习是一种信仰！

①锻炼出健康的身体，磨炼出坚强的性格，修炼出优秀的人品、健全的人格。

②培养出优秀的学品，取得优异的成绩，考上理想的大学，找到实现人生价值的更高的平台，成就卓越，兼济天下，为中华民族伟大复兴贡献力量。

（2）提出一个口号：班级荣辱，我的责任。

（3）树立一个理念：让优秀成为一种习惯。

（4）具备一种能力：快乐是一种能力。

（5）为人的原则：外圆内方。

（6）与老师相处的原则：

①尊重：对老师要有礼貌，坚决不顶撞老师；学术上的问题，坚决欢迎不同意见、坚决鼓励创新，但要"有话好好说"，不能得理不饶人，更不能无理取闹。

②理解：老师教2个、3个甚至4个班。他无意间的话、无意间做的事，可能你觉得不合适，请你别介意，这些问题下课后和老师进行坦诚的交流。老师如果没找你，你要主动去找老师，一定要建立和谐的师生关系。

（7）与同学相处的原则：与人为善，广结善缘。

（8）做事的原则："知所先后，则近道矣。"我引导学生明白：先做你应该做的，再做你喜欢做的；有利于集体的事做，不利于集体的事不做；有利于学习的事做，不利于学习的事不做；有利于他人的事做，损人利己的事坚决不做。做事的最高境界是实现双赢。

（9）做错事后的处理步骤：

①先承认错误。

②立即采取补救措施，把损失降到最低限度。

③如果有特殊原因，再找老师说明情况。

（10）和学生一起抄、背、讨论、理解、践行《成功的哲学》：

——我尊重我自己，我坚信我的努力，我会积极争取每一个机会。

——我能够成功地处理我的失败，更能够成功地处理我的成功。

——我知道办法总比困难多，我不会为自己的失败找任何借口。

——我知道人不服我是我无能，我不服人是我无量。

——我知道只有帮助别人成功我才能成功。

——我感恩家庭，尊敬师长，关爱他人，忠诚祖国；视民族昌盛、业绩报国为己任。

——我坚毅果敢、正直勤奋，言必行，行必果。

——我是最好的，我爱我自己，我相信我一定能成功！

《成功的哲学》是要让学生做个有独立精神和思想、有爱心、有责任心、有理性、有建设性、有创新能力的人。然后我会利用开学第一个月的班会课或者语文课的闲暇和学生一起学习、体味，直至形成习惯。

二、修身十课

为了强化《成功的哲学》的效果，细化《成功的哲学》的内容，我还会给学生讲《修身十课》。

1.尊重

尊重自己、尊重他人、尊重自然规律、尊重社会规律。自尊就是要让学生树立荣辱意识，懂得有尊严地活着；尊重他人是获得别人尊重的前提，要在言、行、心中尊重他人。我明确在班里讲，如果我错了，我会公开道歉，而且也是这样做的。要尊重他人的劳动成果。尊重自然规律是一个人成功的基本方法，也是一个人获得可持续发展的基本保障。所以我告诉学生要注意师法自然，经常给他们举自然界的例子，让他们明白事理。比如为了解决早恋问题，我就在一个合适的机会，很自然地问学生："水稻是北方的好吃还是南方的好吃？"学生都回答北方的好吃，然后就再问："为什么呢？"学生就能回答出因为北方的水稻生长期长的答案。于是我就问："那是不是早熟的东西不好吃呀？"到这时，学生就心领神会了。

2. 坚强

为了培养学生坚强的性格，我会结合课堂内容给他们讲这方面的道理，并寻找生活中的实例。去年军训拉练，学生听说要走45华里，一片惊讶。当我和他们一起走完45华里，到校门口时，我就问他们：看看我们的脚还在不在？学生回答：在。我又问：看看我们身上还少了什么没有？学生回答：没有。然后我才告诉他们，你们不但没有少东西，还多了坚强和勇敢！高考和人生其实都是这样，没什么大不了的，只要我们一咬牙，就都过来了，"青春无非大醉一场，勇敢的人先干为敬"！

3. 宽容

宽容是什么？林肯做过一个最好的解释：你想消灭敌人最好的办法就是把他变成你的朋友。马云说：心中无敌，才能天下无敌。我说：我们没有敌人，只有正在成为朋友的人。我最推崇、也经常会给学生讲的一首诗是：

弥勒佛

笑

容

这首五个字的小诗，道破了佛和常人的区别，泄露了成佛的天机：你只要笑口常开、大肚能容，还怕成不了佛？而且宽容并不是软弱，而是自信和勇敢，更是智慧！我和学生一起体味"我看青山多妩媚，青山看我亦如是"；我班的班主任寄语中最重要的一句话是：我相信每个孩子都是一朵花期不同、花色不同的花。我这里没有"笨蛋""坏蛋""老鼠屎"。我也经常说一句话：我们有学不好的学生，但没有不好好学的学生。我很注意因势利导让学生有同理心，让学生学会换位思考，学会认同别人。我给学生举生活中的例子：如果同桌两个人吵架不是互相指责，而是这样吵：你"这人咋这样呢，你今早还给我买包子呢。"另一个说："你这人咋这样呢，昨天你还给我买水果呢。"这仗还能吵下去吗？我还通过换位思考让学生明白：看人之短，更要看人之长，你想获得发言权的最好办法就是多说别人的优点，那样别人自然就希望你多说，你自然就获得了发言权。那么，你在宽容别人的同时，其实更是在成就自己。

4.乐观

乐观是生活的阳光、是最好的保健药。乐观是生活的最大动力。乐观的人是最会享受生活的人。乐观的人也最容易获得成功。所以我会花很多时间和力气，运用很多方法让我的学生变成一个乐观的人。我会用很多活动让他们观察、思考，进而明白：乐观的人像太阳，照到哪里哪里亮；消极的人像月亮，初一十五不一样；生活是一面镜子，你对它笑，它也对你笑，你对它哭，它也对你哭；我创设情境：如果你不小心掉到河里，该怎么办？你就不妨趁机洗个澡，随便再抓条鱼上来！我还和他们一起背名言：做人要常怀喜悦心，要常见喜乐；要常想一二（因为生活中不如意事十之八九）。

5.责任

儒家讲"达则兼济天下"；顾炎武说"天下兴亡，匹夫有责"。我很喜欢一本书：《责任大于能力》。我也坚信，一个人只要有高度的责任心，就一定能把工作干好。我努力引导学生成为一个有责任心的人，知道自己该做什么事。所以我经常给学生讲"做正确的事情比把事情做正确更为重要"。我用五个手指的分工来启发我的班委、组长、寝室长们：官无大小之分，关键在于你是否有责任心。你工作干的好坏，就是你责任心在我面前、在全班同学面前的展现。

6.自信

自信是人格的核心，是成功的第一秘诀。古往今来的成功者无一不是自信的人。一定要相信"天生我材必有用"。我鼓励学习退步的学生：你坐在这里就是你的资本，你就应该拥有自信。就算你中招是超常发挥，那你为什么不相信高考你还能超常发挥？我的班级里经常有一幅标语：只要我们愿意，就能创造奇迹！我经常讲"只有相信奇迹的人才能创造奇迹，而你就是下一个奇迹！"

7.感恩

一个人要常怀感恩之心。我引导学生，要感恩赋予你生命的父母、感恩给你提供生活环境的社会、感恩给你阳光雨露的自然、感恩帮助过你的人。而又重点引导学生体悟以"感恩父母"为核心的孝道文化。我让学生来写这个"教"字，他先写"孝"接着写"文"。写完他就明白了：没有"孝道文化"的教育就不是真正的教育！一个人连生他养他的父母都不知道尊敬和感恩，你还指望他真正尊敬谁、感恩谁？所以，我的学生过生日时，不在家时，能够主动给父母打电话表达感恩之情；在家吃蛋糕时先给妈妈，学生知道他的生日其实是母难日。我要求学生给父母说话时要和颜悦色，孔子讲"色难"，就是这个道理。另外，要学会感谢对手，因为对手的优秀成就了你的卓越。

8.创新

《大学》云：大学之道，在明明德，在亲民，在止于至善。《尚书》云：苟日新、日日新、又日新。创新是发展的原动力，也是我们教育的最终目的。创新力是学生的核心竞争力。我会通过多种方法、多种活动来引导学生"多看一眼、多想一下、多走一步"的思维习惯，逐渐形成创新意识、创新能力。我们的班级事务处理和课堂上的几乎所有问题，都引导学生至少找到两个解决的办法；学生可以稍晚一点给出办法，但坚决不准说"我不会""我不能"之类的话。长期这样引导，学生就会形成创新的习惯，创新的能力也就逐渐培养起来了。

9.方与圆

"外圆内方""智圆行方"，这个铜钱原理，也是我们的前贤用最通俗易懂的方式留给我们的人生智慧。我引领学生从书本中、现实生活中学习人生智慧，让学生明白哪些是原则和底线，坚决不能妥协和让步，把握好"方向"；哪些是可以通过协商达成共识的，做到"团结一切可以团结的力量"，为人生的成功奠基。

10.名与利

"君子有所为有所不为""不义而富且贵，于我如浮云""人固有一死，或轻于鸿毛，或重于泰山""达则兼济天下""他心里装着所有人，唯独没有他自己"这些古圣先贤的教诲和焦裕禄这样的光辉楷模，都在给我们生动地诠释名与利的关系。我和学生一起读、背、体悟这些名言，重温他们的感人事迹。

我鼓励学生用正确的名利观把官做得越大越好，把钱挣得越多越好，但要以德御术，要牢记做官的根本目的是为人民服务，实现自己的人生价值；钱要通过正确的方法来挣、要用高尚的方法去花，要挣出人格，花出境界。我引导学生比较政客和政治家，小贩、商人、企业家和儒商的境界、格局的差别，帮助学生强化正确的名利观。

三、关于学习

1.学习是一种信仰——为什么学？

为改变而学！先改变自己的人品、学品，再改变自己的成绩，从而改变自己的命运、改变家庭家族的命运、改变国家民族的命运，最终改变人类的命运。

2.学什么？

做人、做事、做学问。

做人：明镜止水以居心，天青日白以应事，光风霁月以待人。坦坦荡荡做人，快快乐乐生活。

做事：做事有四种境界：损人不利己、损人利己、损己利人、利人利己实现双赢。我引导学生以实现双赢为目的做事，培养学生为实现双赢而主动想办法的习惯。

同样，作为学生，我们的一项重要工作就是做题。那做题的意义何在呢？

做题不是目的，而是培养我们严谨认真的态度、生尽千方百计不达目的誓不罢休的精神、百折不回永不言弃的斗志和会合作能创新的能力的一种合理、有效的手段。知识可以"百度"，分数就一次有效，但能力必须修炼。所以我们必须做题，必须进行反复的练习。因为"熟能生巧"。我们可以想想姚明每天干什么，道理是一样的。

最好还要牢记"做人不怕吃亏，做事不怕吃苦"，才可以修炼出做人做事的真本领。

3.怎么学？

《论语》第一章第一句是：学而时习之，不亦说乎？有朋自远方来，不亦乐乎？人不知而不愠，不亦君子乎？可谓一语道破天机："乐"是学习、做事、做人的根本。乐学勤做是取得成功的不二法门。我认为教师的职责就是引领和激发：引领学生在正确的道路上前进，激发学生的学习兴趣。我会通过多种多样的活动来激发学生的学习兴趣，让学生感受到学习的快乐、体会到成功的喜悦。

四、九点体悟

1.带一颗"佛心"

"爱出者爱返，福往者福还"。只要用真心、爱心对待学生，能有几个感化不了的？我经常告诉自己，班里的每一个孩子，对我来说，只是几十分之一，但对每一个家庭来说，可能就是百分之百！我多一点耐心，可能就会改变一个家庭一代人甚至几代人的命运！这种认识，随着年龄的增长，越来越强烈。而且，随着年龄的增长，我和学生的关系也越来越融洽，用"多年父子成兄弟"这句话来形容也不为过。

2. 行不言之教

最好的教育是让受教育者学会自我教育。所以，我会借助一切可以利用的时机，把做人、做事的方法用"润物细无声"的方式教给学生，并逐渐形成班风。比如，我是一个特别爱出汗的人，每年秋期开学，上一节课下来，我的上衣几乎要湿透，但我擦汗的纸全部放在口袋里，绝不会扔掉。我班不乱扔垃圾的好习惯也就很快自觉形成了。

3. 用不疑之人

我多年来都是担任两个班的语文课老师及班主任。我在班级管理上最大的感悟就是：相信学生。相信学生是愿意向善的，相信学生是有无限潜能的。我的班委都是自愿加民选产生的；班级实行自主管理；我只和大家一起制定班级目标，至于具体措施，都是班委和同学们一起去找、去落实。我一般只做思路点拨，不会给出具体的解决办法。我相信他们会慢慢把事情做好的，我也会给他们试错的时间。这种大力放权的思想，激发了学生的表现欲和潜能，他们真的把班级管好了。

4. 建暖心制度

任何一个集体，不可能没有制度。我们的班级制度，最初版本是班委和同学们一起制定的；随后就一月一评议，一月一修订，结合具体时间段，建立切合实际的暖心制度，实行符合班情、学情的动态管理。

5. 畅沟通渠道

再暖心的制度，也不可能使所有人满意。所以，我们就设立了多种沟通渠道：面谈、写信、留便条、班级日志留言、课前三分钟演讲等，人人都可以通过恰当的方式对班级事务提出建设性建议。但有一个要求：提出一个问题，必须找至少一个解决办法。

6. 聚教育合力

有效的班级管理，一定是老师、学生、家长"三厢情愿"共同形成合力的结果。我会通过逐个面谈、成立家长委员会、请家长代表讲座、写家长寄语等方式让家长了解班级文化、参与班级管理，让家长真正理解"家长是永不退休的班主任"，最终达到老师、家长、学生一起成长的目的。

我也会运用多种方法，动员各位任课老师参与班级文化建设和班级管理。让所有老师都觉得自己是班级中不可或缺的一分子，积极主动为班级发展建言献策；一些特殊问题，比如个别比较内向的或有特殊情况的女学生的问题，请班级女老师帮助做工作。

7.多换位思考

遇到特殊问题，先站到学生的立场，想想学生是怎么想的；之后再想想自己高中阶段是怎样走过来的，然后思考、寻找他这样做的原因；最后再找谈话的突破口、解决问题的最佳方法。

8.向学生学习

每个人身上，都有值得学习的地方，我会用心观察每一个学生，找到他身上值得学习的地方，寻找恰当的机会，向他请教，与他探讨。这既增长了知识，也融洽了师生关系，为提升学生的格局又行了不言之教，增添了教育合力。

9.做"水滴石穿"之功

26年来的经验告诉我，教育就是一个"水滴石穿"的过程。对每一个孩子都不放弃，也是我坚持的信条。甚至有些家长都想放弃孩子，我仍然会告诉他们要坚持：就像我们不知道哪一滴水会把石头滴穿一样，我们也不知道哪一次的引导和教育会使孩子转变。所以，只有永不放弃，才有"浪子回头"。尽管多年来我教出了包括省市状元在内的许多优秀学生，但我始终认为，真正能转化、挽救一个差生更为可贵！

古语云"从善如登"啊。我常说，什么是好人？就是没时间做坏事的人。所以我们要不停引领学生做正确的事。而教育学生的过程更是完善自己的过程！立德树人的事业，把教育做到"功成"的事业，我们永远在路上！

复式培优法探索

理念提出的背景：

（1）我们班数学方面严峻现实：

学生基础差、接受能力弱、差距明显；老师定位高、讲得多、讲难题多，学生陪练、陪听多，数学成绩整体差。

（2）重要考试、特殊人的经历带来的启示：

①一模成绩前7名对比，我班平均分105.2，南阳一高平均119.7；二模成绩，我校108.2，南阳一高125.3。

同时二模考试除庞凯文做了144分的试题外，其他六位同学全部做了150分的试题。期望值与实际能力之间差距太大！

②有一位同学更为典型：

一模考试做了137分的试题，实际得了85分；二模做了150分的试题，实际得了97分。

这些事实一次次告诉我们，好多东西学生都是一知半解、似会非会，从而导致学生眼高手低、不会科学取舍。

③面对新高考逐渐向难的大趋势，我们只有知己知彼，方能百战不殆。所以在充分研究学情、教情、高考形势的基础上，经过反复研讨，提出这个理念。

一、课堂目的：

（1）面向全体学生落实因材施教的教育观，化解有关矛盾。

（2）让每一个学生在每一节课上都有收获，实实在在因人施策做有用功，真正达到不陪听、不陪学、不陪练的目的，实现尖子生引领、整体提升，达到水涨船高、全班提高的目的；使原来的平面化课堂变为立体化课堂。

二、老师作用：

（1）课堂目标必须明晰；根据学生基础和能力水平，一定要明晰每个学生要掌握哪些知识、提升哪些能力，严防贪多！

（2）课前五个精心：精心研究学生问题、精心分组、精心培养主讲人、精心选变式（变式要具体到人，谁做哪个题注上名字）、精心用变式。

（3）课中认真观察学生表现，引导学生探究答案；注意收集课堂生成，灵活调整方法策略；及时检查清北之星的变式练习完成情况，发现问题为下一节备课做准备。

（4）课后：①通过批改考练和对重点同学调查等方式及时总结得失，形成一个完成的闭环。②将生成的问题恰当融入下一节课，本节课的结束也是下节课的开始。

三、判断标准：

所谓的共性问题是指有四个以上清北之星出错、且全班出错较多的、且高考必考的；特别偏、难、怪的不算。

个性问题是依据各个层次学生的能力，通过讨论和讲解能够真正学会的、性价比高的问题。

共性问题和个性问题，在具体讨论和讲评时均按性价比高低的顺序排列，而不是随意确定、完全可以打乱试题的顺序。

四、操作流程：

1.课前三分钟检测

（1）对象：清北之星。

（2）内容：三分钟之内能完成的、清北之星需要、高考必考的基础知识和基本方法。

（3）方式：口头提问、默写、黑板演板、生生互讲互学、互问互答。

2.共性问题解决流程

（1）精准限时让学生按小组讨论，然后让清北之星讲解；老师以引导为主，原则上不讲，确实需要的老师才讲。

（2）下发答案，学生自主研究、反思感悟。

（3）学生限时整理后变式练习；老师同步在全班巡查，根据学生整理效果，确定变式训练的时间。

3.个性问题解决流程

（1）老师在幻灯片上出示分组安排、主讲人；每组不超过六个人。如果个别题错的人较多，可分成两个小组，培养两名主讲人。

（2）让学生快速在规定时间内到指定地点进行讨论。

（3）老师巡查、引导、指导讨论，重点关注清北生所在的小组。

（4）讨论结束后立即到老师处领答案，回到座位进行整理。

（5）整理后马上进行变式练习。

五、组织讨论：

比如说某一次数学考试，第10题和第15题都是性价比较高的题，有的学生第一轮参加了第10题的讨论，没有参加第15题的讨论。那么在完成第10题整理和变式练习后，老师再组织第二轮讨论：提前分好组，让原来参加第10题的这一次参加第15题，原来参加第15题的这一次参加第10题的讨论。如果有清北之星参加，就让清北之星做主讲人；如果没有，可灵活确定。其他限定时间、指定位置等要求同上一轮。

老师一定要注意观察清北生整理和变式练习的情况，及时对清北之星进行提问、检测、给老师讲题等方式进行巩固；也可采用清北生互讲、老师听评的方式，提高效率；发现问题为下一节课做铺垫。

六、五种状态：

（1）没有问题的清北之星或其他同学直接进行变式练习。

（2）只有很少问题，一点就透的同学，整理后马上安排变式训练。

（3）按时完成老师分配的讨论学习任务。

（4）除老师所指定讨论的个性问题外，少数同学还有其他性价比较高的问题，可三三两两自主讨论。

（5）主动找老师请教、质疑、讨论的。

在老师精准把脉、精心配药的指导下，要达到"有病在家吃药，无病下地干活"的效果。

七、两个咋办：

（1）有些题是蒙对的，但是老师又不讲，那咋办？

首先判断性价比高不高，如果性价比高，就主动请教老师或同学。

（2）有些题性价比较高，但因错的人数较少，老师没有安排讨论，或别人讨论时，因自己分在别的组里，没顾上听咋办？

①先完成老师要求的，再依据情况在课上或课下找老师或同学问。

②复式培优法在使用时，各学科应根据学科差异灵活变通，切忌机械照搬。

③对学生错误较少、但涉及学科主要知识或重要方法的题目，教师可把它列入共性问题。

④教师设计教学活动时，防止学生就题论题，共性问题必须变式充分，达到挖井出水的目的。

八、关于复式分层教学的其他思考：

与"双减"理念匹配的分层教学是一种新的探索。一方面双减与课改的目标指向是相同的；另一方面我校前期课改的氛围、文化、模式积淀为双减背景下的复式分层教学提供了坚实的基础，同时，双减又将成为深化课改的新要求。分层教学模式在历次课改中皆扮演重要角色，那么在双减背景下的分层教学又可以有哪些新策略、新特点呢？

首先对我校以往分层教学探索做一简要回顾：

1. 整体分快慢班

依据学科总成绩将学生分成快慢班，有的叫实验班与普通班。优秀师资集中在好班、实验班，目标指向升学率。这种贴标签式分班，对学困生伤害最大。现在看来，关注了效率，忽视了公平，与现在所提倡的"均衡"是违背的。

2. 组间同质、组内异质的小组教学

将班级学生依成绩分成优中差三列，从优等生中先竞聘产生组长，组长再从优选1人，中、差选2人组成组间同质小组。采取独学、对学、群学、展示来开展小组学习，好学生以小先生身份帮扶学困生，互教互学成为常态。

这为课改倡导的自主、合作、探究新学习模式找到了载体，同时也让普通学校找到了课堂改革的方向、方法、措施。随着时间推移，发现这种小组分层教学也存在弊端：优等生"陪学"严重；模式化；课堂缺少厚度、高度。

【探索之一】组间异质、组内同质的小组教学（班级复式教学）考虑到一些学校、班级、学科学生两极分化比较严重的现实，在复习课或毕业班升学复习阶段，也可采用优对优、中对中、潜能生对潜能生形式分组（类似农村教学点的复式教学），但前提是首先要向学生做好解释说明工作，同时教师要设计好分层的学习内容，做到设计形式分层、内容分层、练习分层、达标检测分层。

需要注意的是一定要按学科分层，某个学生语文课可能在优组，数学课可能在中等组，外语课可能在潜力组；一定要尊重学生的选择，让学生自己选择适合自己学习的小组；一定要允许学生中途调换小组。学习时可借鉴复式教学模式，错开展示时间；同时在编排组座位时要吸收"异质分组时组内就近询问"的优势，便于潜力组、中等组就近解决疑难问题。特点：组间异质，组内同质。

形式1：同质同标分组

各小组学习内容、标准相同，但学习方法、方式不同——优等生独立完成，中等生合作讨论完成，潜能生师生互助完成。基本流程：优等生自主学习，中等生合作学习，潜能生师生互助学习。

形式2：同质异标小组

各小组学习内容、标准各异，一个班分成优等生、中等生、潜能生三个小区（复式班）；在区内异质分组，各区内小组均依小组合作学习程序学习不同层次内容。

【探索之二】学科协作组性质即学科走班制的自选分层教学对初中数学、英语学生基础差异较大的学科，可尝试班级协作组性质组班。

具体方法：2至3名教师自由协商组成学科协作组，教学效果捆绑制考核；学科教学可分两个或三个层级，同一节课分层同时授课，学生可自由选择适合自己学习层次的班级；协作教师轮流教不同层次的班级。同一个学生数学可选A层班，英语可选C层班，注意，不是分快慢班，而是学科组班。

过去的分层教学多在学习内容，课外作业深浅、多少上考虑，现在思考可以从学习路径、提供脚手架等不同视角来开展分层教学。

具体讲，在学习同一内容时，针对优、中、潜能三类学生，教师提供学习方案、学习策略详略不同：学困生给问题、给解决方法，尝试找到答案；中等生只给问题，自己寻找方法、答案；优等生自己发现问题，寻找解决办法，尝试多种方法解答问题。在提供脚手架方面，优等生不导航，自主探究；中等生关键处导航；学困生设置阶段路标，提示导航。这样，各类学生都能在各自最近发展区内学习，也都完成了学习目标，即路径不同，但最终达到目标相同。

双减背景下的分层教学又有哪些新策略、新特点呢？双减背景下，我们要赋予分层教学一些新内涵。分层教学从依成绩分快慢班的粗放式，到被精细化的自主选择的学科走班制所取代。从异质分组的分层教学，到被多元分组的分层教学所取代。从传统的内容难度、练习层次分层到被学习过程不同但目标相同所取代。

匠心独运培英才

培优是我们每个学校的头等大事，也是我们的头等难事，尤其是新高考背景下，我们只是县级高中，更是难上加难。可是我们依然不能忽视培优工作，更要坚定不移地做好培优工作。

我们为什么要培优呢？

因为这是国之所需，民之所盼，也是西峡精神之所在。

有人说21世纪，不缺人才，缺的是英才。从近些年以美国为首的西方国家对中国的围堵、打压来看，科技的发展只有靠我们自己才有未来。所以，为国育英才就是我们不可推卸的责任；在网上喧嚣不停的一种论调说，新高考背景下，寒门再难出贵子。所以普通百姓的教育焦虑就更加突出，更希望孩子能够通过求学实现出人头地的目的。

西峡一高持续21年的质量提升，也实现了西峡教育、南阳教育的精彩篇章。我们有较为完善的培优机制、较为丰富的培优经验，更因为西峡一高有"负重拼搏，敢为人先"的精神。一高人敢想敢干，本着我愿意做到我就能做到的态度，用千方百计不达目的誓不罢休的精神，创造了一个又一个的奇迹。2017年我们取得了河南省文科状元；2018—2022年，四年时间，我们夺得了南阳市高考文理科5个市状元。

我们是怎么培优的呢？

立德树人是教育的根本任务，教师要"以德立身，以德立学，以德施教"。

习主席又叮嘱我们，教师不能只做传授书本知识的教书匠而要做培养学生品格、品行、品味的大先生，因此教师要先树立正确的育人观，要培养德智体美劳全面发展的综合性、高素质人才，绝不能唯分数论。

所以做好培优工作，首先要培养优秀的人品。

所谓人品，我认为应该包含：

（1）好的性格。性格决定命运，一个真正优秀的人应该具备积极乐观、勇敢坚强的性格。

（2）好的品格。一个真正优秀的人应该具有仁爱、诚信、包容、感恩、责任担当、家国情怀等良好的思想道德情操。在这方面，我们以前有过成功的经验，也有惨痛的教训。在培优的过程当中，我会择机给同学们进行这方面的教育，用优秀校友的正面例子来激发学生树立远大的目标，培养优秀的品格。

其次，要培养优秀的学品。

所谓学品是指一个真正优秀的学生应该具备的严谨认真的态度，用尽千方百计，不达目的誓不罢休的精神，百折不回、永不言弃的斗志，和会合作、能创新的能力。

实际就是这个学生在学习过程当中所培养和展现出来的各种优秀品质。

人品和学品的培养必须高出专业，细致入手，内化于心，外化于行，持之以恒，久久为功，最终达到让优秀成为一种习惯的目的。那么，成功就是优秀的副产品。

为实现我校省内领先、国内一流、世界知名的战略目标，我们具体分三步走：

第一步，树立大教育观，大德育观，五育并举，立德树人。在提高学生核心素养的同时，提高教育教学质量，追求高尚的精神境界，把学校建设成为精神高地与文化圣地。在教学上精进业务水平，提高教学效率，2021年高考，我们要确保升入清华北大人数达到6人，一本上线2000人，一本上线率达到70%；第二步，再通过三年努力，到2024年实现升入清华北大人数达到9人，一本上线率达75%；第三步，2027年升至清华北大人数超过10人，一本上线率80%，同时学校硬件，软件建设都达到新的高峰，学校的知名度再度得到提升，成为省内领先、国内一流、世界知名的专业学校。

为此，我们对培优工作做了详细的规划。

一、确立了培优总纲

目标高远争着干、撸起袖子加油干、抓住重点精准干、开动脑筋科学干。

二、建立培优体系

之一：组织体系

校长亲自抓，包级校长每人分包一个特奥班，年级主任是培优直接责任人，与校长签订责任状，年级主任提名校长办公会研究通过全体教职工大会，宣布年级部培优副主任协助年级主任抓好培优班，年级主任提名校长办公会研究通过全体教师教职工大会宣布特优班班主任。

在我们的体系里，班主任是培优的第一责任人，选聘的班主任应具备以下特点：

（1）有激情：能面对各种困难而矢志不移。

（2）有责任心：能认识到个人工作与学校大局的关系。

（3）有协调、组织能力：这是一项系统工程，必须善于处理各种关系。

（4）业务能力强：能用独到的眼光发现问题、解决问题。

（5）吃苦耐劳：俯下身、坐得住。

由班主任、级部主任提名，校长办公会研究通过组成特优班教师团队，教师团队应具备：

（1）精诚团结的合作精神：高考要的是总成绩，必须有大局意识。

（2）精湛精深的专业水平：高技术含量的工作，必须专业。

（3）精益求精的工作态度：小县城培清北，哪一个不是精雕细琢。

学校在全校范围内挑选经验丰富的教师组成专家团队和顾问团队：集全校之力，全民培优。

学校为年级配计算机老师一名，负责所有培优班的信息整理、资料整理、数据分析等工作。

之二：

其核心要求是：众"心"捧月，九"心"归一。

校长上心：必须是一把手工程。

包级校长挂心：校级的第一责任人。

级部主任倾心：整个团队的第一责任人。

培优主任用心：坚实的外援。

班主任专心：真正的第一责任人。

各科老师精心：技术核心。

家长细心：及时发现问题，及时沟通。

同学们真心：全班都支持，没有恶性竞争。

清北之星有野心：要做状元，要做省状元。

之三：其具体要求

会合作，即六个老师、专家、顾问一盘棋；形成团队不单打独斗，有策略。

含义有二：一是精心研究，有应对现在高考更加注重创新人才的选拔、开放性增大的策略；二是有细心、耐心、恒心，有应对各种学生的策略。

组准题，即老师要先针对清北之星知识上的重点、难点、易错点、易混点进行精准组题。

限时练，即变随意练为限时练，因为高考是一场限时竞赛。限时收交，限时批改，提高答题效率和批改效率。

重点讲，即变教师讲为主为学生讲为主。

即时变，即变集中讲集中练为边讲边变边练。

形成网，即学生在复习备考过程中要善于形成知识网络或思维导图，最终达到脑中有纲、笔下有网、心中不慌的目的。

整体战，即学生六科一个都不能偏科。

三、基本工作要求

（1）班主任一周内、任课老师两周内熟悉学生的家庭基本情况、身体状况、性格特点、各学科前期学习情况、存在的问题等；和全体学生谈话一遍，做好记录。

（2）包级校长、级部主任一月内了解清北之星的以上情况，并做好记录。

（3）根据授课、作业、考试、谈话等反映出来的问题，制定对应的措施；及时落实、及时反馈、反复强化，直至问题解决。

（4）用好三个本子：谈话记录本、问题跟踪本、纠错本。

（5）开好两个会：班情分析会、专家会诊会。

（6）树立"补弱必先立强"的理念：清北之星做到学科成绩均衡是最理想的；其次要做到六个学科中至少要有一个优势学科。

四、选人

身体素质好：高考说到底，首先是身体素质的考试。再有水平，考场上生病，发挥不出来，都等于零。

心理素质好。

性格、品行好：人品大于成绩、做人重于做题。

本人态度好、意愿强烈：这是能够培养成功的最基本条件。

家庭态度好、意愿强烈：这是形成教育合力的基本保障。

老师也看好：这是培优过程中最具技术含量的因素。

坚持持续培养、动态管理、综合评价的原则：可以换人，激活团队竞争力。

五、教师层面的具体做法：研、教、创

1.精研细思，明确方向

（1）研课标，把握教学重点

考试大纲是高考命题的直接依据，而课标是制定大纲的基本依据。课程标准提出的课程的性质、理念、思路、目标、标准、建议可以给我们进行全面、精细、准确、扎实的一轮备考提供正确的指导方向。课程标准是我们在高一高二新授课时应该参照依据的尺度，但这并不意味着高三可以把它束之高阁。一轮复习的主要任务是夯实基础知识、发展基本能力、提升基本素养、掌握基本方法，那么，什么是基础，怎样夯实基础，夯实到什么程度，对某一个知识点的能力要求是哪个层级，了解、知道、理解还是运用，等等。这些具体化的内容，考纲是提供不了的，只有课程标准才能给我们翔实的解答，才是我们清除疑点、攻破难点、查漏补缺最好的依据。因此整个一轮复习进程中，要把2017年新版课程标准放在手边，对于考纲要求的每一个知识点主要结合课程标准的要求一一落实到位，这样，就有利于很好地把握教学的重点，集中精力做有用功。

（2）研考纲，明确高考方向

学习、分析、研究考试大纲，以更好地明确高考方向，更清晰地把握考察能力，是一个高三教师必须具备的素养。学校先后两次组织了教研组集中研讨，一次是去年8月底，另一次是在备考到了紧急关头的6月份，但是，磨刀不误砍柴工，对考纲的理解和体悟，给科学精细培优提供了方向性参考。

（3）研考题，知晓命题规律

每年8月底，我们安排全部高三教师，集中演练、分析近五年全国课标卷试题和自主命题的部分省市试题。在平常的复习备考中，我们也在不断地演练更多的高考题。我们认为，对高考题的演练不能仅仅停留在做了、分析过答案、能讲给学生，我们要切切实实地研究高考题，多角度、全方位进行研究，比如新课标Ⅰ卷是我们河南省要使用的试题，我们应该从试题结构、形式、内容、特点等角度对历年试卷进行纵向研究；还要对新课标三套试卷横向比较研究，甚至要把地方卷（如北京、上海、浙江、江苏、海南等）尤其是海南卷（课标卷同一个命题小组，有"高考改革试验田"之说）和北京卷（国家政治文化中心，试题有引领性作用）与全国卷进行比较研究，以更好地知晓高考命题规律，给学生以正确的引导。

（4）研细则，找准应对策略

从每年河南省招生办反馈的信息来看，综合题一直都是学生的软肋，这反映出学生在综合题的解答中存在着诸多的问题，甚至也反映出我们在复习备考中对综合题的训练、批改、讲评、引导等方面也存在与高考评分标准和细则不一致的地方。深研《考试大纲》，能捕捉命题方向，预测命题趋势；而解读评分细则，则能剖析学生问题，找准应对策略。从17级备考开始，我们每年都会花上一段时间，集中收集各省份尤其是河南省高考主观题评分细则，分类整理成重要的备考资料，虽然花费了很多时间和精力，但是，这能让我们更清楚地知道高考题答案的组织逻辑与思维，从而在指导学生组织答案时能更好地找准问题，对症下药。

2.精致教学，抓尖培优

（1）精彩课堂，研磨出精品

整个高三一年的复习备考，我们的课堂其实大多是两种课型，即复习课和习题讲评课。精心备好这两种课，优化课堂环节，研磨出精品课例，无疑便抓住了备考的主阵地，会起到事半功倍的效果。这两种课型，我们学校都有比较规范科学的操作流程，我们要求教师一定要做足课前准备，无论是复习课的研课标、研考纲、研考题、研教材、研教法、研学情还是讲评课的备知识、备答案、备易错、备误区、备差距、备变式，都要沉下心来，舍得下功夫。复习课要重点讲解突破难点，要让学生反思积累挖掘提升点，整合考点形成知识体系。讲评课要通过讲评提示，引导学生对相关考点进行归纳总结，体会考点的考察形式；查找错因，反思自身不足；要通过对主观题审题规范和作答步骤的讲评，让学生对比答案，查找失分点，提升综合能力；要及时地总结规律、出示变式，归类整理，举一反三，做到厚积薄发。同时针对清北之星，还要注重过程评析，即一定要创设条件，让清北之星充分展现思维过程（他当时做题时怎么想的，为什么要这样想）；要针对他们的思维缺陷，切实讲清错因，以达到"与其伤其十指，不如断其一指"的教学效果。

（2）精选习题，训练有档次

培优班要做其他班级做的题目，但不能仅仅做这些题目，否则，培优拔尖就无从说起。所以要让学生多见题，见新题，多做题，做好题，要拓宽学生视野、开阔学生思路，要让学生在考试中居高临下、正常发挥，教师就必须先下题海，多获信息，准确把握试题要领，精准把脉命题趋势，精选习题，使学生的训练有档次，能力有提升。一年下来，每个学科的自主训练、系统回顾与拓展训练及清北之星的点餐训练以及错题滚动回放变式，都超过150次，每一份试题都是培优老师在教研组常规训练之外的拓展延伸，都经历过题海遨游的精挑细选。

（3）精雕细琢，规范提能力

规范就是能力，认真就是水平。清北之星更应明白，高手对决，细节决定成败。从高二下学期开始一轮复习，我们就灌输给学生的理念是：理论上，一轮复习，任务是知道自己应该知道什么；二轮复习，目标是知道自己还不知道什么；三轮的全真模拟拉练要尽力释放自己知道的一切，实现完美操作。但现实中，我们在抓好每一阶段主要矛盾的同时，要统筹兼顾，任何考试和训练都要尽力释放自己知道的一切，实现完美操作。因此，我们一定要规范每一次训练和考试，争取不留卷面遗憾。具体到复习备考中，我们的基本原则是每一份学案和练习都要在规定时间内闭卷完成，不可翻阅课本和资料。同时，从书写到卷面，再到答题内容应该排放的位置、排列顺序、序号的运用都要认真考虑，养成习惯，规范作答。讲评课上，通过对清北之星试卷和优秀试卷的展示，让学生查找差距，强化学生规范做题的意识。每一次大型考试前，都印发学科大型考试规范答题要求并做好考前指导。对于规范上存在问题的学生，一定要面对面剖析，指出问题，共同解决。规范培养要重在平时，重在细节，重在积累，从多拿一分做起，强化"多拿一分，多对一题"的意识。琢玉成器，唯有精雕细琢。

3. 开放创新，与时俱进

教育改革作为全面深化改革的一部分在一步一步地逐渐推进。

"一体四层四翼"的评价体系，核心素养指导下的高考命题，作为一名高中教师，身临教育一线，这些信息决不能充耳不闻，也不能闻而不理。高考的导向，大纲的变化，使得基于高考改革的复习备考也应该开放创新，与时俱进。

（1）观念创新，注重方法引领

目前的高考正在由学科知识本位的高考转向学科核心素养本位的高考，试题的创新、答案的开放、情境的复杂作为高考"新常态"，对学生的学科能力无疑提出了更高的要求，授之以鱼不如授之以渔，方法引领优于知识传授。一年的复习备考，我们先后给学生讲解过几种重要的思维方法，比如判断、比较、概括、分析、归纳、演绎，尤其是演绎的思维方法，通过反复练习，让学生能够熟练运用，最终形成能力。

（2）内容创新，补充拓展知识

我们目前使用的一直是2017年修订的考试大纲，该考试大纲的考核目标和要求与以往相比有一个重大变化，即将原来的一些纯知识性内容的考察一律调整为"有关学科知识"，这一变化，表面上看，是语言更加简洁概括，但实质上这使得现在的高考考课本以外的相关学科知识有了官方的依据。

另外，高考命题以高校教师为主体，命题专家所关注的主要是与高校课程密切相关的内容甚至学术前沿的问题，因此，我们不能把教科书当作金科玉律，高中教材只是教材的依托，要善于抓住学科的主干知识，适当整合教材，更新过时的观点和结论（比如文科课改省份使用的部编版新教材的新的知识点等），补充与拓展考点上有但教材上不明确的，使学科知识更准确，体系更完整。比如文科政治和历史，我们就补充了内容，或自己印了校本资料。

（3）课程创新，拓宽学生视野

不回避热点，紧密联系生活，创设新情境，注重理论与现实的有机结合，是历届高考的常规命题思路。针对这个特点，我们文科一直坚持从《人民日报》《光明日报》《京华日报》《中国青年报》等报刊的电子版中精选时政热点评论，每月或每半月印发给学生。同时，我们订有《中学生时事政治报》《时事》《中国地理》《南方周末》《英语周报》等，按时发给学生。为了保证学生的阅读时间，我们每周拿出一节课的时间，供学生阅读。通过这些努力，拓展学生的视野，提升学科素养。

（4）管理创新，使培优工作"天天向上"

①"三分教，七分管"，要敢于把学生挤到墙角，要亲眼看见他们的变化。每个人都有惰性，即使他有着强烈的上进心，也还是需要有人在背后进行督促，正所谓"三分教，七分管"。因此，我们应客观地看待培优班学生，正确认识"清北之星"，用他们的上进心和自觉性鼓励他们好好学习，同时，也要注意他们的惰性，勤检查督促，作业、背书，纠错整理和回顾反思，都要盯着他们落实，要亲眼看见他们的变化、改进。

②清北之星的问题整理要坚持周周清、月月清、学年清。每次批改作业和周考，我们都会记录他们的问题，错题、考查知识点、错因、变式等，后来学校安排了老师帮我们整理电子版，这给我们分析把握学生的问题提供了很好的一手资料。

③坚定信心，矢志不移，重视困难，但不被困难所打倒。作为教师应该做一盏永不熄灭的希望之灯！

三年的培优工作肯定是要历经磨难、困难重重。南阳一中的绝对优势，淅川一高的紧追不舍，偶尔还有的异军突起，都会对我们师生的自信心造成一次次的打击，我们的心理压力也会一次次加大，但我们培优团队的每一个人，都要想尽各种办法激励、鼓励培优班的每一个学生，无论任何时候，我们都要做到平心静气地查找学生问题，想方设法找到解决措施，像一盏明灯，照亮学生的前路！

六、学生层面的具体做法

1.高度重视纠错

理念的纠正：改进改进，改了才能进，改了就能进。

方法上的纠正：同样是10分的题，一个得2分，一个得8分，先纠哪个？纠几遍？达到什么境界？（高考是一场限时竞赛，考的就是单位时间内的有用功）变纠错为"究错"；研究总分和单科第一名的试卷。

措施上的跟进：榜样引领；老师检查；即时变式考试滚动；班主任抽查。

2.高度重视回归课本

书本：书就是根本，不看书，看什么？

作业本：作业是检测学习效果的根本手段。必须做作业，必须限时完成。

高三的5月份必须回归课本。

背书：所有科目，尤其是政史地三科，必须一字不差地背课本原文，不准随意更换词语，更不准"意思对即可"。

数学的回归：课本上300多道例题，必须重新做一遍。

难题的组成：正如一个笔画繁多、字形复杂的汉字，可以拆成4个左右的简单汉字或偏旁一样，一个复杂的数学题也是由3~4个简单题构成的。所以，把基础抓牢，培优出能把复杂题拆分成简单题的能力，就特别重要。

七、临界清北之星的培优

培优都知道要重点培养清北之星，但是临界清北之星的培养同样不可忽视。有些时候，老师稍微关注一下临界清北之星，学生觉得老师比较重视自己，学习劲头更足，有些时候，这些临界清北之星往往考得比清北之星还要理想，所以这些临界清北生的培养不可忽视。

八、文科清北班的物化生和理科清北班的政史地教学

文科清北班的物化生和理科清北班的政史地，要按照正课认真地教。因为无论是一个优秀的文科清北之星还是一个优秀的理科清北之星，要想考上清华北大，必须具备超强的感性思维和理性思维，必须有强大的逻辑思维能力，必须建立起强大的逻辑思维体系。所以，文科清北班的物化生和理科清北班的政史地教学必须正规化、常态化。

九、成立清北班主任工作室

工作室成员：管委会领导，学校三个年级的特优班班主任。

研究对象：以高三三个特优班清北之星为主，高一高二年级清北之星为辅。

研究思路：研究清北之星的优势学科薄弱知识点产生的深层原因，使其知识链条无盲点；研究清北之星弱势学科产生的深层原因，使其学科平衡发展；研究清北之星非智力失分的各种原因，使其分数提高；研究把脉清北之星的心理状况，使其积极坚强。

研究方法：

（1）建立清北之星个人社会关系档案，内容包括：家庭人员组成，家庭经济来源，结交的朋友，初中、小学的班主任，实现对清北成员全方位的透视和透析，着力正确培养清北之星的"三观"。

（2）建立清北之星的成长档案和成绩档案。成长档案涵盖高中阶段甚至初中阶段的所有奖励、发表的文章、参加的社会实践活动等，把握其思想成长规律。成绩档案涵盖高中阶段甚至初中阶段的每一次考试成绩，不仅重视学年的四次成绩，还要重视每个学期中每次周考的成绩，最好将考试成绩和考查的知识点对接起来，建立数据库。依据这些数据，高三伊始就可有针对性制定档案。

一对一的培养计划和所有清北的培养计划，凡是清北知识链条有漏洞的环节就都给补上，凡是清北薄弱的环节就加强训练。

高三的二轮复习，依据一轮复习时建立的清北档案，一方面查漏补缺，一方面培养其优势学科。

第三轮复习依据二轮复习时建立的档案再次理出知识的薄弱环节，对他们进行有针对性的提升和训练。高考不止，研究不息。

活动方法：工作室主任由年级管委会主管校长担任，每个星期或者两个星期活动一次，时间定在下午的课外活动，每次活动由一名高三特优班班主任主持，每一次每班重点研究三位清北之星，依据建立的清北之星的社会关系档案，成长档案和成绩档案，研究制定出下一阶段的培养目标和培养计划。前三次活动研究高三的清北之星，最后一次研究高一高二的清北之星，以此类推。

一模后，工作室的工作重心全部转移到高三的清北之星的研究和培养上。

十、成立学生心理辅导工作室

工作室成立的原因：普通班有厌学的，那些成绩优秀的，包括清北之星在内，或多或少地存在焦虑情绪等心理问题，如果得不到及时疏导就会严重影响考试的正常发挥。

工作室成员组成：年级管委会领导，学校的心理学老师，经验丰富的班主任。

工作室的研究对象和范围：工作室以高中学生为主要研究对象，重点研究高中学生成长规律，成长过程中心理卫生、性教育。研究高中学生自信心的建立与保护，研究学生厌学的深层原因，研究影响学生考试紧张的若干心理状态和排除方法，研究学生上课分心走神的原因和解决办法等。

活动方法：为前来咨询的同学建立心理问题档案，跟踪辅导。心理学老师重点从专业方面为这些同学解决问题；班主任老师着重从实践经验方面疏导学生心理问题。一个月进行一次心理辅导报告会，有计划、有目的地去疏导学生的心理问题。报告会的老师可以是我校的心理咨询工作室的老师，也可以聘请与我校建立生源基地的高校心理学教授或者专家。报告会定期举行，可放在每次大型考试前。让心理疏导、励志报告常态化。

一模考试过后，对特优班特别是对清北之星进行心理疏导，让他们心灵洒满阳光，带上自信踏进考场，考出好成绩，考进清华北大。

十一、打造校园文化工程

培养学生核心素养。学校是一个综合性的育人场所，既要教会学生必备的知识能力，更要培养学生的核心素养。而校园文化作为一所学校的软实力，一直以来在教育过程中都发挥着潜移默化、举足轻重的作用，不容忽视。

1.丰富完善的校园文化

经过十几年的积淀，我校的校园文化已经初具规模，"墙壁会说话，草木能育人"的初级阶段已经基本实现，各个教学楼走廊、办公场所、展板基本都有内容覆盖，能体现新高考的导向和新课改的理念。学校统筹规划，在规定主题的前提下，根据各年级特点、学科特点、地域特点丰富和完善校园文化的内容。例如在高一年级增加行为习惯养成和学科指导方面的内容，高三年级则增加高考新动向、励志教育、信心教育和心理调适等方面的内容；厕所旁边做一些青少年吸烟有害健康和卫生防疫方面的版面等；报告厅和阶梯教室则增加一些公共场合礼仪、集会要求等，既有一个年级的统一色调，协调美观，又体现不同年级特色、个性化内容。

2.塑造校园文化内核，形成地标或核心文化区

一个让人印象最深刻的地方就应该是这个学校的地标或者是核心文化区，校园文化的内核就应该在此体现。比如我们"负重拼搏，敢为人先"的一高精神，"三疑三探"的课改名片，一高学子的创新精神，追求卓越的奋进姿态等。①在校园打造"精神长廊"，全方位展示校园核心文化，形成一个地标式的核心文化区。②定期开放校史馆，让每一位一高学子从一高坎坷而辉煌的发展历程中，感受到一高精神和校训的文化内涵，让每一位加入一高团队的教师从一高辉煌的荣誉中，感受到肩上的责任和荣光。

3.让每一个班级成为具有生命力的文化园地

班级文化建设作为校园文化建设的一个重要内容，具有其强大的德育生命力，也是锻炼班主任能力的一个重要平台。所以：①由级部统一组织班级开展班

级文化建设。既要有必备板块，更要有创新内容，学校除了要组织检查做没做之外，更可以以级部为单位组织质量的评比。级部在开展班级文化建设前要召开专题会议，定主题，定板块，并对个性内容制定大的框架，保证无出格内容。②要定期组织班级文化建设的学习和观摩活动，尤其是要让新任的班主任从优秀的班级文化建设活动中汲取营养，不断思考和提升。③除了静态的墙报、标语之外，班级文化还包含了班会、班级活动等，要根据时间节点和学生的具体情况开展动态活动，让班级成为具有生命力的文化园地。比如饭后学唱校歌、班歌；班级之间的激情挑战；重大节日纪念日的即时性班会；时政新闻的学习和讨论等。

让我们一起突围

一、我们的教育理念、管理理念

（1）教育理念：对全体学生负责，对学生终身发展负责；培养有创新能力的国际型人才。

（2）管理理念：高层次决策，低重心运行。

二、级部教育理念、管理理念

级部教育理念：用教育实践给学生有尊严的生活。

级部管理理念：以人为本，尊重师生，尊重教育规律、运用教育规律、发现教育规律；营造乐学乐教的氛围。

三、级部构成

一位正主任、四位副主任、四位主任助理。

四、级部职责

用"以人为本"的理念，帮老师找到归属感、使命感、成就感；用"臻于至善"的理念，帮老师们成为有朝气、有正气、有灵气、有大气、有书卷气的"文化人"。具体有两点：

（1）引领和激发。引领师生热爱生活、热爱读书；引领师生尊重、运用、发现教育规律；激发师生勇于创新的热情。

（2）落实和总结升华。常规教育教学工作、课改班改工作、学生管理工作的落实和经验总结升华。工作的核心是落实，成长成功的核心是不断总结升华、勇于创新。

五、级部学生工作的理念

（1）通过三年的学习，让学生拥有健康的身体，积极、乐观、坚强的性格，拥有敢担责任、勇于创新的精神。体现学校"大气育人，育大气的人"的思想。

（2）取得理想的成绩，考上心仪的大学，找到实现人生价值的更广阔的舞台，为人生的40岁奠基。

六、具体做法

1. 级部班子组建及职责

主任：学校公选产生，三年一轮次，负责级部全面工作。

教务副主任一名：由级部主任在级部任课教师中择优选聘，负责级部的常规教学工作、教师管理和考评工作。

政务副主任一名：由级部主任在班主任队伍中择优选聘，负责级部的班主任培训、管理工作、班改引导及推进工作、学生管理工作、指导级部学生会工作、级部日常管理工作。

教改副主任一名：由级部主任在级部全体教师中选聘。负责级部的教改、班改工作的落实。各项数据统计，级部向学校其他各职能部门材料的上交，查课，配合教务、政务副主任的工作及其他日常工作。

培优副主任一名：由级部主任在级部全体教师中选聘。负责级部的培优工作。

2. 班主任选聘及管理

（1）职责：管理班级全面工作，制定班级管理的各项目标，引领师生达成目标；点燃学生学习激情、激发学生的创新力；落实学校的各项管理工作。

（2）选聘：在级部任课老师中择优选聘那些有教育热情、有教育理想、有责任心、勤于思考、勇于创新的同志。

（3）培养（训）：树立"四观"。

树立正确的育人观：

要培养有责任、有激情、能创新、有建设性的教师，不能把学生当作考试机器。德育工作长期化，努力把学生培养成能够独立思考、吸纳创新的创新型人才。

树立积极的奖惩观：

基本原则：激发是目的，奖惩是手段。少用惩，要善用、多用奖。

研究表明，批评对人的潜能的激发可能在20% ~ 30%，但一旦得到激励，就可能激发潜能的80%。同样，没有惩戒的教育也是不完善的教育。所以，也要有适当的惩戒。

惩戒要注意方法：要少批多评，要口下留德，手下留情；让学生明白事理、知道该怎么做，真正受益，真正成长。学生犯错不能简单地说"不对"，要给学生指出"错在哪里""应该怎么办"。

同时也要注意惩罚的及时性。

最后，罚要具体，有意义，有实效。比如让学生学习《西峡一高学生手册》，对照自己日常行为进行综合反思：根据具体错误，背诵、体味《弟子规》相关内容等，写心得体会并制订改正计划等。

树立正确的质量观：

分数和必要的练习只是我们培养学生严谨认真的态度、千方百计达成目标的精神和百折不回永不言弃的斗志的手段，而不是最终目的。成绩就一次有效，教学质量不唯成绩论。我们把培养健康的人作为判断质量高下的标准。我们要把培养学生认真倾听、勇于评价、敢于质疑、善于表达、不断反思、积极创新的良好品质与习惯作为工作的重点。让学生在学得生存技能的同时，撷取人类文明的精华并能思考存在的意义。

树立宽严相济、因人而异的管理观：

俗话说"宽是害严是爱""严师出高徒"，有效的教育是先严后松，无效的教育是先松后严。但一定要因时因事因人而异，严在当严处，严在能严处，严在真爱处。马和牛赛跑，当然是牛输了，但这不能怪牛无能，只能怪设计比赛的人愚蠢。我们始终坚信，每个孩子都是一朵花期不同、花色不同的花。我们相信每个孩子都有自己的优点，每个孩子也都有向善的愿望。我们老师的职责就是要发现不同孩子的不同优点，然后因人而异地进行引导和激发，因人而异地进行管理。

（4）组织学习魏书生、王金战、任小爱、李金池、李镇西、万伟等专家的材料。

（5）到外地名校学习。

（6）级部组织每周一次经验交流会（单周日早年级组织；双周周五早级部组织）。

（7）组织学习《责任大于能力》《没有任何借口》《学习哪有那么难》等材料。

（8）感悟《成功的哲学》，引领学生学习、理解、实践。

（9）师徒结对，以老带新。

（10）积极参加校内比赛，经验交流等。

（11）见习班主任制度。

（12）进行班级、小组、寝室文化建设。

我们认为"以文化人"应该是教育的根本目的。校园文化是学校的灵魂，班级文化是班级的灵魂，是班级的一种思维方式，一种文化传统，一种行为方式，它自觉或不自觉地通过一定的形式融会到班级集体的学习、生活等各个方面，形成一种良好的自觉的思维、行为习惯，潜移默化地影响着他们的行为。班级文化建设要内外兼顾、形神统一、由表及里、昂扬向上、崇尚荣誉。班级文化包括班名、班徽、班训、班歌、励志语及其他具有激励作用的文字图片、课间操奋发向上的口号等，还包括班级形象、班级精神、班级目标、班级制度、人际关系、团队意识等。小组文化、寝室文化同样建设，让学生时时处处接受文化的熏陶。

（13）学习小组建设。

我校的小组特质是"自主、团队、创新"，班级按照"组内异质，组间同质"的原则组建学习小组，每组4~6人。在日常工作中是管理团队，在课堂、课外学习中是学习团队。学生通过在团队中的自主管理、自主学习、合作探究，共同成长，"把教学相长拓展到整个课堂内外，让差异资源衍生出万千学长"是我校三疑三探课堂的基本理念，通过学习小组建设，让学生教会学生，实现课堂高效到学习高效、学会到会学的高级目标。每班每月都要组织一次评选活动，评选出"评价之星""展示之星""质疑之星""编题之星"和诺奖小组。

（14）临界生培养。

学习委员、小组长对临界生的培养都负有责任。全员参与培养和管理。

具体说来，我们采用的是"包、竞并行"的临界生培养机制。班主任根据观察分析确定临界生，并把他们分包给相应的任课教师进行补差。要求老师课前提问或演板、课堂根据临界生情况授课、课下追踪"纠错"和"究错"，对效果好的教师进行奖励；由学习委员根据总成绩把他们分成势均力敌的两队，选派过一本的优秀学生做队长，队长根据他们薄弱科目的不同把他们分成不同小组，选派该科强、责任心强的同学做组长。学习委员对两队进行评比和督导，队长对组长进行评比和督导。组长带领组员冲刺目标，优胜队长、组长予以奖励。班主任再把学生的冲刺目标（或理想园）和实现情况、获奖情况用短信或照片发给家长，让家长择机对学生进行激励或督促。

（15）组织各类活动，培养学生综合实力，提升学生整体素质，增加学生人文素养。

我们提出，要以活动为载体，培养学生大胆、大声、大气的基本的"领袖气质"，以培养"有责任敢担当、有爱心能宽容、有学识敢创新、有思想能表达"的四有公民为宗旨，让学生在思考力、表达力等方面得到实实在在的提升，让学生在西峡一高学习三年，受用三十年甚至一辈子。

活动形式灵活多样，演讲、辩论、课前三分钟、课堂评价、各类班会竞赛、诗歌朗诵、校园主持人大赛、西峡一高电视台节目、班级（学校）最美人物评选、校园小记者、来宾接待、学生自主管理（小黄帽）等。

3.教师的管理

管理理念：用愉快的教育实践、宽松的教育环境给教师有尊严、有激情、有价值的生活。

（1）讨论、统一级部的教育教学目标，达成共识教育目标。

没有先进的教育理念引导的教育实践极有可能是"毁人不倦"。所以，我们必须明白我们的角色：从文明的传承者变为创新人才的催生者；从教育理论的消费者变为教育理论的构建者；从职业岗位的奉献者变为生命价值的追求者；从知识技能的传授者变为学生灵魂和"精神长相"的塑造者。

①职责定位：引领学生追求梦想，点燃学生创新的激情。教育不是灌输而是点燃。由交给学生知识、方法走向启迪学生思想、激发学生内驱力，点燃学生的

创造力。

②快乐心态定位：乐教。

自己快乐地教、创新地教，教会学生快乐地学。

我们有一个理念：既然离不开它，那就热爱它。

所以，我们变被动的苦教为主动的"乐教"。

我经常说：古语云"医不自治"。作为老师，"看了别人的园，荒了自己的田"，是一种悲哀。我们要扭转这种现状，我们就要转变观念。现在有拿别人的孩子做"实验"的机会，就以此积累管理自己孩子的经验，何乐而不为呢？

我坚持认为，每个孩子都是一朵花期不同、花色不同的花。当你徜徉在百花园里的时候，心情就好，心情好，教学效果就好、学生的学习效果也好。

（2）学校组织的业务学习和级部组织的管理学习。

每周坚持周一周二业务学习；组织外出学习、培训、集训等，不断更新老师的思想理念，让大家与时俱进，防止骄傲自满、故步自封。

（3）师德、考勤：按学校相关规定。

（4）备、讲、辅、批、考、评、补的各个环节的引领和监督。

备：使用公共教案；

讲：把课堂还给学生；教师主要作为评价者出现：评规范、评思路、评方法总结，老师点规范、点思路、点方法总结。

批：凡作业有布置就有收交、批改；因人而异要有鼓励性评语。期中、期末都要进行优秀评语评选，然后择优奖励。

考：教研组自主命题，20%来自学生，要在试题后面注上出题学生的班级、姓名。

评：正确率或得分率在80%以上的不讲，在50%以下的要一题一讨论，一题一展示，一题一评价，一题一变式。变式由老师先示范，然后引导学生出变式。最后总结出题规律答题规律。

补：突出临界生，按前面所说方法进行。级部不定期检查。

（5）新老教师徒结对的"青蓝计划"：新进教师在组内找一名老教师做师父，并签订师徒结对协议。师徒二人每周至少互听互评两节课。徒弟要先听课，后上课。级部在排课表时要错开。级部不定期检查听课记录。

（6）新教师坐班制度：周一至周五坐4个晚上，每晚7：30—9：00备课或业务学习。其间不准看电影、玩游戏，做与业务无关的事。级部不定时检查。

（7）学校、级部赛课：每周各组出两名教师赛课，前两周的优胜者第三周比赛，胜出者代表级部参加学校第四周进行的赛课。级部对胜出的教师进行奖励。

（8）考核和奖励：级部实行积分管理。

师德积分、管理积分、考绩积分、创新积分等综合考评。综合积分在前的教研组、教师个人在评优评先、奖金分配、职称晋升等方面优先。同时注重精神激励：各个节日都发送别致的祝福短信、教师生日级部送上鲜花和祝福等。以奖代罚，多奖少罚。多体现人文关怀，少体现制度无情。我们努力探寻并遵循教育规律：关注人，突出学，先入模，后出模，先教死，再教活。我们努力驾驭好教育的三驾马车：知识教学，课堂管理，习惯养成。我们努力理顺开放课堂的辩证性：放开展示，不放开指导；放开创新，不放开示范；放开思维，不放开效率；放开课堂，不放开质量。

4.学生管理

（1）明确来西峡一高的目的：

①通过三年学习，锻炼出强健的身体，磨炼出积极、乐观、坚强的性格，培养勇于创新的精神；

②通过三年的学习，取得优异的成绩，考上理想大学，找到实现人生价值的更高平台。

（2）学习的目的：

为"改变"而学，不断完善自我。努力工作，首先达到衣食无忧；但更是为了拥有荣誉、尊严、自由等高层次精神追求；最终为了民族复兴、国家富强！

（3）营造"乐学"氛围，"闲了没事做题玩"是我们的口号之一；我们更采取灵活多样的形式（比如三疑三探课堂文体活动、实践活动等），让学生感受成功的喜悦，学生慢慢就热爱学习。

我们也对所谓的差生有自己的定义：我们没有差生，只有正在成功的学生。从精神上帮助学生脱贫，从而快快乐乐地投入学习。

（4）培养良好的思维习惯、行为习惯、学习习惯，尤其是思维习惯的培养：利用《没有任何借口》（书籍）、《责任大于能力》（讲座），《成功的哲学》（自创励志）等和各种活动、日常细节培养学生积极健康的思维习惯；引导学生做积极乐观的人（如"掉河抓鱼""消极的人：生活一半是倒霉，另一半是如何处理倒霉"等名言）。强化细节管理，引导学生养成良好行为习惯（如垃圾处理）、学习习惯（纠错、究错）。

（5）《成功的哲学》：

——我尊重我自己，我坚信我的努力，我会积极争取每一个机会。

——我能够成功地处理我的成功，更能够成功地处理我的失败。

——我知道办法总比困难多，我不会为自己的失败找任何借口。

——我知道人不服我是我无能，我不服人是我无量。

——我知道只有帮助别人成功我才能成功。

——我感恩家庭，关爱他人，忠诚祖国，勇于创新；视民族昌盛业绩报国为己任。

——我坚毅果敢、正直勤奋，言必行，行必果。我是最好的，我爱我自己，我相信我一定能成功。

（6）学习《西峡一高学习手册》，每学期都要进行手册考试，85分以下要补考。要让学生明白规则、尊重规则、热爱规则。通过各种事例和日常小事，让学生明白规则是我们"最坚实的盔甲和最温暖的外衣"。

（7）组织丰富多彩的活动，全程让学生自己策划行动、完成，培养学生的团队意识、责任意识、合作意识、感恩意识、创新意识等。如我的同学某某变了、寻找班（年）级最美人物、光盘或阅读材料阅读后交流、"我们的节日"（春节、灯节、清明、五一、五四、母亲节、父亲节、端午节、七一、教师节、开学典礼、国庆节、文明礼貌月活动、百日冲刺誓师大会）系列活动、班级间挑战等。

（8）组织大班会（每周按学校或级部统一的主题在统一时间召开。学校有西峡一高三年必开的50个班会。级部在开学之初也大致排好一学期各阶段要开班会的主题）、小班会（天天坚持）。通过班会，解决学习、生活中的各种问题，提升认知水平，营造良好班风学风。

（9）班级自治管理，班两（三）部（委）的探索在全班公选班长、学习委员、纪律委员、生活委员、体育委员兼男生部长（负责男生午休夜寝）、团支书兼女生部长（负责女生午休夜寝）各一名，组成独立的总部，负责对两部工作进行指导评价；再公选部长两名，部长按成绩均衡的原则挑人，并在部内竞选组建自己的管理团队、分组、竞选组长、排座位、制定管理方针及细则。每天总部出一人，一、二部轮流出一人做值日生。晚饭后公示当日一、二部，男女部积分，小班会进行点评，男女部长点评午休、夜寝情况。两周评选一次优胜级部，照相、颁发奖状、班主任进行惊喜奖励（如3月初给他们的草莓等）。

（10）创造性的激励机制。（尊重、激励、引导、帮扶）潜力小组（同学）、优胜小组（同学），为他们准备新颖的礼物、家校结合激励（把学生的获奖信息或图片有微信发给家长一起分享、给家长发喜报、让学生现场用老师手机给家长打个电话、请家长来学校一起参加颁奖典礼等）、优胜小组或优胜部去公园游玩、多上一节体育课等。老师要常备两样东西：真诚热情的鼓励和一个棒棒糖。

（11）有针对性、有意义、有创意、讲实效的惩戒机制。让学生通过惩戒明白事理，真正受益，感激老师，乐于改过。级部和班级要追踪落实。

5.学生会工作

学生会主要分为体育部、卫生部、纪检部、督察部，每个部门分工不同，职责不同。

体育部：主要负责查操、统计并汇报政务处，出操铃响后，主要检查3号教学楼、政务处门口的集合质量、出操人数、出操着装、跑操质量及出操路线，将真实情况填写在两操管理评价表上交级部和政务处。并在级部管理栏公布。要求工作人员不旷工、早退、迟到或乱逛，工作态度要认真谨慎，务必做到公平、公正、公开。

督察部：主要负责监督其他部门人员的工作，结合纪检部或卫生部一起监督其他部门成员工作过程中是否做到按时上下岗、是否做到工作认真，并客观公正地对其他部门的工作进行评价，同时也需要严于律己，给其他部门做出表率。

纪检部：主要负责检查三饭后或不出操时的迟到、乱跑、买东西、说话等问题，每次两人严格按照规定时间到岗（早：7：25—7：30；中：13：50—13：55；晚：18：55—19：00；不出操时：10：10，17：10），每周不定时抽查各班班级日志，并将检查情况公布在级部管理栏。（附优秀学生会干部奖状）

优秀学生会干部

×××同学，身为级部学生会的一员，一学期以来，为了级部整体的良性发展，你眼观级部的大事小情，心系我部的荣誉、利益，工作上认真负责，公平公正。我部同学在你的督导下，在卫生、学习、纪律、为人有礼貌等方面都有了一个崭新的风貌。

希望在以后的级部管理中，你能不改初心，在其位，尽己责，不辜负级部领导及全体同学对你的期望，使我部再创佳绩！

优秀学习委员

×××同学，身为学习委员的你，一直以来都在严格要求自己，以自己的优异成绩为同学做出表率。成绩面前，你不骄不躁，积极进取；同学面前，你谦虚礼让，为其解惑答疑。你是老师的得力助手，同学的益友佳朋。希望在以后的学习中你能带领你班同学再接再厉，再创佳绩！

优秀生活委员

×××同学，身为生活委员的你，为了同学能有一个清洁的环境，你尽心尽力；为了学校能有一片整洁的风景，你任劳任怨；为了同学能积极面对学习的压力，生活中的挫折，你甘当益友，你的默默付出，勤奋执着，让每个人都为你感动。希望在以后的班级管理中，你能带领你班同学再接再厉、再创佳绩！

优秀体育委员

×××同学，难忘跑操时你气贯如虹的口号声，让班级的士气直冲云霄；难忘整队时你对同学的严格要求，让班级的队形整齐一致；更难忘你不辞辛苦，为了班级的荣誉尽自己的一份光和热。

希望在你的带领下，你班同学的跑操能够越加出色，成为我校一道亮丽的风景线。

优秀班长

×××同学，身为班长，为了大事小情，心系班级的荣誉，班级同学在你的督导下，在卫生、学习、纪律、为人有礼貌等方面取得了进步。你能不改初心"在其位，尽己责"，不辜负老师及全体同学对你的期望，使班级再创佳绩！

优秀纪律委员

×××同学，身为纪律委员的你，为了班级能有一个良好的班风，你时时都在严格要求自己，以自己良好的表现为同学做出表率。成绩面前，你不骄不躁，踏实进取；同学面前，你认真负责，宽严有度。你是老师的得力助手，同学的益友佳朋。希望在以后的班级管理中你能带领你班同学再接再厉，再创佳绩！

结语：学校突围，需要有一种"办好学校并不难"的自信心，要有义无反顾的事业心、责任心和创新精神；学校突围，需要我们"以文化人"，兼容并包，接纳和传承优秀的文化，丰富、创造自己的特色文化，并以此熏陶人、教化人、塑造人；需要我们明白它不是"物"与"屋"的距离，而是理念和信念的距离；不是与教育质量的距离，而是与教育规律的距离；也即是教师与正确理念的距离，学生与良好习惯的距离，学校与校本文化的距离；需要我们积极打造"公民校园"：责任意识强，行为举止美，文化氛围浓，教育质量高；更需要打造"创新校园"：有创新意识、有创新能力，立足本校，放眼世界；立足现在，放眼未来；需要我们用真机制、真行动，去锻造真教育家，去真正提高我们的教育教学质量，提升整个民族的整体素质！

精研细磨抓教研，精雕细琢育优才

——浅谈西峡一高五环节教学法之"一课一研"

高中教学中，各个学校都十分重视教学研究的作用，集体教研是一个教师极为重要的学习通道，成长路径。一所学校真正的竞争力是教师的竞争力，而教师的竞争力来自教研的能力。

"五环教学模式"即"一个中心五个环节"教学工作法，是西峡一高在多年教学实践的基础上总结出的一种教学模式。该模式中的"一课一研"是学校长期摸索后施行的一种高效实用的集体教研活动。

一、一课一研简介

"一课一研"指西峡一高开展的集体教研活动，学校定地点、定时间、定内容、定人员、定规矩，通过教师间合作交流，研讨教学方法、切磋教学艺术，达到集思广益，博采众长，将集体的智慧与个人的特长有机结合起来的目的。

定地点：学校为每个年级每个学科配备专门的一课一研研究室。

定时间：每天拿出一节课时间专门用于教研，学生自习。

定内容：教研内容要有计划有序进行，安排好学期教研计划，月教研计划，周教研计划。研教材，研教法，研"教"，研"学"，研培优，研补差，研理论，研实践。当研尽研，能研尽研。

定人员：全员参与，一线教师参与教学研究，行政管理做好管理督导，评出每日优秀教研小组，管理好学生自习纪律。

定规矩：一课一研之前，所有教师上交手机等通信工具，确保专心致志地投身于教研活动。每天的一课一研，确定一名主持人或主讲人，一课一研的过程中，须有专人做记录，把研课过程中其他成员发表的不同看法、讨论过的知识点及习题、讨论过程及结果记录下来，供课题组使用。

二、一课一研实施效果

集体教研活动是教师成长的刚需，一名教师想快速成长既离不开自我学习探索，也离不开与所在的学科集体共同探讨，共同切磋。传统的集体备课无时间保证，无计划指导，无纪律监督，低效无序，研讨内容大多聚焦于教学内容及其重难点，大多采用讨论式，讨论的内容基本以文本为主，研讨内容不够广泛，对教学活动的复盘反思深度不够。

目前我校的一课一研活动开展得如火如荼，研之有物，研之有序，研之有效。

为了充分发掘每一节课的效率，一课一研活动要做到"课前研""课中研""课后研"。

"课前研"，授课教师需要以教研组为单位每天进行集体备课和研讨。通常是一个授课教师做主备人，其他授课教师做补充和提出修改意见。"课前研"要将教材解读、学情分析、教学方法、教学过程、习题设计等内容纳入研讨范围，提供初步研究材料，一课一研活动期间，全组老师共同探讨确定实施方案，一课一研结束后，主讲老师根据教研的情况及时修改补充完善相关的教案、课件和作业，然后再共享给所有老师，各老师根据自己所教班级的情况，再做出适当的调整，以期达到最优的教学效果。

"课中研"即教师汇集授课过程中出现的问题，如所备知识的量和学生的结合问题，所备教法、学法和学生结合的问题，所备习题和学生课堂学习结合的问题以及学生课堂实际学习效果的问题等，把课堂教学中出现的问题汇总研讨找出更好的解决办法，运用到以后的教研和教学的活动当中去。

　　"课后研"即汇总课堂教学中的亮点，发现课堂教学中的不足，并以此为参考写出个人的课后反思，在集体教研中汇聚整体亮点，继续发扬；发现集体问题，研讨解决。从而促进整体教研水平的提高，提高教学质量。

　　除了以上的"课前研""课中研""课后研"之外，一课一研还注重开展"专题研"。

　　以往教研重知识讲解，轻教法研究，重教师角度，轻学生角度，重事前准备，轻课后复盘，为避免这些情况，我校一课一研强调开展专题研究，把有问题的课堂呈现出来做解剖，把有分歧的课堂呈现出来供讨论，把有效的课堂呈现出来做借鉴，全面提高课堂教学质量和水平。如"文言文教学实用大法""考场高分作文教学系列""如何提高学生读背内容巩固率""如何提高学生审题能力""如何突破尖子生120分瓶颈""如何纠错才高效""语文差生先突破什么板块"……

　　于漪老师有言："一个善于研究的老师三年后就是一名好教师，一个不研究的教师一辈子都只能是一位教书匠。"这些问题都来自我们的教学实践，是我们在教学过程遇到的实实在在的问题，其中的经验也是我们探索出来的行之有效的方法技巧。教研的过程其实就是实践到理论、表象到抽象的梳理过程，没有理论指导的实践永远都是低级的实践。没有理念，实践就会盲目，没有实践，理念就会空洞。我们需要通过教学研究实现理念和实践的高未结合。我们的教学行为有合理和不合理、合规和不合规、有效和无效、高效和低效之分，教学研究过程其实就是教师的自我反思、自我诊断，集体会诊、集体提供治疗方案的过程。教学过程是"转识成智"的过程，教师教学研究的过程就是把思考及其想法提升为思想的过程。专题研究能够聚焦真问题，实现思维碰撞，资源共享，从而达到定点爆破。

　　"一课一研"促进了教师对学生学情的了解，教师更注重教法研究，不光从教师角度思考，更从学生角度思考授课内容及方式，使得教学设计更适合学生，从而促进了学生学习兴趣的提高。在课堂内外，学生的学习方式得到了较大的转变，学生有了较强的运用意识和实践能力，逐渐地学会科学的思维方式，并自觉地把所学习的知识与现实中的事物建立起联系。

　　"一课一研"提升了教师的专业素养，带动了课堂教学的优化。在研究实践中，无论是刚走上工作岗位的新教师，还是久经"教场"的老教师，都感受到了思维碰撞的魅力，集体智慧的强大，一课一研成为我校教师成长的加速器。

"一课一研"的常态化集体教研活动，使教师努力将先进的教育思想内化为自己的教育教学理念，转变为自己的教育行为，升华为自己的教育教学特色。配合我校的疑探教学，学生在课堂上充分发展自己的特长，积极地走向课外、走向社会进行实践，最大限度地开发、挖掘学生的潜在创造力。在促进学生发展的同时，教师自身的素养也同样得到了发展。

教而不研则浅，研而不教则空，我校的"一课一研"集体教研活动是从教学一线成长起来的草根化研究、行动性研究、实践性研究和工作性研究。教研强师、教研兴校。希望在"一课一研"活动中，更多的教师由经验型、勤奋型的教师转变成学者型、科研型名师。

清北生问题及措施

在总结一模、二模有效备考方法的基础上，紧紧围绕上级领导提出的"三关""五性"指导思想，谨守"周考组题关"：教师跳入题海，俯身做题，把握高考命题新动向，精选各地模拟试题，不让学生做一道废题；把好"高效课堂关"：抓住课堂，针对清北生和一本临界生，有针对性地讲解，快讲快评，课堂上留有足够空白时间，让学生反思巩固；做好"巩固训练关"：针对清北生、一本临界生暴露出来的问题，各科教师出有针对性的点餐和变式，让学生真正掌握，会一题，通一法，教师要注重方法规律的总结。

在平时命题过程中，要做好"五性"即方向性、覆盖性、基础性、滚动性、预估性。做好准确导航、全面复习、抓住基础、滚动巩固、精准预判高考新变化。

一、培优生问题

1.基础知识有漏洞

清北生成绩不稳定、基础知识不能全面掌握，对重难点、易混点掌握不牢，如语文重点篇目的默写，或内容理解不准，或基本字形写不对；数学、物理等基本公式掌握不准，不能熟练运用；英语基本词汇混淆，高级句型背诵不牢，作文出现基本的语法错误；历史、地理、政治背书不熟练，导致学不能用。

2.做题习惯差

做题时慌里慌张，求快、求多，读题不仔细，比如二模考试，清北生中有两人审读作文材料时只抓住只言片语，慌张下笔，导致文不对题。

3.做题速度慢

平时做题没有强烈的时间意识，以致试卷上的题稍难一点、新一点、阅读文字稍多一点，就出现答不完题现象。

4.答题不规范

学生有分条意识，但要点罗列不全，关键词不能先行，卷面涂改严重，严重影响得分。

5.意志不够坚定

有些学生抗挫折能力差，成绩不理想，容易动摇，这一点在文科班学生身上表现尤为明显。

二、具体措施

各科任教师

1.语文

张老师：

（1）基本术语积累不到位。

（2）客观不稳定。

（3）清北生意志坚定，但容易受情绪影响。

（4）①作文分论点逻辑性不好；②开头长句多，不凝练；③作文表达能力要加强。

段老师：

（1）文言文基本功不扎实，语文素养不全面，有欠缺。

（2）①得过且过，主观题满分意识差；②基本术语不规范；深入思考不到位。

（3）心理不稳定。

（4）作文：①开头亮点锤炼意识不足，照抄材料；②作文积累不到位。

（5）做题不规范，主观题写答案前无思路；

（6）缺乏动力和激情。

黄长盈：

做题随心性，受情绪影响比较大。

（1）语文基础知识有漏洞，文言文常见实词意思掌握不牢，不能结合语境灵活运用；

（2）主观题筛选整合信息能力不强，6分题往往要罗列五点，严重影响得分；

（3）作文文采一般，基本得分在47左右，很少突破50分；

（4）文本理解不能有整体意识，往往在个别词语上较真，结果错选答案。

措施：

（1）平时加强心理疏导，注意引导他正确看待考试，勇敢看待高考，不计较成绩，只关注解决问题。

（2）加强选择题专练尤其是论述类文本及诗歌专练。让他自己辨析错因，整理提升方向。

（3）加强作文背诵，并督促他在考试中加以运用。

杜萌：

（1）做题容易钻牛角尖，不能从整体上解读文意。论述类文本、非连续文本失分多。

（2）对诗歌诗意的把握不准。

（3）作文审题上往往不能抓住重点。

措施：

（1）加强作文审题练习，让她一周内至少两次找我说一则作文材料的分析及行文思路。

（2）论述类文本及实用类文本，要注意错因归纳，并做好和答案分析的比较，明确设题点，准确提升。

（3）自己找诗歌进行翻译，一周内至少两次。

张君昱：

（1）逻辑思维比较弱，选择题往往只盯着个别词语而偏离题旨。

（2）主观题答案布局容易重难点不分，导致重点没有地方写。

（3）作文在把握文章结构的前提下，要引导她加强深度写作。

措施：

（1）增强审题意识，平时注意从整体上理解设题点，注意将自己思路和答案进行比对，找出思维偏差。

（2）主观题要读背典题，记关键词。

（3）作文加强升格训练，周考后要面批面改。

李锦霖：

（1）书写差，字与字没有间隔。

（2）作文内容一般，没有深度。

（3）诗歌意思把握不准，容易在选择题上出错。

（4）知识体系不全面，答题角度不全。

措施：

（1）加强书写，督促其天天练字。

（2）加强作文读背，每次周考做升格训练。

（3）每周两首诗歌，到我这里翻译并分析。

（4）每一板块重建知识框架。

甘黄汉文：

（1）论述类文本失分多。

（2）文言翻译实词不能字字落实。

（3）书写容易连笔。

（4）作文深度要加强。

措施：

（1）每周三次自己单独做论述类文本题。

（2）每周一篇文言文翻译，要求字字落实，准确理解文意。

（3）加强书写，作文进行升格训练。

张兰兰：

（1）性子急，做事不稳重，容易受成绩、环境影响。

（2）知识网络不全，答案容易丢要点。

（3）学科术语掌握不好，筛选信息能力不强。

（4）书写差，内容深度一般。

措施：

（1）多谈心，心情平静投入到学习中，不急不躁。

（2）重新构建知识网络，找准提升点。

（3）多背诵典题，尤其是高考题。

（4）平时加强书写，多背诵作文。

整体措施：

（1）关注清北生的心理，及时了解其想法，出现问题及时纠正。

（2）加强选择题专练，力争选择题不失分。

（3）注重作文背诵及升格训练。

（4）加强书写，让书写为运气加分。

2.数学

张君昱问题有：

（1）思维不够严密，答题存在情绪化的情况。

（2）对于函数与导数的难题部分没有分析和解决问题的基本常识。

（3）容易钻牛角尖，对解决问题的通性通法掌握不够熟练。

（4）基本题目往往容易做错，做题只顾往前赶，没有整体规划。

（5）分析问题和解决问题的能力有待提升，基础题目解决的能力也有待提升。

张玉蕊问题有：

（1）自我要求比较高，但是解题能力和思考方法存在欠缺。

（2）如果题目稍微复杂，就缺乏答题技巧，造成前松后紧。

（3）基本题目和基本方法掌握不够熟练，虽然有认识，但是应用起来有点牵强，不够灵活。

甘黄汉文问题有：

（1）虽然有些问题有一定的思维深度，但基础知识比较差，基本能力比较弱。

（2）思维存在顾此失彼的情况，对函数的值域问题和解析几何立体集合，以及函数与导数大题的分析不够到位。

（3）对函数和导数的大题和解析几何的大题分析不到位，不能够准确把握命题的方向，找到解决问题的切入点。

段飞扬问题有：

（1）很多基础知识存在似是而非的情况，把握不是很准确，知道但不能够熟练并灵活运用。

（2）缺乏对试卷整体认知的把握，不能够做到简单题答好，难题能得多少得多少分，解析几何和函数导数的问题，还是缺乏分析的能力。

解决措施：

（1）加强课本基本概念基本公理定理和推论以及常见的二级结论的记忆，多提问，看看他们基本知识是否掌握。

（2）通过思维训练培养他们，有限时间内快速答题和准确答题的能力掌握，掌握答题技巧，通过思维分析课，培养学生快速入手答题的能力，找到问题的切入点，快速找到解决问题的办法。

（3）加强基础运算能力的培养，通过限时练和强化练，培养他们快速准确答题的能力。高考考场只有能够基本运算过关，才能通过把题目要求转变为常见知识点和常见基本运算，快速得分。

（4）主干知识重点练，重点知识强化练，反复练，错误问题回头练，不断强化学生的目标意识。

3.英语

张玉蕊：

问题：完形填空较差；作文书写认真，句式灵活；会犯一些低级错误，思路有时较乱。

改进措施：加强阅读理解，完形填空的练习，要求其讲解思路；强化基础知识，基础词汇。

段飞扬：

问题：完形填空错得多；基础知识漏洞较大；学习积极性不够；书写不够美观。

改进措施：高级词汇要多背多用；加强书写练习；每周再加三篇完形填空。

杜萌：

问题：阅读理解，完形填空理解常有偏差；基础知识漏洞极大；书写不规范。

改进措施：加强书写规范，美观性练习；面批面改，让其讲解思路；针对性的基础知识纠错及变式。

甘黄汉文：

问题：基础知识稍有漏洞；作文句式不够灵活。

改进措施：针对性纠错及变式；加强基础知识记忆；列出作文提分句式，加强运用意识。

张兰兰：

问题：完形填空固定搭配上下文理解均有问题；冠词运用掌握不好；句子理解有偏差，选项的辨析能力差。

改进措施：面批面改，让学生讲解思路；针对性纠错及变式；强化冠词等小语法点。

总体措施：

（1）完形填空强化训练，每周再补充两篇完形填空。

（2）单词背诵人人过关，一词多义，必须说全。

（3）坚持纠错，反复回顾，克服遗忘。

（4）面批面改，让学生讲解思路。

（5）坚持向课堂40分钟要效率，至少留白五分钟。

4.政治：

张玉蕊：

优势是：书本知识熟，学习认真踏实，如实顺利完成老师布置的各项任务。

不足是：逻辑思维、哲学思维能力弱，理论联系实际的能力弱，主观性试题答案单薄。

增分策略：

（1）每天给老师讲近三年高考试题至少三个，听逻辑思路，听答案组织，及时纠正其不足，提升能力。

（2）热点关键词督促其会背，引导其会用，坚持到高考那一天。

（3）课堂上"另眼看待，倍加关注"。让她背书、讲题、质疑。客观上倒逼其学习的主动性、积极性和努力的程度。

杜萌：

优势：勤奋、善于思考、书本知识牢固、热点关键词掌握得好、学习政治的热情高。

不足：考虑问题过多，钻牛角尖，导致错题较多；主观性试题机械搬用理论较多，结合材料分析不足。

提分策略：

（1）充分利用其优势，让基础的引擎作用充分发挥。每天背书至少一个问题。

（2）每天给老师讲近三年高考试题至少三个，听逻辑思路，听答案组织，及时纠正其不足，提升能力。

（3）课堂上"另眼看待，倍加关注"。让他背书、讲题、质疑。客观上倒逼其学习的主动性、积极性和努力的程度。

张君昱：

优势：智商高，思维能力强，是一个潜力股。

存在的问题：

（1）基础知识薄弱，盲点存在。

（2）哲学的思维能力也就是理论联系实际的能力因做题少见识少而不足。

（3）学习有些急躁，静心不足。

应对措施：

（1）补思想。每星期至少找他谈话一次，引导回归现实，以静制动，静心踏实度过最后的日子。

（2）补知识。从今天起，每天给他明确的任务，天天完成背书、背时政热点、背关键词。坚持到高考那天。

（3）补方法：各类试题的解题方法和思路对他逐一过关，争取40天之内熟练掌握各种方法，尤其是共性的方法。

（4）课堂上"另眼看待，倍加关注"。让他背书、讲题、质疑。客观上倒逼其学习的主动性、积极性和努力的程度。

（5）通过给他点餐，尤其是哲学部分，解决哲学思维薄弱的问题。

段飞扬：

优势：心态好，学习状态极佳，思维能力比较强。

不足：课本的基础知识还是有些欠缺盲点多，是个潜力学生。

提分策略：

（1）补知识。从今天起，每天给他明确的任务，天天完成背书、背时政热点、背关键词。坚持到高考那天。

（2）补方法：各类试题的解题方法和思路对他逐一过关，争取40天之内熟练掌握各种方法，尤其是共性的方法。

（3）每天给老师讲近三年高考试题至少三个，听逻辑思路，听答案组织，及时纠正其不足，提升能力。

（4）课堂上"另眼看待，倍加关注"。让他背书、讲题、质疑。客观上倒逼其学习的主动性、积极性和努力的程度。

5.地理：

张玉蕊：

优势：学习踏实认真，肯钻研，积极性高。

劣势：审题不全面，自然原理掌握比较好，但是应用能力不足，不能准确调用；选择题波动大，综合题分析思路容易片面不全。

增分策略：

强化审题训练，课堂课下多讲解高考题审题分析与答题思路分析。

基本概念、基本原理与规律读背每日提问过关。

针对性变式强化弱点知识应用。

杜萌：

优势：读背答题激情投入，积极思考与质疑；学习勤奋不怕苦。

劣势：容易钻牛角尖，导致题目分析角度偏离设问；选择题波动大；对题目信息提取容易以偏概全、过度思考；基础知识、原理、规律掌握不清；分条不清，条理容易乱。

增分策略：

课堂强化审题训练，课下利用课余时间与答疑时间要求讲解近三年高考题目，听思路听审题。

每日读背知识背默落实。

针对性变式强化弱点知识应用。

甘黄汉文：

优势：思维能力强，卷面质量高。

劣势：基础漏洞多，尤其是自然原理遗忘多；综合题答题语言过于简洁空洞，不能与材料结合；分条不清；心理浮躁，不稳定。

增分策略：

强化基础知识读背落实。

精选典型题目向老师反复讲，自己反复写，反复对比，强化材料应用意识。

自然原理与规律知识精选变式强化。

张君昱：

优势：思维活跃，分析思路比较清晰全面；课堂课下学习积极性高。

劣势：基础知识漏洞大，语言枯燥不专业；分条不清；稳定性较低。

增分策略：

强化审题训练，课堂讲解有侧重，讲审题讲思路，保持分析思路优势。

重点落实基础读背与典型题答题模板读背。

每周谈心交流。

6.历史

张玉蕊存在问题：

（1）历史基本知识把握不准确。

（2）材料信息提取不全面、不准确，以特点类最为典型。

（3）跨材料对比分析不清。

（4）选择材料主旨把握不准，不能明确具体考点。

（5）认识类主观题答题方法需要加强。

张君昱存在问题：

（1）选择题有关键词勾画。也联系知识点，但仍抓不住主旨。

（2）开放性试题如何抓最佳问题，如何调动事实，论证不能有严密的逻辑关系。

黄长盈存在问题：

（1）选择基本概念区别不强，比如分封制和宗法制的区别。

（2）不能准确判断材料情感方向，比如雅典民主政治的特点及弊端。

（3）表明说明体现类的做题方法。

（4）材料概括不够全面。抓不住重点。

（5）小论文不能在短时间内抓主旨、逻辑论证关系。

杜萌存在问题：

（1）材料概括能力不强。

（2）选择基本概念不清。

（3）学习主动性不强。

贾慧慧存在问题：

（1）材料题信息提取不准确。

（2）中西对比类无高度。

（3）小论文，不能抓最佳论题，逻辑论证不清。

（4）书写急需提高。

张兰兰存在问题：

（1）选择基础知识不扎实。

（2）材料题答案多，但答案重复思路不清，答案轻重不分。

（3）卷面急需提高。

共同应对策略：

（1）强化阶段特征，无论是选择题的直选法还是背景材料题的时代特征都须放在特定的阶段进行分析。

（2）强化基础知识、基本概念。

①基础知识抓重点，历史知识多而散，到最后记忆压力非常大，因此需要精化考点，制定读书提纲，让学生读书时有重点。

②每次考试后正确率较低的知识点整理出来全班读背重点检查。

③进行试题类型的归类，如特点类、认识类的答题方法及应用。

④要求学生读背近三年高考试题答案，并整体整理答题思路。

⑤开放性试题应该广泛涉猎类型多样的试题，提升学生的应变能力，降低考生对开放性试题的畏难的情绪。重视审题，开放性试题的创新，尤其体现在设问上。考生在考场上，面对的是从未见过的设问方式，因此要立足每道试题的具体情况，抓住设问的关键词，重视设问的时间、限定词，看清设问，尤其是最后括号内的具体要求，避免在设问上出现偏差和跑题，最后要夯实学科基础知识储备，具备较为深厚的历史知识，开放性试题类型多样，但无一例外都需要运用所

学知识进行论证，要求学生在短时间内调动所学知识。

个性应对策略：

张玉蕊：容易钻牛角尖儿，先入为主或固式思维，忽视材料的主旨。做错题让她自己起来讲：她的正确答案正确在哪里？错误思维问题在哪里？从而让她从出题人的意图入手，把握材料主旨，论从史出。

张君昱：有一定的历史思维，有意识地联系所学，对平时暴露出来的问题，及时变式，及时反馈，督促她针对知识和方法上的不足进行纠正，精益求精。

甘黄汉文、杜萌：思维较好，但基础知识有漏洞，多提问检查，检查时不仅要将问题的答案背出来，也要将这个问题答案的来源、答案间的逻辑关系讲清楚。

黄长盈：卷面字迹差，答案不简洁，考前要求卷面和基本格式，要求整理答案时，写提示语，这个提示语的作用就是要进行角度整理，避免重复，力争提高答案的有效性和精准性。

谢天：进取意识不强，课堂容易散神，每节课布置任务，有布置有检查，明确任务，督促他要有时间意识、任务意识。

三、平时课堂管理

（1）要在班级强化备考氛围，让每个学生都有紧张感，并且坚定必考优异成绩的决心和斗志。

（2）每天落实有背诵内容必默写、有练习必须及时批改等措施，并且对清北生要人人过关，出现的问题要及时扫清。

（3）营造进教室"不学习就是违纪""进寝室不学习、不休息就是违纪"等意识，加强纪律管理。

（4）落实课前三分钟提前进入学习状态要求，各学科班长提前要求，文科落实读背、理科落实提前进入做题状态，提出"向课前三分钟要进步"口号。

四、教师应对措施

（1）课上因重课堂效率，抓好落实，内容不贪多，要精讲、精评、重视检查巩固。

（2）对清北生中有问题的学生能及时关注，对于问题不明显的学生亦要多关注，尤其是对章妙怡、贾汶雅等，平时谈心、分析问题等要加强。

（3）对于考查学生能力的问题要放手让学生去讲，不能怕耽误时间，不敢放手。

（4）对于反复出现的基础知识、常见考点要更细致复习，反复持续强化。

（5）每次考试后以及平时练习，要及时批改清北生答题卡，及时摸清清北生做题情况，与培优专家一起问诊把脉，找准清北生在本学科存在的问题，制定具体改进措施。

（6）抓好规范，具体内容有：

①要养成"清算应得而未得的分数"的习惯。

措施：每次周考后都做一次简要而有针对性的总结。并以其中一两个问题为主要突破口，作为下周学习改进的重点。持续跟进，直到彻底解决导致失分的问题。

②要清除屡犯重复错误的毛病。

措施：要求学生在平时做作业时注意，各科任老师督查其落实情况。

③克服答题不规范的弊病。

措施：张贴优秀试卷，对不规范的题进行重新练习，按照规范步骤重新写，以强化其答题规范意识。

④改正审题不清、题意理解不准确的错误。

措施：听从各科任老师的有效指导，动笔圈画题干中的关键词，结合所给材料做分析。

⑤留意粗心大意出错的地方。

措施：及时总结，专门在一个本子上对各科此类错误进行登记，然后用红色笔重点标注或写出应对措施，及时看，并在写作业、考试中改正。

⑥加强识记，保证记忆题的得分。

措施：语文的默写必须得满分，答题的关键术语不准出现错别字。其他学科知识请各科任老师检查落实，我利用空闲时间帮助督促落实。

⑦训练答题的速度，学会正确用时。

措施：告知各学科班长收交作业时间必须明确，各科老师布置的任务，必须在规定时间内完成。

⑧注意答题步骤的清晰性和周密性。

措施：各科任教师给出典型题的答题思路，督促学生在考试中运用强化，并跟踪其最后的掌握情况。

只要用心，必有所得！我相信，只要我们师生同心，用心去精雕细刻，就一定会在期末考试中创造出令人惊喜的成绩！

为了加强学生问题清单的落实力度，加快学生问题改进的步伐，提升复习备考的质量，特制定以上措施。

2035班改进专项奖励措施

一、评价方式

（1）每个小组每天评出一名一日改进之星，并立即进行物质和精神奖励：可发一个特色小礼物（一个棒棒糖、一个水果或一个急用的、有意义的学习用品）；同时也评出本组最具潜力的同学。组长在班会前把两位同学的名字按×部×组一日之星、潜力个人的格式上报部长，部长把以上内容写在黑板上。

（2）每周评出一周改进之星，组长周日班会前按上述格式上报部长，部长把以上内容写在黑板上；班长安排照相，班主任安排制作光荣榜张贴在教室内、发到家长群里，同时进行物质奖励。

（3）各位教师要注意时时、处处评价，并采用灵活的奖惩机制，可以采用0+1、1+1、2+1、3+1或者0-1、1-1、2-1、3-1或2-2、3-3等各种灵活的赋分方式对学生的改进情况进行专题评价。

二、评价内容

（1）各位同学各学科性价比最高的问题在课堂、作业、考试中的改进情况。

（2）课堂回答问题的声音、读书声音、限时训练上交情况及质量。

三、资金准备和使用

（1）班主任按每人3元的标准准备资金。按积分排序，得分第三名的部每人按1元奖励；得分第二名的部每人按2元奖励，部长根据两个小组得分情况分成两档使用；得分最低的小组没有奖励。得分第一名的部，人均按5元奖励，部长根据两个小组得分情况分成两档使用；得分第一名的小组，再追加14~40元的奖励。总额每周全班90元。如有特殊贡献的特别支出，班主任再追加。

（2）设立改进特别贡献奖：

每次考试中改进特别突出、成绩优异、老师认可的同学，可以给班主任提一个50元以内的奖励。从成绩和老师评价两方面评定。

（3）各学科每周也要拿一个具体、灵活的时间进行改进情况专项总结、奖励。原来给每位老师发的200元用完后，及时通知班主任，再追加。

（4）改进专项积分，如有遗漏，请及时提醒任课老师。

庞凯文：

语文：

（1）诗歌、文言文重点实词积累不足。未解决。

（2）语用补写句子逻辑分析能力不足。未解决。

（3）论述类文本阅读无法准确把握"抓大放小"的度。未解决。

（4）论述类文本阅读"论证方法"理解上有欠缺，容易混淆。已解决。

优先解决（1）（4），其中（4）已解决。

数学：

（1）知识方法上有漏洞。

（2）做题马虎，会做的题算错。未解决。

（3）学习习惯不好，课堂上反复强调的问题没记住，简单问题复杂化。未解决。

年前重点解决（2）。

英语：

（1）做完形填空不能按要求在文中把线索词画出来。已解决。

（2）冠词泛指和特指总是分不清。未解决。

（3）主被动语态总错，容易想多。未解决。

优先解决（1）。

政治：

（1）做题方法上有漏洞。未解决。

（2）主观题不打草稿。已解决。

（3）主观题喜欢拿刚讲过的题的答案套用。已解决。

目前重点解决（2）。

历史：

（1）选择题只看见部分信息就做判断，缺乏整体意识；忽视问题设置的要求，对选项分析要增强概念反证意识。通过对选择题限时训练提升分析的准确度。已解决。

（2）开放性试题立意不高，论证缺乏内在逻辑的灵活性，存在对教材知识的生搬硬套。未解决。

地理：

（1）图表类题容易出错，特别是折线图。未解决。

（2）新概念新情境容易出现思路不清角度不全。未解决。

（3）基础知识放在具体情境中不能灵活运用。未解决。

目前重点解决（1）。

吕佩源：

语文：

（1）文言文实词积累不足。

（2）小说、诗歌等情感、主旨理解能力较差。

（3）语用题情境意识不强，联系生活、联系常识能力不足。

优先解决（1）。

数学：

（1）会做的题算错。

（2）解决难题的能力欠缺，年前重点解决。

英语：

（1）阅读理解容易以偏概全，无中生有。

（2）主被动语态分不清。

（3）完形填空熟词生义，甚至基本意都没有掌握好。

（4）书面表达内容总是显得很幼稚、空洞。

优先解决（1）（2）。

政治：

（1）主观题想得多，写在卷面上的少。

（2）做题习惯差，坐标图题不写思维过程。自己标注为重点。

（3）主观题容易受刚做过的题目影响。

目前重点解决（2）（3）。

历史：保持目前较为良好的学习状态，通过师生面批面改，做到今日事今日毕，课下做好纠错整理。

地理：

（1）新概念新情境容易出现思路不清角度不全。

（2）容易陷入之前做过的相似题的思路而忽略当前的情境。自己标注为重点。

（3）综合思维较差，基础知识单独会背，放在具体情境中不会灵活运用。

目前重点解决（2）。

刘赢：

语文：

（1）诗歌、文言文重点实词积累不足。自己标注为重点。

（2）小说、诗歌等情感、主旨理解能力较差。

（3）字体不够好，写得快和写得好不能兼顾，作文比较吃亏。

（4）对术语的理解和实际应用能力差，如论述类文本阅读中"论证方法"这一考点，有诸多不理解之处。

（5）语言表达能力较弱，很多时候语言表述词不达意。

优先解决（1）（4）。

数学：

（1）简单问题复杂化。

（2）有时马虎，出现计算问题。

（3）选填要再加强。自己标注为重点。

年前重点解决（1）。

英语：

（1）介词，固定搭配掌握不够好。

（2）做题状态不稳定，缺乏自信。

（3）不会用做题技巧。自己标注为重点。

（4）检验语法和改错中出现的问题。

优先解决（3）。

政治：

（1）主观题特殊题型（自己标注为重点）的特殊解题方法使用不熟练。

（2）选择题新题型，新名词，新情境类型的题出错率高。

目前重点解决（1）。

历史：

（1）专题复习中核心知识点消化吸收慢。解决办法：让其整理后在老师面前讲解。

（2）优化主观题答题思路，提高答题效率，解决文综整体答题时间问题。自己标注为重点。

地理：

（1）综合思维较差，基础知识单独会背，放在具体情境中不会灵活运用。

（2）存在质疑材料的情况，容易出现要么不能进入材料，要么进去出不来，钻牛角尖。自己标注为重点。

（3）综合题思路展不开，常识性。自己标注为重点的知识较为缺乏，联系实际生活的题易出错。

（4）做题容易纠结，导致速度慢，文综题做不完。

目前重点解决（2）。

马依琳：

语文：

（1）基础知识薄弱，背书快，忘得也快，答题模板、规范术语等遗忘较多。

（2）考试发挥不稳定，受自身情绪影响较大。

（3）做题快，但正确率不高。

优先解决（1）。

数学：

（1）知识上有漏洞。

（2）缺乏钻研精神，不愿费脑子解决难题。

（3）简单题频繁算错。

（4）卷面不够整洁，解答题不规范。自己添加。

（5）做题不熟练。

年前重点解决（3）。

英语：

（1）基础知识很不牢固，这个问题常抓不懈。自己添加。

（2）审题分析不完整。

李聪：

英语：

（1）基础知识欠缺。

（2）词汇量不达标。

（3）字迹不规范。

优先解决（1）。

政治：

（1）错题回放正答率低。

（2）卷面整洁，术语使用不规范。

（3）非常规的题型正答率低。

目前重点解决（2）。

历史：

（1）卷面书写涂改，卷面差；

（2）主观题答题不分角度，思路不清；通过限时训练提升分析思路。自己添加为重点。

（3）核心内容整理后要做到对知识的融会贯通。

地理：

（1）对材料信息的分析关键词的圈画不走心，要么漏掉关键信息，要么画出来后不能与知识建立有效联系。

（2）综合题思维的全面性和语言表述规范性需要提高。

目前重点解决（1）。

李依薇：

语文：

（1）文言文实词积累不足，尤其是对句子中的简单词不够重视，翻译不准确。自己标注为重点并添加"有意识翻译简单词"。

（2）文本分析能力较欠缺，不会恰当运用规范术语，使之与文本紧密结合。

（3）句子之间逻辑分析能力欠缺，"假设关系""条件关系"概念模糊。自己标注为重点。

（4）成语题没有方法。

优先解决（1）（3）。

数学：

（1）会做的题还出错。自己标注为重点。

（2）难题攻不下来。

（3）基础知识基本方法有漏洞。

年前重点解决（1）。

英语：

（1）阅读理解信息区间，容易找错或信息提取不全。自己标注为重点。

（2）基础知识不牢固。

（3）总会犯些低级错误。

优先解决（1）。

政治：

（1）错题回放正答率低。

（2）卷面整洁，术语使用不规范。自己标注为重点。

（3）非常规的题型正答率低。

目前重点解决（2）。

历史：历史学习存在不稳定的状况，主要是在选择题，通过限时训练提升分析精准度。

地理：

（1）新概念新情境容易出现思路不清、角度不全。自己标注为重点。

（2）信息提取特别是设问的分析处理容易忽略限定词，导致信息方向出错。自己标注为重点。

（3）地质作用、大气部分规律原理性内容需要巩固训练。

目前重点解决（2）。

李聪：

语文：

（1）基础知识漏洞较多，尤其是古诗文默写，串联能力较差。自己标注为"√"。

（2）文言文实词积累不足，翻译不准确。自己标注为"√"。

（3）小说、诗歌的情感、主旨理解能力较差。

（4）语用题补写句子、成语较弱。

优先解决（1）（2）。

数学：

（1）卷面差。自己标注为"√"。

（2）马虎现象严重。自己标注为"√"。

（3）难题攻不下来。

年前重点解决（1）（2）。

英语：

（1）基础知识欠缺。自己标注为"√"。

（2）词汇量不达标。自己标注为"√"。

（3）字迹不规范。

优先解决（1）。

政治：

（1）卷面差。

（2）基础知识不扎实。

（3）错题回放正答率低。自己标注为"√"。

（4）审题马虎。自己标注为"√"。

目前重点解决（3）（4）。

历史：

（1）选择题强化全面分析问题，通过限时训练、面批面改查找分析出错的根源问题。自己标注为"√"。

（2）强化重点知识读背检查。自己标注为"√"。

（3）开放性试题切题训练。

地理：

（1）基础知识掌握得不系统，整体意识综合思维还不够强，不能形成知识网络；

（2）综合题设问的分析忽略限定词导致答题方向出现偏差。自己标注为"√"。

（3）与材料信息的结合不紧密，综合题答题针对性不强容易出现模板语言的堆砌。自己标注为"√"。

目前重点解决（2）。

潘怡帆：

语文：

（1）基础知识漏洞较多，古诗文默写总是出错。

（2）文言文实词积累不足，翻译不准确。

（3）阅读能力较差，阅读速度慢，做题前松后紧。

（4）审题不过关，小说、诗歌审题能力较差，答题思路混乱；作文材料复杂时，不懂取舍，容易偏题。

（5）补写句子整体意识较差，前后照应能力较弱。

优先解决（1）（2）。

数学：

（1）马虎。

（2）知识漏洞。

（3）创新题拿不下来。

年前重点解决（1）。

英语：

（1）基础知识不牢固。

（2）七选五上下文的逻辑关系厘不清，总是会错一串。

（3）这也体现在她的书面表达上，写出来的文章逻辑不清。

优先解决（2）。

政治：

（1）基础知识不扎实。自己添加。原理知识范围不清。

（2）错题回放正答率低。

（3）听课效果差。

目前重点解决（2）（3）。

历史：

（1）核心知识强化读背检查。

（2）提升选择题分析准确度，灵活将所学知识与材料分析有机结合。

（3）多关注心理建设，提升她在学习中的自信心。

地理：

（1）执行力不够，基础知识读背的问题等着老师追，主动性不够强。

（2）综合题做题状态时好时坏，对材料信息的分析把握也是。

（3）基础知识掌握得不系统，整体意识、综合思维还不够强，不能形成知识网络。

目前重点解决（1）。

王家琰：

文综的地理：

（1）基础知识不牢固。

（2）做题没有养成分析圈画的习惯。

（3）速度慢。

（4）思路不清晰。

政治：

（1）基础知识有部分漏洞。

（2）对部分知识会背诵后不够理解。

（3）经济大题思路不清。

历史：

（1）大题缺乏思路。

（2）选择题会出现思路偏差，分析不准，导致分数飘忽不定。

语文：

（1）语言文字应用十分薄弱（成语题）。

（2）答题时基础知识掌握不牢。

（3）文言文实词掌握不牢，翻译较弱。

数学：

（1）简单题不能保证做对，计算易出错，犯低级错误。

（2）难题缺乏探究精神。

英语：

（1）语法相对薄弱，做题凭语感导致正确率不稳定。

（2）做题缺乏技巧。

（3）有小部分基础不牢。

凝聚合力勇担当，精准研判备高考

古语说"行百里者半九十"。剩下的70天，就是另一个50%！也是最重要的一段时间。我和我的团队将生尽千方百计，多措并举、因人施策、精准备考、科学备考、高效备考。为此，我们将凝聚各方合力、精准研判高考形势，真正做到有目标、有方法、有成效。具体措施有：

（1）科学高效利用时间。第一，加强自习课管理。各科拿出一节课作为公共自习。每节自习课前必须列出自习计划，下课时检查计划落实情况；第二，加强午休和夜寝的时间管理。除了常规要求外，从上周起要求学生每次睡觉前躺到床上，一定要想一想今天的收获。从自己想重点突破的学科想起，达到突出重点的目的；第三，每天早上6点起用五分钟，同桌互相提问前一天的重点收获，达到真正巩固的目的。

（2）突出重点学科。从以往的经验和一模的情况来看，抓好文科数学是重中之重。为了强化数学，在自习中调一节课给数学。请数学老师科学、高效地利用。同时作为班主任，我也重点抽查学生作业、纠错，并把听数学课作为常规动作，及时发现学生中存在的问题，与数学老师一起思考对策。

（3）激发学生动力。针对学生暴露出来的问题，分别召开主题班会，通过典型问题自我剖析、榜样同学分享引领、美好未来展望（比如这两天进行的春到北大、清华花开美图展示）的方式，激发学生改进的内驱力；并与各科老师结合，强化分分必争意识，从细节入手，共同精准发力，持续跟踪，彻底解决学生的问题。

（4）与全体同学和清北之星逐个沟通，师生共同梳理问题清单，按性价比的高低，排列次序，并分为"二模前"和"二模后三模前"两个阶段，逐步逐个解决。

（5）根据学生的性格特点，分为重点关注对象"清北之星"和"散养对象"，分别采取不同的措施：在作业布置，培补，课堂提问等各个环节采取分级施策。

（6）强化现实训练，所有作业、考练必须科学限时、定时收缴。尤其是六科都要强化选择题专项训练。可以根据自己学科特点，设计30分钟、25分钟、20分钟考练等。同时尽量落实当堂热改热评。

（7）各位老师都要积极主动学习，提升自己的认知高度和解决问题的能力，尤其是要提升对高考的研判把握能力。既要向书本学习，又要向校本专家、校外专家学习，并要求各位老师在每节上课时运用所学知识提升自己的水平。让没有参加的老师去找参会老师交流沟通，寻找可以借鉴的地方并立即运用。再比如崔艳慧去珠海学习，我让她把新的思路，新的动向及时发给我，让我也在家里学习。

（8）强化目标意识和反思改进意识。每节课前都要明确上课目标，要让清北之星和其他同学各有哪些收获；每节课后都要反思目标的达成情况。这要作为我们坐班听课、评课的一项重要标准。

（9）广泛与家长沟通，全面了解学生在校内校外的表现，真正把握学生的思想动态，及时发现在学校紧张学习环境下掩盖的问题，并家校结合，精准施策、合力攻坚，确保把学生的心理素质培养好、心理问题解决好，减少精神内耗，形成教育合力，确保学生"学得好、考得好"，真正实现"不留遗憾，就是青春无悔"！

培优生能"优"的法宝

多年来带培优班，每天我都观察着那些"别人家的孩子"，那些优秀的学生，我发现他们在平时学习的时候，都有以下一些"决胜法宝"。

1.心态平稳，坚持不懈

胜不骄败不馁，面对高中阶段无数次的考试，有一颗正常心才能保证自己处于不败的地位，促使自己不断地努力，在现有的基础上获得进步。

2.学习有目标

目标的唯一性，是学习的原动力。多数想考清北的学生都是从初中开始，甚至说从小学时就立下宏愿，非北大不上。之后他的一切学习都紧紧围绕着这一目标而进行。这一点很重要，正所谓"我要考北大"与"要你考北大"有着天壤之别。

既有理想、有目标才会有为之奋斗的动力，而不是成绩达到一定阶段后才有了考清华北大的一时冲动。

学习目标与人生目标不同，它比较具体，可以在短时间内实现，使自己比较容易地享受成功的欢乐，增加自信心。

3.知识成体系

养成自我测验、自我矫正、自我补救、自我约束习惯。学习内容是由许多知识点构成，由点形成线，由线完成相对独立的知识体系，构成彼此联系的知识网，因此成体系有利于高效地学习。

具体来说，要做到：

带着问题去看书，有利于集中注意力，目的明确，这既是有意学习的要求，也是发现学习的必要条件；在上新课时了解本课知识点在知识网中的位置，在复习时着重从宏观中把握微观，注重知识点的联系。

明确知识点的难易程度，应该掌握的层次要求，即识记、理解、应用、分析、综合、评价等不同层次。

对应教学大纲对自己进行检测，并及时地反馈评价，及时矫正和补救。

4.对比联系，归纳缩记，掌握规律

对比记忆可以减轻记忆负担，相同的时间内可识记更多的内容；有利于区别易混淆的概念、原理，加深对知识的理解；把知识按不同的特点进行归类，形成容易检索的程序知识，有利于知识的再现与提取，也有利于知识的灵活运用。

对比学习法不仅可以用于同一学科内的学习，还可以进行跨学科比较，如学习政治可用语文中的句子分析法来分析政治概念；在学习近现代史中的民族解放运动时，可以利用政治有关民族的基本观点。缩记法就是要尽可能地压缩记忆的信息量，同时基本上又能记住应记的内容。比如要点记忆法、归纳记忆法、意义记忆法，都属压缩记忆法。记忆以要点为基本单位（可理解为以中心思想为单位），要点并不是要放弃其他内容而是以对其他内容的理解为前提，它可极大地增加记忆的信息量。

5.独立思考，合作学习

独立思考，既要用已有的经验来解释新知识，同时又要及时将新知识整合到已有的经验中。合作学习有利于增进人与人之间的相互了解、温情与信任，学会处理人际关系的技能、技巧与策略，学会有效地表达自我。

6.珍惜时间，享受大家在一起的时光

即使你的努力现在看不到收获，但还是要相信，有付出就有收获，这种收获不是单指学习成绩上的，还包括自身能力方面，如学习能力，自理能力，这是你们在大学生活中所必要的。

7.发展团队精神，开拓新空间

在高考的战场上，要记得你是和所有人一起比拼的，因此眼光要放得长远一些，加强团队合作，大家一起进步才是真正的进步，我不是我们班中的佼佼者却能进入北大，足以看出团队的重要性。

8.扬长补短

有句话这样说，"让兔子去跑，别教猪唱歌"。道理不言而喻。在学习中，更要发挥自己的优势，找到自己的优势学科，这不仅能增强自信，还可以很好地弥补我们在其他学科上的差分。

9.少一些抱怨，多一份努力

说"自己努力了，结果不重要"或者说"成事在人，谋事在天"，这些都是为自己没有成功找的借口。努力得不够，这种努力只能算是带着侥幸心理的努

力。如果人生是一场赌博的话，你非常不靠谱地把命运押在了自己虚构的努力之中。你是不是很努力了，这不是让别人说的，而是让自己的心说的。

10.学习计划的周密性是成功的驱动力

如2010年考入北京大学的庞子钰同学的一个做法是：高三一年中，前半学期狠抓基础，砸实底子。

高三前半学期对高一、高二各学科（特别是数学和地理两科）的试卷（他都保存着）进行再回顾，再整理，形成他最基本最基础的知识网络。

具体做法是：他将保存的曾经考过的考卷分学科、分阶段进行研读，重点研究当时错题的原因和一些重要知识点的难易程度及易混点的比较分析，并重新再做一遍。对于没有掌握的知识点回归课本进行一一对应，有重点地进行复习，对于没有理解的公式、概念、定理回归课本，追根求源，查找不理解的原因。这样做实现了两个目标：一是对最基本的、最基础和易错的知识点进行了再梳理，这是将课本由厚变薄。二是明白了自己的薄弱点，从而找到了自己努力的方向。

高三第二学期即年后重点做高考真题，构建高考考点的知识框架，提升解题能力。具体做法是：充分利用三年高考真题，对各学科、各个章节按照复习的进度研究高考试题的类型、出题角度和答题思路，研中悟、悟中研。解决不了的问题，找老师帮助解决，从而构建出各学科各考点的典题题库和答题模式。同时，也明白了自己在解题过程中存在的问题和漏洞。从而在答题细节和答题规范上做足功夫；当他研究高考试题答案，再去看课本时终于明白了高考试题参考答案简洁凝练的语言，原来都来自课本。这样，无形中提升了解题能力。

要把课本看熟，不管是生物还是化学，甚至包括物理，"细节决定成败"，没有人会希望自己的失误是在名不见经传的小地方吧。这一学期你对课本的熟悉程度直接决定了你下一学期要在别人做模拟题时花多少时间来弥补你所谓的基本知识。

11.纠错是有必要的，看纠错更重要

纠错不是为了把它写在本子上，而是要把它刻在脑子里；所以纠错最重要的环节是去看，去思考，不要把它拖在所谓的考试前，认为考试之前看了就相当于复习。

12.不要拖拉，今日事，今日毕

世界上的人有三类：第一种人制订了计划就能按计划去做；第二种人是爱订计划却没有耐心去执行；第三种人知道自己没有执行力，所以不再制订计划。怎么摆脱拖拉呢？列出立即可以做的事，立刻动手，不要给自己借口，别要让今天的事情过夜。做到有条不紊，有计划，有策略，我们的学习才能做到心中有数。

13.平时要多反思

只有心中有数才能有进步的空间。课堂上跟着老师的思路走，但是也要有自己复习备考思路，知道自己的劣势在哪里，就有了方向。

14.正确定位

正确找到自己的位置，以最好的水平代表自己的真实情况，相信自己有这份实力，也不要因为一次的失误而过于伤心。以最好的自己面对考试，也许在同学中不是最优秀的，但是每个人都可以以最好的自己迎接高考。所以不要太在意平时所谓的名次，找准方向一直努力就行了。

第七辑　发言篇

"三五理念"发新花，迎难而上摘硕果

尊敬的各位老师：

大家好！

"时代不负追梦人、岁月不枉有心人"。经过两个月的艰苦鏖战，我们克服了疫情肆虐、17天网课带来的重重困难，取得了比较优异的成绩。为了全面总结分析本次考试成绩，回顾这两个月来复习备考的得失，并为后期二轮复习备战提供科学的数据支撑和方法指引，今天我们全体20级教师齐聚一堂，隆重召开高三期末考试总结表彰大会。本次会议，既要表彰先进、树立典型、总结经验，又要查摆问题、寻求突破、凝聚信心，切实为高效精准备战一模、坚决打赢2023年高考攻坚战做好坚实的铺垫。

20级高三全体教师在高校长的关怀、带领下，在高三管委会的具体指导下，精细管理，精准备考，将高校长提出的"以身作则是最好的教育""高效陪伴是最好的管理""下大力气抓细节，下大功夫做小事""激情和专注是西峡一高的核心竞争力"等教育理念落实到复习备考的各个环节、每一节课，管理重实效，教学求落实，常规求创新。本次考试，我们取得了一定的成绩：

清北尖子生：理科全市前50名我校9人，文科全市前20名我校4人；秋期中考理科全市前50名我校7人，文科全市前20名我校4人。理科在董润雨、张华册两位同学未参加的情况下，取得的成绩难能可贵；文科除庞凯文名次下降外，其他几位同学的名次都有提高，而且离差较小，尖子生团队正在形成。

一本学生：理科1599人，文科396人，合计1995人；秋期期中我校理科1553人，文科342人，合计1895人。整体增加100人，完成了既定目标。尤其是理科名校班，也取得了优异的成绩，实现了重大跨越，为我校一本总量的增长做出了突出贡献。谢谢你们和你们的团队！

"历史不忘开路人"。成绩的取得首先得益于高校长的率先垂范。两个月来，每天早上，校园里最早亮的是高校长办公室的灯，学生们循着这盏明灯，激情满满奔赴教室，开始一天的战斗；每天夜晚，校园里熄得最晚的也是高校长办公室的灯，他总是看着最后一位师生离开教室才回家休息；教学楼上、教研室里、各班教室里，我们经常看到高校长在巡查指导、答疑解惑、和师生倾心交流。高校长用点点滴滴的行动在向我们诠释着行胜于言的含义，在告诉我们什么是"以身作则是最好的教育"。

成绩的取得更得益于高校长的高位引领：在持续深化、内化"五个相信"的基础上，11月11日，高校长为我们做了"激情是实现梦想的最强大的武器"的激情演讲，按下了期末激情备考的启动键；11月18日，高校长带领我们学习了《"五个意识"疑探高效课堂的27个细节》，用高屋建瓴的洞察、细致入微的观察、切实可行的实操指导，解答了我们工作中的困惑，成为我们边教边悟、触类旁通、提升教学本领、提高课堂效率的指路明灯；12月1日，高校长提出了班级治理的"两头论"，从一天、一周、一月、一个学期的高度，阐释了"两头论"就是重点论，就是抓关键时段、关键对象、关键学科，为我们班级管理水平的提升注入了新动能；12月8日，高校长为我们阐释了"激情和专注是西峡一高的核心竞争力"的深刻内涵，将这句话确立为新时期校园文化的底色，为增强我校的文化底蕴添上了浓墨重彩的一笔；为充分调动学生的主动性，12月9日高校长号召全级向袁熠同志学习，启动了全员为师、互帮互学、每日多问学习活动，优势互补结对子、学讲提问留痕迹，让学生学进去、讲出来、写下来，使学生的学习形成输入与输出完美结合的闭环。12月22日，高校长针对培优工作，提出了既要坚持传统经典做法，落实好培优工作的"三板斧"，又要进一步解放思想，更新观念，增强自我更新能力，强化斗争精神，真正打造出人人参与、生动活泼、稳健成长、激情高涨的"五个意识"疑探高效课堂；同时启动了清北班教师互相观摩上课活动，高校长节节听、精准评，总结制定了观摩课10条评价标准：

（1）班部评价有奖有惩，有始有终。"有终"是指课堂结束时对班部积分有合成总结。

（2）课堂目标分段零售，精准滴灌。讨论展示评价，变式检测总结，师生互动交锋三次以上。

（3）问题解决挖井出水，打歼灭战。用好四遍教学法，集中精力，稳打稳扎，分割围歼，重点突破。

（4）基础知识回归教材，重视识记。把教材当字典，精准表述，适时翻查，读背识记，检测落实。

（5）典型错误重视追问，识别错因。通过追问，还原思维轨迹，并帮其分析错因，提示纠偏策略。

（6）教师善于激励学生，全员为师。要开展"人民战争"：互背互查、互讲互学、互批互改。

（7）变式检测链接高考，反思留白。术语表述，答案逻辑，要对标高考，并能及时留白，反思整理，记好笔记。

（8）学生活动读写结合，坐听站议。手是人的第二大脑，要笔不离手；坐站变换，凡议必站、凡读必站、凡读必查。

（9）学生学习输入输出，形成闭环。要让学生学进去、讲出来、写下来，站位高远，培养局内人思维。

（10）教师点拨学科互换，融会贯通。文科理科化，注重方法技巧模型的总结提炼；理科文科化，强化规律方法总结的读背识记。

这些举措使我们的培优工作做到了守正创新，为培优工作再次赋能。正是这从思想到行动、从班级管理到培优工作的全方位、高站位引领，帮助我们20级辨明了方向、找准了方法，取得了长足的进步。

成绩的取得得益于巧借外力，有名校名师指点迷津：11月15日我们聆听了李迪老师的报告《做学生欢迎的智慧型班主任》，帮我们找到了走进学生内心的好办法，"不要在孩子的心里埋雷，更不要踩雷，要学会挖雷""看见即感受，看见即疗愈""让学生降低重心，坐下来说事"等方法已经变成了我们潜移默化的行动；11月21日开始，我们分三次学习了湖南长郡中学罗清华校长《高三备考策略》的报告，帮助我们在提升学生考商、明确考试目标并优化考试目标，做好考试预案，优化考试策略等方面，提供了实用高效的方法和宝贵的经验借鉴。各组在组内自学的百师和九师联盟的专家讲座，也为我们的精准备考、高效备考提供了方法，开拓了思路。

"看似寻常最奇崛，成如容易却艰辛"。成绩的取得同样得益于周校长带领高三管委会全体成员目标明确、齐心协力、真抓落实、做好服务；四位级部主任带领全体班主任同志精诚团结、勇挑重担、精准施策、发扬"奋力拼搏、奋发有为、奋勇争先"的"三奋精神"和迎难而上、敢打硬仗、能打胜仗的拼搏精神。在11月8日的高三中考总结会上，周校长代表20级管委会向学校汇报了期末考试备考目标：

1. 尖子生

理科市前12名，2012班保3争4，2017班取1。

文科前6名，2035班前6名取2争3。

整体：理科前50名达到8人，前100名达到20人。

文科前20名达到5人，前50名达到12人。

2. 一本

（1）名校班一本数不低于63人。

（2）一本班理科一本数不低于4人，文科一本数不低于6人。复习班、国际班和日语班不低于本次一本数。

11月18日，周校长给全体师生做了"大战冬三月，奋力迎终考"的广播讲话，强调要以"激情为精神内核、以作业为管理抓手，开展学习竞比活动"，拉开了高考倒计时的序幕；11月19日，各班组织了有优秀学生家长代表参加的高考倒计时200天班会活动，吹响了冲刺200天、激情迎末考的冲锋号；随后各班在持续抓好"三零规范""笔不离手""四净一齐"等常规工作的基础上，进一步落实了"一课一研"考练和拔尖考试净桌、分贝测试仪检查早读状态、冬三月卫生整治、每日多问等举措；封校期间和学生居家上网课期间，全体班主任同志克服困难、任劳任怨、坚守岗位、创新思路、家校联动、多措并举，取得较为理想的管理效果。这都为末考备考奠定了坚实的基础。

"众人划桨开大船"。成绩的取得更得益于爱岗敬业、无私奉献、积极进取、顾全大局的各位老师。大家积极利用班部评价调动学生的积极性、主动性，上好每一节"五个意识疑探高效课堂"；主动参与大课间精准培补；认真批改作业；精心组好每一份试题；在封校和上网课期间，维护学校大局、舍弃个人私利、顶着凛冽寒风、带着疲惫和病痛，用无畏无惧、敢打敢拼诠释了"负重拼搏、敢为人先"的西峡一高精神内涵，也为西峡一高精神注入了新的时代内涵！谢谢大家！

总结成绩和经验，是为了更深入地发现问题，更科学、更坚毅地前进的。所以，我们更要主动擦亮眼睛，看到问题，寻求对策；我们全体高三教师务必保持对高考的清醒认识，用高度的使命感、紧迫感、危机感、责任意识、创新意识、竞争意识、落实意识，不折不扣完成高校长和学校提出的各项具体工作。在此，我谨代表高三管委会就存在的问题对全体高三教师提出以下希望与要求：

一、坚定不移持续抓好"五个相信"和"三改"工作，把各项改革措施向纵深推进

（1）务必相信基础的力量。罗清华老师讲，只要基础牢，不怕考不好。从我们多次考试情况来看，包括清北班在内的各类型班级，均存在基础题出错、甚至原题重做依然出错的情况。所以，我们的拔尖考试和"一课一研"考练务必坚持狠抓基础、抓牢基础、反复抓基础。抓基础就是抓质量，抓基础就是抓提升。

（2）务必相信读背的力量。各班主任、各科老师一定要强化对学生读背的要求，不论理科还是文科，都要反复背、重复背、继续背、天天背、站着背、大声背，背出激情、背出高效！

（3）务必相信考练的力量。考考考是学校的法宝，科学的考试更是制胜的核武器。水平能力是训出来的，成绩素养是练出来的，三分在课堂，七分在考练！我们要严把试题质量关，不管是早读检测题、拔尖考试题还是周考题，各教研组都要把好试题质量关，确保不出偏题、怪题，坚决不出错题。在"一课一研"考练、拔尖考试、周考等自主组题中要进一步加大错题回放和高考真题的比重，"一课一研"考练、拔尖考试错题回放和高考真题变式要各占50%，都必须限时训练。只有通过高质量的反复练、重复练、继续练、天天练，才能对学生的学习起到指导作用。

同时，通过高质量的试题设计，让学生真正了解高考，化陌生为熟悉，适应高考，并能将方法技巧融入自身的思维意识当中，真正实现"学得好、考得好"。此外，我们的自主组卷要和联考两条腿走路，自主组卷要体现滚动复习、步步为营、稳扎稳打的原则；联考则主要是横向比较，寻找差距。所有老师必须落实凡考必收、凡收必改、凡改必评、凡评必精的理念，精选精练精讲，确保题题有收获、次次有长进。

（4）务必相信"三改"的力量。"五个意识疑探高效课堂"理论是符合我校实际、符合新课改方向，是科学高效的课改模式，超前意识、目标意识、疑探意识、检测意识和管理意识，环环相扣，理论和实践巧妙结合；班部评价必须及时、准确、灵活，最大限度地激发学生的潜能。

（5）务必相信检查的力量。抓好落实就是抓住了所有工作的牛鼻子。即时检查是我们落实工作的原动力，硬碰硬的检查是我们保证颗粒归仓的最有效的法宝。我们从管委会到年级部的全体同志，都要有"抓铁留痕"的态度，把从小早读检测开始的每一项教学工作都检查到位、落实到底！

二、清北班要把培优工作推向更深更细，各项措施要更精准，落实要更有力

一方面要坚持传统经典做法，落实培优工作的"三板斧"：一是引导教育清北之星抓好纠错；二是各科教师抓好清北之星错题的梳理工作，建立清北之星电子版错题题库；三是每次周考、联考后，务必落实清北之星个性化变式，清北之星个性化变式的电子版，由班主任检查后发分包领导。同时从12月19日开始，各学科分别裁剪一节课作为公共自习，各科任务必须在本节课上完成，公共自习不允许任课教师进班或提前布置任务，要求学生凡自习必计划，每节自习课前5分钟由班主任逐人检查落实；每节自习课后，要对完成情况进行评价，确保自习课的质量。

另一方面要进一步解放思想，更新观念，要善于放下执念，保持空杯心态，增强自我更新能力；要强化斗争精神，要敢于同自己保守、落后甚至懒惰的观念做斗争：一是要进一步强化班部评价理念。我们要坚信每一次赋分都有激发学生潜能的可能，赋分必须要有区分度，有差异才有教育的契机，没有差异的赋分等同于无效赋分。二是讲评课必须坚持以9条标准为指导，尤其要贯彻分段讨论、分段展示评价、分段变式、分段点拨总结、各个击破的精准滴灌理念；坚决反对前半节交流讨论、后半节集中讲评变式的大水漫灌、批发式的粗放模式；每节课学生活动方式要多样化，坐听站议，听说读写要多几个循环，坚决反对学生坐着讨论或坐着读书等轻慢低效的学习行为。三是讲评课要强化变式训练。清北班讲评课如果没有变式，就是平面化教学，而有深度的立体化教学，不求题题都有变式，必须保证重点题目有变式，这样才能真正打造出人人参与、生动活泼、稳健成长、激情高涨的"五个意识"高效课堂，才能"把落实做到极致，把创新做到无限"，实现培优效益最大化。

三、全体班主任要以更加主动的心态，及时发现问题、超前预判问题，乐于借鉴吸纳先进的管理经验，用特级战斗英雄杨根思的"三个不相信"的精神，"把落实做到极致，把创新做到无限"，把班级管理水平提升至更高层级

网课期间，我们通过两次年级经验交流会和级部内部经验交流会，发掘并推行了一系列优秀的方法。但仍存在着管理不精细、落实不到位、数据反馈慢、整改靠督促、班会召开不及时、违纪学生情况与家长沟通不到位、考试成绩统计与分析滞后等问题。各班主任要进一步强化责任意识、担当意识，要切实意识到我们背后有一双双期待的眼睛、评判的眼睛，我们的工作不是作秀、不能敷衍，我们要交上令自己满意的良心答卷！我们要对春期可能遇到的问题和困难超前预设、做好预案，要让自己成为"眼中有问题、胸中有策略、手里有方法"的"三有"班主任。要继续利用班改作为支点，撬动班级整体管理水平的提升；继续深入挖掘班级故事，打造充满激情和奋斗精神的班级文化，培育班级发展新动能！从新学期开始的班委选聘、班部重组、座位编排到自习、饭后、集会、体育课、阅读课等各个环节的评价都要用心谋划，科学有序。尤其是要坚持开好每天一次的小班和每周一次的大班会，把班会确实变成"学习的加油站、激情的冲锋号、竞比的大舞台"。我们要利用好手机，发现各类典型都要及时拍照，为班会做好素材积累，通过"用事实说话"，让身边的人启发身边的人，让身边的人教育身边的人，增强班会的生活气息和说服力；同时还要眼光向外，及时发现外班的典型，来刺激、带动本班的发展；要充分地利用音频、视频、课件等多种工具让班会生动活泼，真正为学生的激情奋斗赋能。

四、年级管委会

全体成员要再次明确职责、合理分工、统筹安排、超前行动，要做到人员不增加、检查更具体、通报更翔实、回看更有力、帮扶更奏效，把评价督导的职能发挥到极致。

五、全体一线教师

二轮复习是专题训练，是针对性很强的提升途径，我们一定要积极发扬一轮复习时的优良作风，扣合二轮复习特点，做到5个坚持：

（1）坚持高目标引领：①二轮计划周四前必须上墙。②考点标注一周一

检查。

（2）要坚信我们每天经历的日常，就是连续发生的奇迹，坚持精心备好、上好每一节课；要坚信"五度理论"、坚持落实"四遍教学法"，真正提高课堂效率；

（3）坚持班部评价，充分利用班部评价为课堂注入活力；班部评价有始有终、有奖有惩、狠奖重惩，真正撬动课改的深化；

（4）要坚持"每日一问或多问"，实现即时复习、反复巩固和学生思维的碰撞。每日一问，是老师对学生学习情况的及时检测，每日多问，是学生之间的优势互补，这样做，就掀起了一场人人参与的"学习人民战争"；

（5）要坚持认真批改，掌握学生答题的第一手资料，真正明白学情，找到问题症结，进而对症下药，增强讲评的针对性，提高课堂效率；同时要做好临界生问题记录，建立错题档案，为大课间精准培补和拔尖考试准备好素材，最终达到学生在知识上有增加，能力上有突破。

同志们，古语说"行百里者半九十"。期末考试，成绩鼓舞人心，令人欣喜，但我们要有高度的警惕，要清醒地明白，剩下的这段路可能会更艰难；我们要牢记"岗位就是责任，使命就是担当"，继续发扬"负重拼搏，敢为人先"的一高精神，用激情引领、借专注赋能，践行"强者文化"，创出最佳业绩，展现出属于我们20级奋斗者的最强的风采！

西峡一高2023年高考百日冲刺誓师大会主持词

尊敬的各位领导、各位家长、各位老师，亲爱的同学们：

大家上午好！

虎声传捷报，玉兔迎春晖。今天，西峡一高20级全体师生，满怀新春的喜悦与激情，满怀对美好未来的憧憬，在时间广场隆重集会，举行2023年高考百日冲刺誓师大会，为我们即将开始的百日壮行，呐喊助威！

今天到会的还有学校领导班子成员、各处室负责人和学生家长代表，他们亲临现场为我们鼓劲加油，让我们用热烈的掌声欢迎他们！

我宣布：西峡一高2023年决战高考百日冲刺誓师大会，现在开始！

大会进行第一项：升国旗，奏国歌。全体师生、家长，面向国旗，行注目礼。

昂扬的旋律、豪迈的歌声，点燃了我们心中的激情，让我们意气风发，迈向新的百日征程。这段征程，是高中三年最紧张、最刺激、最变幻莫测、最富有挑战性的冲刺阶段，也是人生最关键的奋斗阶段。也许你已大汗淋漓、筋疲力尽，但你必须咬紧牙关、瞄准终点、奋勇向前！宏大梦想在远方召唤，鼓声炮声为我们壮行！

大会进行第二项：鼓声起，展班旗，鸣礼炮十八响！

鼓声炮声是出征的命令、拼搏的号角，振奋人心，催人奋进；鲜艳班旗是胜利的颜色、前进的方向，指向目标，旗开得胜！十八响鸣炮，以青春之名唱响属于十八岁的凌云之志，象征着同学们十八而立朝气蓬勃的年华，预示着2023年，同学们的梦想十拿十稳、十全十美，西峡一高的高考成绩一路牛牛牛！十载寒窗，百日苦练，何人健步登金榜；一腔热血，万丈豪情，我辈英才夺桂冠。问苍茫大地，谁主沉浮，唯我一高学子！

大会进行第三项：由高三学生代表、2017班勇士赵志勇同学发表决战高考宣言。

有请赵志勇同学！

志者无敌，勇者无惧。赵志勇同学的发言，表达了20级全体同学的雄心、信心、决心，希望在场的全体同学，以"志"为旗，以"勇"为剑，披荆斩棘，决战高考：志在远方、勇于追梦，怀抱雄心、坚定信心、下定决心；志在高处，勇于亮剑，挑战自我、战胜自我、超越自我；志在当下，勇于比拼，比信心、比干劲、比自律、比勤奋，以良好的心态迎接高考，以科学的方式备战高考，以最好的成绩成就梦想，以展现最好的自己，为最高胜利！

同学们，最后100天的冲刺道路上，你们并不孤单：有全体老师的日夜陪伴，有同学朋友的热情帮助，更有家长亲人的默默祝福、全力支持。你们的父母，会一如既往地全力做好后勤保障工作，让你们心无旁骛，专心备考。

大会进行第四项：优秀学生家长代表发言。

有请2012班闫昭旭同学的家长闫毅先生，代表全体家长为全体高三学子，送上最真挚的祝福！

一人高考，全家备战。一人胜利，全家光荣。同学们的成长，离不开自己的努力奋斗，也离不开家长的倾心付出。在此，我代表学校对各位家长表示衷心的感谢。谢谢你们！同学们，请向你们的家长深深鞠躬，大声喊出："爸爸、妈妈，你们辛苦了！"

同学们，在我们的人生道路上，除了父母家人，谁陪伴我们的时间最长？谁对我们的期待和付出最多？当我们抵达梦想的时候，最应该感恩的是谁？老师，老师，还是老师。师者，父母心。老师对学生的情谊，是太阳对万物的光热，是大地对生命的担当，是根对绿叶的情谊，是热爱，是滋养，是期待，是年年月月、无日无夜的无私奉献、真情付出、不计回报、默默耕耘。

大会进行第五项：请优秀教师代表发言。

有请2035班陈丹杰老师，代表西峡一高全体教师，向全体学生表达根对绿叶的情谊。

高效陪伴是最好的管理，以身作则是最好的教育。同学们，今天，高考冲刺的战役正式打响，在这100天里，全体老师将和同学们一起，在冲刺的道路上携手前行。我们的征程是星辰大海，只要我们心往一处想，劲往一处使，我们就可以战胜一切困难，不到长城非好汉，不达目的不罢休！

大会进行第六项：教师集体宣誓。

有请领誓教师周恒、窦真老师。请同学们以热烈掌声，欢迎教师方阵。

寺山苍苍，鹳河泱泱。山河为证，共筑梦想！我全体一高教师，为实现2023年高考"清北录取8人，一本过线2000人"的宏伟目标，一定会竭尽全力、奋力拼搏，舍小家、为大家，亲情陪伴、高效指导，让更多西峡学子考入好大学、奔向好前程！我相信，这个目标一定会实现，同学们有没有信心？

此时此刻，此情此景，同学们一定激情澎湃，豪情满怀，想对学校、对老师、对家长表达"绿叶对根的情意"。

大会进行第七项：学生集体宣誓。

有请领誓学生，2012班闫昭旭同学、2017班刘豫栋同学、2019班刘凯瑜同学、2035班庞凯文同学。

同学们，没有经历过拼搏诠释的青春，是苍白的；没有经历过奋斗考验的青春，是遗憾的。你们掷地有声的誓言，直冲云霄，震撼人心，再一次让家长、让老师感受到青春的激情和力量。勇者无敌，志者胜利！一高加油，一高必胜！

同时，我们坚信，小成功需要朋友，大成功需要对手。勇敢的人，总是积极寻找对手、挑战对手、超越对手！

大会进行第八项：级部擂台挑战、交换挑战书。

级部挑战，弥漫着看不见的硝烟，回荡着四位级部主任和全体班主任的激情呐喊。在他们的带领下，我们必定信心满满，热火朝天！

在冲刺高考的路上，学校是我们力量的源泉，也是我们坚强的后盾。作为学校的领航者、掌舵人，高校长更是为我们20级备考超前谋划、精准指导、身体力行、殚精竭虑，始终陪伴着我们、鼓舞着我们。在我们整装待发的此刻，高校长亲临现场为我们加油鼓劲。

大会进行第九项：请高校长做百日冲刺总动员。

让我们以热烈的掌声，请高校长发布动员令！

高校长的讲话，对我们全体师生寄予了殷切的希望，给了我们极大的鼓舞，也为我们冲刺高考指明了方向，更激起了我们的万丈雄心、坚定信心、奋斗决心！

同学们，在这个充满竞争的社会，没有人在乎你的落魄，没有人心疼你的软弱。一高人不相信眼泪，只崇尚汗水。是勇士就挺起你的脊梁，在这100天里杀出一条血路！乾坤未定，你我皆是黑马；乾坤已定，也能颠倒乾坤。我们誓与命运抗争，与时间赛跑，熬过这100天，成就大学梦。努力吧！同学们，一百天挥洒汗水，将使6月的果实更加饱满；一百天拼搏苦战，将使6月的凯歌嘹亮！加油吧，同学们，最后的胜利一定属于你们！"春风得意马蹄疾，最是金榜题名时"，学校、老师、家长等待你们6月凯旋！

让梦想在春天绽放

同学们：

上午好！

全市一模时间已经确定：3月16、17两天。今天是2月5日，农历正月十五，距离一模考试仅有40天时间。按照学校和高三年级管委会工作部署，我们组织召

开"冲刺一模广播动员大会",我发言的题目是《让梦想在春天绽放》

大地春回,万象更新,疫情消散,人心振奋。从初六返校至今,已经整整十天了。这十天里,同学们激情洋溢的琅琅书声,如滚滚春雷,振聋发聩;铿锵有力的宣誓,如乳虎啸谷,声震九天;晨起晚归奔跑的身姿,如骏马驰骋,彰显生命活力;校园里处处洋溢着春天的气息,激荡着我们拼搏的激情!这是我们给青春、给春天最响亮的回答。

春天是孕育希望的季节。今天,我给大家提三点希望:

第一,希望我们有清醒的认识。我们要清醒地认清"我是谁":我们是坚忍的青松,我们是翔翔的雄鹰,我们是西峡一高最优秀的学生,我们是祖国未来的栋梁!铮铮誓言,要时刻响在耳畔!我们要清醒地认识到一模前这段时间对我们一生的重要意义。古语说,行百里者半九十。把高中三年当成一个整体,那么我们现在的这段时间,就是剩下的10%,就是我们这场青春战役的决战时段!抓住了这段时间,才对得起青春!我们要清醒地认识到不只我们在努力:郑州的、南阳的、信阳的、周口的、淅川的、内乡的,许许多多的高三人都在努力。面对全省的竞争,我们只有更努力;我们要清醒地认识到,这个世界上从不缺努力的人,缺的是努力到底的人;我们要清醒地认识到"我为什么努力":1月30日,2029班的同学在楼梯口励志小黑板上给出了明确的回答"为了不后悔"!我们要清醒地认识到,早起是摆脱平庸的第一步,当你投资了清晨,也就掌握了自己大半的人生。当下中国的崛起已经进入不可逆的状态,未来10年,必将迎来一个高速发展期,而那正是你们干事创业的黄金期,你们将在中国乃至世界的舞台上大显身手、挥斥方遒!想想未来,哪里有不好好干的理由!所以,我们要清醒地认识到"学生"的含义:学生就是靠学习生存的人,视学习如生命的人!

第二,希望我们有最强的执行力。决心要成功的人,已经成功了一半。告别拖延,立即行动,增强执行力,才能敲开成功之门。逻辑思维CEO李天田在"鲁莽定律"中说道:人生总有很多左右为难的事,如果你还在做与不做之间纠结,那么,不要反复拖延,立即去做,最终至少有一半的成功概率!

青年的字典里无"困难"二字,青年的口头无"障碍"之语。唯知跃进,唯知奋飞,唯知其自由之精神。《黑天鹅》里有这样一句话:"挡在你面前的,只有你自己。"我们自己也常说:我不怕万千阻挡,只怕自己投降!困难和挫折都不可怕,可怕的是遇到一点问题,就陷入自我否定的情绪中,感觉自己没希望。

很多时候，否定你的不是别人，而是你自己。少年心性岁岁长，何必虚掷惊与慌。正如2037班同学在2月3日的励志小黑板上所言：只有坚持积极的思想，才能产生奋斗的勇气。当你欣然接纳自己、充分信任自己时，才会拒绝内耗，才有更多前进的勇气，才能增强执行力，取得成功。

用心动脑、实干巧干、日日精进，要养成破局思维，提升执行力。网上有句很扎心的话："机械式努力的背后，不过是一种肌肉的习惯性运动，这看起来是勤奋，其实是脑子的偷懒。"任何过嘴不过心的读背、任何过手不过心的考练，都是在给自己挖坑。不动脑去想怎样才能做得更好的勤奋，不过是重复的无尽忙碌，很容易陷入"瞎忙"的怪圈，往往只有苦劳，没有功劳，这样的勤奋没有意义。1月25日小班会，我让35班的同学们看了一个卖早餐的阿姨剥鸡蛋的视频：她利用热胀冷缩原理，一分钟可以剥100个鸡蛋！这个可以挑战吉尼斯世界纪录的成绩，就是对用心动脑、实干巧干的最佳诠释。只有养成深度思考、破局思维的习惯，不断精进自己，才能摆脱低质量的勤奋，实现高质量的成长。

第三，希望我们高度重视抓细节。高校长反复告诉我们，学生的进步是细节的进步，高考的胜利是细节的胜利，学校的成功是细节的成功。1月30日2035班在励志小黑板上写的是：慢慢前进才能抵达，一点一滴都是意义。通过不断改正自身细节错误、吸取他人优点等方式完善自己、实现提升。今天我在这里提醒大家注意5个细节：

（1）好好听师长的话。1月29日，2020年河南省文科第二名、清华学子钟毅清，给35班的同学们说：上了大学才知道高中的学习安排是很合理、及时、有效率的。老师让你做题、纠错等要记在心上、按时完成，你可以有自己的想法，但一定要在老师构建的大框架之内，除非你和老师已经沟通了，同时老师也认同你的学习方式。听老师的话，会使你的学习很有思路和条理。老师说你哪里有问题，你一定要记在心上，要求自己立即改正。如果你觉得老师对你的问题说得不对或不准，你一定要和老师说一说你做这道题的时候是怎样想的，把你完整的思路告诉老师，和老师一起讨论解决，这样可以准确、及时改正自己，实现日日精进。

（2）珍惜上课时间。要把所有精力都放在课上，老师讲什么都跟着走，减少走神或者不听课的时间。上课是我们获取学习知识和技巧的最主要的途径。有很多同类题目老师会反复地讲，不要觉得你已经会了就不听，你怎么知道在这次的讲解中你不能学到新的知识点呢？或许老师正讲着，你灵光乍现，想到了一种更简单的解题思路，或者想到了上次你也做到了一个题目好像也能用这种方法解答，或者你忽然就对这道题目理解得更加透彻了呢。

（3）要重视每一场考试。考了就要达到空前最佳的战绩，要有把每一场考试都当作高考对待的初心，平时高考化，高考平时化。要有适当的紧张感和压迫感。考试的目的首先是纠正自己的错误，然后才是查找漏洞。抱着这样的心态，可以最大化减少自己的失误。

（4）确定小目标，要求自己限时做到：我说的小目标，是非常小而具体的自我要求：比如这次考试我要多做对一个选择题、有技巧的题目我一定要用技巧、我要站在出题人、改卷人的思维方式角度答卷、这次我要把时间分配好等，都是小目标。不要好高骛远。

（5）一定要高度重视纠错。纠错是我们成功的重要法宝。没有常胜，只有常省。最重要的是用心思考、反思、改进的纠错过程，其次才是整理到错题本上。纠错时错误类型要覆盖全面，比如心态（这个题错的时候我是什么样的心态？我是不是走神了？我是不是受别的事情、声响等的干扰？我是不是一心想着超越别人而出现了急躁？我是不是到最后放弃了？）、知识（忘记或用错了哪个知识点？）、思维（为什么会看错？下次怎么做才不会看错？或多想少想了什么？）。在纠错的过程中，要求自己形成一种条件反射，看到某个题就知道它会设计什么陷阱。如果现在还没有形成条件反射，那就在纠错前先把题目再浏览一遍，然后用三分钟的时间分析哪些问题我总是犯错，在哪些步骤错，然后直接把易错的问题圈出来，并在旁边做好标记。纠错的目的是为了改进，我们要坚信：改了才能进，改了就能进！

同学们，昨天是立春，是春天的开始；也是我们新学期的开始。人勤春来早，功到秋华实。希望全体同学，以开局即开战的心态，以起步即起跑、起跑即冲刺的战斗姿态，擂响奋进鼓，跑出加速度。趁着浩荡春风，立即扬帆起航。让我们的青春激情飞扬，让我们的努力热辣滚烫！用我们一往无前的勇气、志气、胆气，把我们的人生奇迹写在春天里！

厉兵秣马，备战二模

亲爱的同学们：

上午好！

阳春三月，万物复苏，春意盎然，生机勃勃。美好的日子，也正是努力奋斗的时光！经过近50天的顽强拼搏，我们也取得了一模的丰硕成果。

今天的会议有两项议程：第一项，宣布各类获奖名单；第二项，请刘克亭主任做总结报告。下面我们逐项进行。

第一项：请王志华主任宣布各类获奖名单。

同学们，刚才王主任代表学校表彰了在一模考试中取得优异成绩的个人和集体，既是对他们取得的成绩的肯定，更是对奋发有为、勇攀高峰的精神的褒奖，是在为我们树立学习的榜样。谢谢王主任！希望我们全体同学，积极寻找身边的榜样，主动对标榜样，力争成为榜样！

下面大会进行第二项：请刘克亭主任做一模总结。

同学们，刚才刘主任从"一模反映了我们当前复习中存在的什么问题"和"一模后我们该怎么办"两个问题入手，对我们的一模考试进行了总结分析，并提供了"加强选择题训练，加强读背，提高语、生、化、政、史、地等学科成绩，用好三本一题，确定考试目标，把握考试时间，进行心态管理"等切实可行的好方法，助力我们的二轮复习。谢谢刘主任！

同学们，一模的结束，也标志着二轮复习的开始。从现在开始，我们就要重整旗鼓，备战二模。在刘主任讲话的基础上，我强调三点。

一、主动打破限制性思维，拒绝自我设限，进行认知升级

什么是限制性思维呢？举个例子：有的同学说"我数学那么差，不可能跟得上了""现在恐怕再努力也来不及了"之类的话，就是限制性思维的表现。它会给我们的未来提前设限，它会扼杀我们的想象力和创造力。所以，当这个念头再出现时，你一定要告诉自己：坚决不可这样想！识别自己身上的限制性思维，可

以帮助我们更客观地分析问题，迈出尝试的积极一步。

第二步：直面事实，全面、客观地看待问题，生尽办法找到突破口。你担心的后果是真实存在，还是自己的个人想法？请你去找班主任问一下往届学长学姐中一模失败，而后高考分数超过一模几十分、甚至上百分的例子，并寻求他们的方法！所以，别担心，一切都来得及！

第三步：创造新的信念，变之前的固定型、限制性、消极性思维为积极的、成长型思维。"之前的问题让我暂时落后了，往前走总比在原地踏步更能接近目标大学。""学长学姐可以，相信我也可以！""我只是暂时还没有学会，暂时没有找到好的解决方法。"然后去学，去尝试，去争取。勇于尝试，逼自己一把，谁都可以证明原来自己也可以这么优秀！

二、坚定不移落实"三个一定"，用好纠错本

丢分不可怕，可怕的是每次都掉到同一个坑里。为了避免这种情况，同学们一定要有一个错题本，一定要限时训练，一定要把重要的、典型的错题做5遍。

错题本的使用方法可用5个字概括：想、查、看、写、说。

（1）想：闭着眼睛想，在大脑中过电影。课后最需要做的是回想。每天晚上临睡前，想想一天都学了什么内容。

（2）查：回想是查漏补缺的最好方法。回想时，有些内容会非常清楚，有些则模糊。能想起来的，说明已经很好地复习了一遍，通过间隔性的2~3遍，几乎能够做到不忘。模糊和完全想不起来的就是漏缺部分，需要从头再复习。

（3）看：有时间了就拿出来看。重温知识盲点、疑点，思维的"拐点"。

（4）写：随时记下重难点、漏缺点。一定要在笔记中详细整理，并做上记号，以便总复习的时候，着重复习重点内容。

（5）说：复述。每天复述当天学过的知识，每周末复述一周内学过的知识。听明白不是真的明白，说明白才是真的明白。坚持2~3个月，概括、领悟能力明显提高，表达能力也会增强。

三、强化两种能力

（1）务必强化应试能力。到了这个时候，我们的最主要的任务，就是拿下高考。生尽千方百计多得分，就是核心的、首要的任务。通过反复训练规范应试技巧，提升应试素质，是最佳的途径。尤其要强化落实三个字：慢（审题），快

（书写），全（规范）；阅读、审题和表述上要实现思维语言和学科语言的自如转化，实现答题思路方法的规范化、习惯化。我给35班的同学们说，要"越考越能"、越考越会考，就是从这些方面说的。

（2）强化情绪管理能力。有人形象地把高考二轮复习比喻为战争的相持阶段，是复习过程中的艰难阶段，我们的心理、情绪变动大，而且情况也较复杂。有人说，考试是七分知识，三分心态。所以，提升情绪管理能力，就显得特别重要。情绪包括你的心理素质、意志品质和抗挫折能力。我们一定要继续运用老师帮助、自己修炼内外结合的方法，强化情绪管理能力，达到宠辱不惊的境界，实现知识能量与心理能量的最佳释放。

阳春布德泽，万物生光辉！同学们，在这孕育希望的季节里，大好春光与我们的大好前程同在，大自然的盎然生机与我们的无限潜力同辉，让我们舒展身心，全力以赴，讲究方法，备战二模，迎接高考，灿烂绽放！

谢谢大家！

教书育人不愧名 精雕细琢育英才

——2017年县教师节表彰会上发言材料

尊敬的各位领导、老师：

大家好！

很高兴能站在这里和大家一起分享我培优工作中的一些心得体会。今年高考，我班吴铮同学能够摘得河南省文科状元的桂冠，胡曼、时子涵、杨雷等多名学生能够顺利考入北大、南开、武大等众多知名高校，我要真诚地感谢我校各位领导、我班的各科任老师以及语文组兄弟姐妹对我的大力扶持与帮助，没有他们耐心的引导与大力支持，就没有我今日的成绩。

我今天汇报的主题是"教书育人不愧名，精雕细琢育英才"。

13年前，我带着父母对我的期望、朋友对我的祝福和自己对未来美好的憧憬，来到了西峡一高。以满腔的热情走上了三尺讲台，面对众多渴求知识的眼睛，我把自己美好的青春挥洒、把满腔的爱心奉献、把期望与希冀播种。

作为一名教师，我爱我的学生。从吉林老家只身来到这里，我并不孤单，因为我的学生就是我的亲人，我的孩子，我把全部的爱都给了他们。来自淅川的王晨蕾有胃病，饭稍硬一点、辣一点，她就会胃疼得直不起腰，我常常利用难得的空闲时间，给她做些清淡可口的饭菜，带到学校让她吃；来自农村的包钰、宋雪萍，是我班生活最贫困的两名学生，奶奶年老多病，母亲因病不能劳动，父亲没有固定工作，全家靠低保艰难度日，我经常给他们资助生活费，至今他们仍不知道；来自邓县的李雅倩，父母都在杭州打工，只有年迈的奶奶陪她在老家生活，为了求学来到了西峡一高，当节假日别的同学已经回家和父母相聚时，她经常无处可去，我经常把她带到自己家里，尽己所能，给她妈妈般的关爱；高三学习生活节奏快，学生压力大，为了给他们缓解压力，补充营养，我经常自己掏腰包给他们买糖果、炸鸡腿、烤鸭、应时水果……面对我所做的一切，学生看在眼里，记在心上，内心是满满的感动，他们更把对我的回报转化成学习的动力。经常听学生对我说："老师，我这次没考好，让您失望了，对不起！"常言说："亲其师，而信其道。"正是因为我全心全意地关爱我的学生，我的学生才能面对高考乃至生活的一切，全力以赴去拼搏进取。学高为师，身正为范。我相信，我能做到的，也是在座各位老师以及其他未能参加此次大会的所有老师都能做到的。

作为一名教师，我亦爱我的事业。回首与学生一起走过的日子，我们一起努力、一起拼搏、一起流泪、一起欢笑！

作为一个县级学校，想让学生顺利考上清华北大是比较难的，而作为文科班，尤其难。在高二接手这个班的时候，我就知道这个担子有多重，前行的路有多难。如何最大限度地挖掘他们的潜力，使其顺利升入清华北大、在自身高度上有所突破，这是作为文科培优班班主任对学校、家长、学生本人的最大责任。

高三培优班的工作重心与高一高二相比，区别非常大。高一高二主抓基础，覆盖知识面，高三就不仅仅是知识，还要在能力、思想、毅力、心理、应试技巧、身体素质等方面全面兼顾。对于一名优秀的高三尖子生，如果拿短板效应来说，一个方面出了问题就可能导致无法估量的后果。我班的吴铮，一、二年级，直至高三上学期的期中考试，成绩一直都是遥遥领先，但到高三上学期期末、下学期的一模、二模，成绩却有所下降，针对她，我必须弄清楚阻碍她前进的因素，春节过后，我多次找她谈话，并与我部领导柴广夫主任偕同我班各科任老师多次对其学习情况进行会诊。我们发现，吴铮同学主要是在接受知识的速度上和其他学生相比有些慢，尤其是数学，因此对自己产生怀疑，思想包袱重，心理压力大，影响了自己的正常发挥。所以，减压和重树自信就是关键。她也很有韧性，经过一段时间的调整，终于稳定下来，并在高考中取得了令人惊喜的成绩。

高三第二个学期，时间短，学习任务就更重了，不仅仅是六科的知识，还有大综合的考验。我主要做了以下几方面的工作：

1.目标教育坚定不移

有目标才会有斗志，有斗志才会有动力。与学生在一起的时候，我会有意无意地对他们强化"要做就做最好""誓考清北，必上名校"的意识，从班级目标、班级文化、榜样引领等方面营造学习氛围，激发学生的学习热情。

2. 心态教育常抓不懈

"事败先败于心，效高首高于法"。我经常用一些励志视频、励志文章、激励性话语来引导他们，并利用自己的语文课堂开展辩论会、主题演讲、诗歌朗诵、美文品读等活动，让学生在争辩、朗读、品味中逐渐做到"有责任、敢担当；有爱心、能包容；有学识、敢创新；有思想、能表达"，引导他们坚毅果敢、积极自信、阳光向上。

3.身体关注细致入微

高考是一场身体素质、心理素质、知识能力的综合考量。因此，我要求学生人人都做"三好学生"：好好学习，好好照顾身体，好好休息。重视营养、进行适当的身体锻炼，科学学习，不搞疲劳战。

4.能力提升精益求精

高手对决，最关键的可能就是最后的一分之争。所以我偕同我班的各科任老师高度重视校领导提出的"精益求精、精雕细琢"的原则，从生活细节、平时的作业、每次考试的试卷等方面狠抓规范，尽量避免或者杜绝学生因为粗心大意或书写不认真、表达不严谨、解题步骤不完整等因素导致的失分。力争解题时要想得快，算得准，写得清。

5. 家校联合发挥合力

除了利用校讯通给家长发成绩外，我还经常针对学生个人给家长发表扬短信、提醒短信；组建学生家长微信群，及时把学生读书、上课听讲、出操、午睡等情况以照片、视频的形式发给他们，让家长更真实、全面地了解自己的孩子，关注孩子的良好发展。

我坚信：把平凡的事做好就是不平凡，把简单的事做好就是不简单。培优工作也是这样，只有把这些看似简单、平凡的工作做好、做细、做到极致，我们的理想和目标才会实现。会当击水三千里，同舟共济勇向前。我亦坚信，通过各位领导和所有老师的共同努力，一定会有越来越多出类拔萃的人才涌进清华北大乃至其他世界名校，我们西峡教育事业的明天定会更加灿烂、辉煌！

谢谢大家！

教书育人，甘为人梯

——2017年在全市庆祝教师节暨高考质量表彰大会上的发言

尊敬的各位领导、老师：

大家好！

在这样一个特别的日子里，身为一名普通教师，能参加今天的表彰大会，聆听市领导的殷切教导，感受社会对教师的尊重，我倍感荣幸；能作为教师代表发言，表达我们的心声和对未来的美好憧憬，更是倍感激动。首先，请允许我代表南阳基础教育系统的全体教师，向多年来关心、支持教育事业的市委、市政府和各级党委、政府领导，表达我们最诚挚的感谢和崇高的敬意！向给我们提供发展平台和机会的学校领导表示最真诚的谢意，向与我们朝夕相伴、携手共进的同事们说声：节日快乐！

"兴衰资于人，得失在于教""育才造士，为国之本"，教育是事业兴衰、国家发展的根本所在。近年来，我市的教育水平连连提高，高考成绩年年攀升，这离不开市领导对教育事业的高度重视，各级党委、政府高站位、大手笔地推进教育质量提升；多角度、全方位地建设基础教育强市！每一份承诺，都是上善若水的厚重；每一份关怀，都是耿耿育人的期待；每一个蓝图，都描绘了南阳教育美好的明天！

有人说，教师是天梯，以伟岸的身躯托举起学生追求进步的双脚；有人说，教师是红烛，以不灭的信念为学生照亮前进的道路；有人说，教师是渡人的小船，把一批批学子送往知识的彼岸，更高学府的殿堂……是的，作为一个人民教师，我们正是把人格教育作为天职，着力培养会做人、能做事；有责任、敢担当；有理想、敢创新的一代新人。我们正是在提升学生综合素质上精益求精，教育学生严谨求学、励志成才；合力培尖培优、精雕细琢，让莘莘学子实现人生高考梦。我们正是把每个学生成才作为人生价值目标，在多少个晨曦暮霭中辗转反侧、奉献一切；在多少个夜静更阑时仍执着追求、悉心辅导，使更多学子得以驰骋中外各大知名高校。今年高考西峡一高一本进线率达51.3%，本科进线率达97%，考入北大、985院校、211院校共计604人，吴铮同学以676分的成绩勇夺河南省文科状元。

教好书，是我们的天职，育好人，更是我们追求的目标。在此，我代表广大教师作出以下几点保证：

一、爱岗敬业、关爱学生。我们将始终不渝地以民族复兴的"中国梦"为引导，坚持以立德树人，培养德才兼备的一代新人为己任，为人师表，把全部的精力和满腔真情奉献给教育事业。

二、刻苦钻研、严谨笃学。我们将持之以恒地把学习新知识、新技能作为终身发展理念，拓宽知识视野，更新知识结构，不断提高自身的业务水平和素养，以适应教育改革发展的需要。

三、勇于创新、奋发进取。我们将坚定不移地以素质教育为核心，积极探索教育教学规律，更新教育观念，注重培养学生的创新思维和创新能力，为培养符合社会需求的新型人才而努力。

四、淡泊名利、志存高远。我们将一如既往地加强自身道德修养，把个人理想、本职工作与学生的发展紧紧联系在一起，树立高尚的道德情操和精神追求，甘为人梯，乐于奉献；学高为师，身正为范。努力做一位让人民满意的好教师。

各位领导、老师，会当击水三千里，同舟共济勇向前。让我们一同携手，以满腔的热情、无限的豪情，积极投身到南阳的教育事业中，为打造教育高地、建设大美南阳、幸福南阳做出更大的贡献！

谢谢大家！

春风化雨育英才

——2021年县教师节表彰会上发言材料

尊敬的各位领导、老师：

大家好！

在这样一个特别的日子里，能作为教师代表在这里发言，我备感荣幸。首先，请允许我作为西峡一高一名普通教师，向多年来关心、支持一高教育事业的县委、县政府领导和社会各界人士，表达我们最诚挚的感谢和崇高的敬意！向给我们提供发展平台和机会的学校领导表示最真诚的谢意，向与我们朝夕相伴、携手共进的同事们说声：节日快乐！

钟灵毓秀一福地，一方沃土筑高台。今年高考成绩出来后，有人说我很优秀，能培养出吴铮、张玉蕊这样的省、市状元；也有人说我真厉害，一个班能有5人考入北京大学、6人考入南京大学、中国人民大学、武汉大学等全国双一流知名高校，可我最想说的是我很幸运，幸运的是我能为西峡的教育事业奉献自己的一分力量；幸运的是我能来到西峡一高工作并能得到这方沃土的滋养；幸运的是我身边一直有许多扶持我、帮助我的领导和同事，没有他们的耐心引导与大力支持，就没有我今日的成绩。

时至今日我仍清晰记起每天早上杜校长、李书记、徐校长、程校长等领导深入我班陪伴学生学习时的身影和眼中的希冀；仍清晰记得数学学科恒冰老师在陪伴学生考试途中，还在为学生讲解数学知识难点、安慰学生从容应对考试的淡定；仍清晰记得英语学科贾彩红老师在将两岁的孩子哄睡后，凌晨一点多还在改学生卷子、记录学生薄弱点、早读时满脸的疲惫；仍清晰记得政治学科孙丽萍老师天天找学生背书，一个知识点一个知识点过关的严谨，地理学科贾巧老师在每次考试后及时进班级找学生面对面帮助其分析错因的耐心，历史学科王丽老师晚饭后顾不上回家，为学生解惑答疑的热情与坚定，高三语文组全体老师群策群力、一起助力学生提升语文短板、攻坚克难的团结……正是因为有每位老师的无私奉献、兢兢业业，才有了我班学生今年出色的成绩。

德才兼备怀天下，立志高远勇担当。一个优秀的学生不仅要有优异的成绩，更要有高远的理想、深厚的家国情怀和勇于担当的道德品格。从接手这个班开始，我就以"祖国振兴，我的责任"为目标，引导学生做一个"爱祖国、爱家人，对社会有用的人"。三年来，陆续组织考上清北的学生成立宣讲团，来班里和学生座谈，让他们树立"考清北、上名校"的目标；班会课上经常播放励志性视频、品读优秀文章引导学生坚毅果敢、积极自信；语文课上开展辩论会、主题演讲、诗歌朗诵等活动，引导学生明理思辨、阳光大气；疫情期间学习钟南山院士逆向而行、舍生忘死的大义；五月下旬高考最紧张的时候，听到袁隆平院士逝世的消息，专门召开主题班会，与学生一起缅怀学习袁院士"让杂交水稻覆盖全球，让世界各个角落都不再有人挨饿"的博爱……"随风潜入夜，润物细无声"，正是在这一点一滴的潜移默化中，学生才会一直坚定地把"必考清北"作为自己的奋斗目标，才会在一次次成绩不理想时努力想办法提升短板，才会在一次又一次的追求规范中精益求精、不断提升自己。

众志成城齐给力，春风化雨育英才。对于一名优秀的高三尖子生，如果一个方面出了问题就可能导致无法估量的后果。我班的张玉蕊同学，一、二年级的每次考试，成绩一直都是遥遥领先，但进入高三后，成绩却起伏不定，为了能够弄清楚阻碍她前进的因素，我多次找她谈话，并与我班各科任老师多次对其学习情况进行会诊。我们发现，张玉蕊同学主要是在接受知识的速度和迁移运用上有些慢，尤其是政治，因此对自己产生怀疑，思想包袱重，心理压力大，影响了自己的正常发挥。所以，减压和重树自信就是关键。经过一段时间的调整，她终于稳定下来并在高考中取得了令人惊喜的成绩。

除此之外，我还经常针对学生个人给家长发表扬短信、提醒短信；组建学生家长微信群，及时把学生读书、上课听讲、出操、午睡等情况以照片、视频的形式发给他们，让家长更真实、全面地了解自己的孩子，关注孩子的良好发展。

耿耿园丁意，拳拳育人心。在今后的工作中，我将牢记教书育人的神圣使命，不忘初心，砥砺前行。用为人师者的责任、智慧与汗水共同开创西峡教育事业更加美好灿烂的明天。

最后祝福各位领导、同人：阖家幸福安康、工作顺心如意！

谢谢大家！

西峡一高八十年校庆发言材料

尊敬的各位领导、来宾、亲爱的校友、老师、同学们：

大家好！

金菊吐艳风光好，盛世如约绽芳华。今天，我们欢聚一堂，共同庆祝西峡一高八十华诞，在这令人兴奋和激动的时刻，请允许我代表全校的教职员工，对前来参加庆典的领导、来宾、校友们表示热烈的欢迎和诚挚的问候！

钟灵毓秀一福地，一方沃土筑高台。2004年大学毕业后，我从东北来到西峡一高，至今工作已14年。14年来，我深切感受到了一代代一高人对教育事业的热爱与奉献，也见证了身边的同事为了学生的健康成长所付出的艰辛与努力。岁月匆匆，往事历历，此时此刻，我仍清晰记得杜小月老师、刘瑞凤老师等教育前辈对年轻教师的谆谆教导与殷切期望；仍清晰记得同事们为了能给学生呈现一节节高质量的课，认真钻研教材、埋头工作的情景；仍清晰记得各位班主任为了学生更好更快入睡，在万家灯息、众人安睡时在学生宿舍的走廊上轻声行走、叮嘱学生的身影；仍清晰记得为了扫清学生的知识盲点、薄弱点，各位同事埋头题海、浏览网上大量资源的繁忙情形……有人说我很优秀，能培养出吴铮这样的省状元；也有人说我很厉害，能将刘贺庆、邵雯琳等学生送入北大、人大等全国知名高校，可我最想说的是我很幸运，因为我来到了西峡一高，如果没有西峡一高这块沃土的滋养，怎么会有我今天的快速成长？又怎能有一高同人的良好发展？如果没有身边同事的求真务实、团结互助，怎么会有我今天的成绩，又怎能有一高万千学子的辉煌成就？

满园春色关不住，一高桃李竞妖娆。每一年夏秋之交，学校都会送走一批批学子，迎来一群群懵懂少年。各位校友，昨天你们还是为了理想、孜孜以求的桃李，今天，你们已秀木成林，肩担大任，成为国家建设的中坚力量。无论你们是功成名就的知名人士，还是一位普普通通的劳动者，你们都是一高的光荣，老师们的自豪。在校的同学们，今日你们在这里严谨求学，拼搏向上；明朝，你们定能圆梦成真，成为国家、人民需要的栋梁，你们是民族的希望，老师们的骄傲！

八十年薪火相传，八十载开拓进取。无数的教育前辈与同人甘为人梯、甘洒大爱。回首往事，我们无怨无悔；展望未来，我们信心满怀。我们将牢记教书育人的神圣使命，秉承先贤遗志，不忘初心，砥砺前行。用为人师者的责任、智慧与汗水共同开创西峡一高更加灿烂辉煌的明天。

最后，衷心祝愿各位领导、来宾、校友、老师们身体健康，阖家幸福！

衷心祝愿各位同学学业有成，理想成真！

谢谢大家！

在高考倒计时200天活动2035班班会上发言

家长代表庞百妥

（2022年11月19日）

尊敬的老师、各位同学：

大家好！

我是庞凯文同学的家长。很荣幸能够在这里与大家交流！首先要感谢柴广夫校长和全体任课老师对我这个家长的信任！也要感谢我的女儿庞凯文同学，是你，用拼搏、改变和进步，不仅让自己重拾了自信、找回了快乐、赢得了尊严，也为你妈妈和我去了些隐忧、争得了面子！丫丫，谢谢你！

是的，我的女儿很优秀！她是学校里的尖子，同学中的学霸，但也有不少让人头疼的地方。比如：该紧张了还在晃荡，该冲刺了还在张望，该精进了却在滑坡，该坚强了却还脆弱。咱是忧心如焚，孩子我行我素。孩子回家时间有限，咱还不敢问不敢说，生怕一言不合，给孩子们添了压力、给自己找了难看，纠结啊！不知家长们是否有同样的烦恼呢？！

高考200天倒计时，今天正式启动！这是屠龙少年们蓄势迸发迎接曙光前吹响的神圣号角，更是家校生大战在即绝地求胜前的整肃动员！借此，分享三句话，与大家共勉！

第一句话，送给亲爱的孩子们：逐梦要在状态、磨砺始得玉成！

　　特优班的孩子们，一个人为什么要努力？云南丽江的华坪女高，有这样一段震撼人心的誓词："我生来就是高山而非溪流，我欲于群峰之巅俯视平庸的沟壑。我生来就是人杰而非草芥，我站在伟人之肩藐视卑微的懦夫！"知乎上一个高赞的答案是：因为我喜欢的东西都很贵，我想去的地方都很远，我爱的人超完美！此后的200个日夜，对你们将是最严峻的考验，更是你们实现梦想的必由之路！这段路唯有凭实力去丈量、靠"在状态"去保证！你，准备好了吗？！

　　一是心思要在状态。目标坚定、专心专注、心无旁骛是关键！从现在起，要真正收心归位，把你们平时看的综艺、追的剧、牵挂的电影、关心的偶像，都放一边；把你们同学间，可能存在的隔阂不悦、已经萌生的情愫爱意，都收起来；把你们对热点的八卦、对学校的吐槽、对老师的评论等，都停下来！全身心投入到这200天的学习冲刺中！实实在在沉下心、认认真真钻进去！难熬时，咬牙坚持、迎难而上；迷惘时，叩问本心、默诵梦想；倦怠时，扬发振袂、再激斗志！不把自己逼，不会有奇迹！不在苦里游，咋上"双一流"！自己力不给，怎配上"清北"！

　　二是行动要在状态。倒计时开始了，必须要起而行之！锚定总目标、制订小计划、瞄准切入点，立即紧起来、动起来、跑起来！脑子里明晰"该怎样"，行动中做到"是这样"，状态上校准"不走样"！切记：莫让今天的懒变成明天的痛！不要假装努力，结果不会陪你演戏！

　　三是情绪要在状态。孩子们正值青春绽放、花样年华，但在学习和外部的压力下，表现出时而温顺乖巧、时而易怒狂躁、时而自信豪迈、时而自卑敏感、时而理智平和、时而冲动崩溃。让人头疼更让人心疼！毕竟，情绪管理是每个人一生的必修课，很难！庞凯文同学和她的同学们：冲锋在即，情绪决定心态。自信平和的心态，源自内心的强大！要有不辜负自己的韧劲、要用根植于内心的自律，来充实、提高和强大自己，破除庸人自扰。永远不要认为，你的学习成绩只是让老师和父母亲朋用以炫耀的装饰，即使你的成绩可以成为我们为你骄傲的资本，但最重要的，还是通过刻苦努力，去收获属于你自己的丰富学识和自信愉悦！再有200天，大家就要互道珍重、各奔西东，要格外珍视当下的同学情、师生谊！见贤思齐，见不贤而内自省。能不抱怨的时候尽量不要抱怨，能不发脾气的时候尽量不要发脾气。当你觉得自己忍无可忍时，你要先问自己，你忍过了吗？咱不要玻璃心，要有勇敢的心！一只站在树上的鸟儿，从来不会害怕树枝断裂，因为它相信的不是树枝，而是自己的翅膀。烦恼如同风险，无处不在，你们需要做的，就是努力让自己的翅膀靠谱！

第二句话，送给在座的家长们：信任信赖、同心同向！

要信任孩子！他没有用功吗？不，可能他早已暗下苦功，在你面前只是放松调节和减压休憩而已；他难以沟通吗？不，他不过是压力太大不愿表达罢了；他不理解咱们吗？不，家长的纠结、老师的等待，他早已洞察分明，他只是管控不好情绪、没有做好准备或不想被人强迫而已！我们只需要做好经常陪伴、正能滋养、及时保障和在他愿意的时候轻松友善地交流引导就可以了！这就是接纳。接纳孩子的情绪，接纳孩子的一切！无条件地爱我们的孩子！更要信任老师！相信老师的专业素养，相信老师的关切真诚！在不过分打扰的前提下，尽可能多地与老师们坦诚互通，最大限度地融合配合，同心同向，为咱们的孩子保驾护航！

第三名话，送给敬爱的老师们：感激感谢、感恩感念！

是你们的无私无惧、用心用情，是你们的超凡学识、超高艺术，更是你们的爱和包容，才造就了孩子们今天的优秀！接下来，在孩子们从优秀到卓越的嬗变中，在眼下这200天的征途上，还请你们：侠骨柔肠、伴他们身心无恙！环伺左右、对他们警醒提点！横刀立马、为他们鼓劲助威！提枪扬鞭、带他们一击必成！师恩铭刻、没齿难忘！

好了，孩子们，现在就看你们的了！请丢掉幻想杂念，抛开烦恼恐惧，力戒"娇、骄"二气，弹尘整装，收拾心情，向着目标奋勇前行，不负青春阳光，不负心中梦想，不负诗与远方！

谢谢大家！

刘润孜家长高考倒计时200天活动家长发言稿

尊敬的各位老师、各位家长们、同学们：

大家好！

每年的高考，会令一个县城沸腾，牵动着千家万户，牵动着每一位家长，更决定着每一位考生十年寒窗的结果和走向！今天来参加西峡一高高考200天倒计时活动，和老师、家长朋友们一起为孩子们加油鼓劲，见证这特殊的时刻，我很荣幸。

在此，我首先想说的还是感谢二字，感谢为孩子们付出辛勤劳动的老师们，高中三年，孩子们能在这个班学习，能接受西峡一高最优秀教师团队的悉心教导，非常的幸运！作为家长我更加珍惜孩子人生中这美好的遇见！谢谢老师，您辛苦了！

孩子们，十年寒窗，你们在一步步努力地攀登。在家长眼里，恍惚觉得你们上幼儿园还是昨天的事情，而今，却发现你们已站在人生最重要的十字路口。目前距这个路口还有200天的时间。在人生的旅途中，200天，很短，转瞬即逝；200天，又很长，长得足以改变命运。我这样说，同学们心里肯定想说，我们已经感受到了前所未有的压力，请勿说教！可我还是想说那句老话，有压力才有动力，把压力变动力，把动力变行动，才是青春最亮的底色！因为你们现在所经历的一切，不仅是知识的积累，更是意志的磨炼！战胜惰性，战胜挫折，战胜自己，方能勇往直前！

梅花香自苦寒来，宝剑锋从磨砺出！孩子们，还有200天的高考将是你们青春的一个印记，更是一场镌刻着时代烙印的成人礼。请大家抛开脑中的一切杂念，全身心地投入到学习中，把心交给古诗文和作文，交给导数和立体几何，交给英语阅读和单词，投身于解决文综学习的问题和困难中，你会发现，你离目标越来越近！孩子们，还请记得在这令人终生难忘的时期，你们不是单独作战，学校、老师、家长和你并肩前行，学业上请紧跟老师，生活中家长是你坚强的后盾，请把你遇到的困难和压力毫无保留地向我们倾诉。相信，这200天的拼搏将是你人生中回报最高的一次投入。无论结果如何，回转身，我们依然张开手臂笑脸拥抱你们。请大家奋力拼搏，轻装上阵，为青春留下无悔印记，为大家的高中生活画上圆满的句号！

谢谢大家！

心有梦想，必有远方

——刘涵宇爸爸在2119班"父亲节班会上发言"

尊敬的老师、亲爱的同学们：

大家好！

今天我最想和你们这些优秀同学们拉拉家常，谈谈我的一些感悟，希望对你们未来的成长有所启发。

回顾走过的历程，我认为无论什么时候，心中都要有梦想。1980年初我出生在米坪镇的一个小山村，当时爷爷是赤脚医生，他们弟兄三个没分家，全家二十多口人在一起吃大锅饭，除了爷爷当医生的收入外，全家都在不到二亩的地里刨食吃。6岁开始，我跟村里另外4个小朋友一起到离家3公里的杨树洼小学上学，当时上学要背柴火、背糊汤在学校吃午饭，由于年龄小背这些东西爬山很吃力，总是最后一个到学校，生活过得很辛苦。学校总共6个人，1位老师轮流教四个年级语文数学课，5个学生分四个年级，一个土坯房教室，四面墙刷上黑漆是四个年级的黑板，两个窗户是用纸糊的，关上窗户看不见黑板，冬夏两季没关过窗户，冬天同学们小手冻得真像小胡萝卜，就这样过了两年的小学生活。1987年，涵宇爷爷带我们离开大山到了县城，初到县城，家庭没有任何物质积累，一家四口租住一间房，生活过得依旧很清贫，看到县城的同学们吃扯面心里也很羡慕、很想吃。改变清贫的局面，就是那时的梦想。而且越是清贫，改变现状的愿望越迫切。现在回过头来看，我很感谢当初的那份清贫，清贫是有志学生的加油站。大家是涵宇的同学，我能叫出名字的有十多个，我对你们多多少少都有所了解，能取得今天的成绩，肯定经历了很多困难和坎坷，但你们克服困难，走过来了，也源于你们心中有梦想。梦想是什么？是我们前行的目标、进步的动力。高三是改变命运的拐点之一，来到了高三，要坦然接受，乐观以对，这对大家来说是一次经历，没有经历的格局是一纸空谈，磨难启迪智慧，苦难淬炼心境，高三的经历将是我们人生中的一笔宝贵财富。在未来的学习工作中，我们必然还会遇到更多困难和挫折，这需要我们有更高的追求、更远大的理想，要知道自己心中想干什么、为什么要干，不要因为别人对你的看法和所处环境的好坏而改变奋斗目标、丢掉梦想。

要完善自己实现人生梦想，需要不断提高完善自己。从学校毕业回到地方，我不想到企业发展，感觉企业工作不稳定，我选择了考公务员，考完公务员后进入公安系统工作，在公安系统工作一段时间后，因为感受到工作发展进步空间不大，我选择了参加遴选，遴选后进入检察系统工作，时值司法体制改革，任命检察官需要通过国家统一司法考试，当时涵宇七八岁，我们就在一起看书、做题、学习，往往涵宇睡一觉起来，我还在挑灯夜战，功夫不负有心人，我一个外行，经过两年专业学习，顺利通过司法考试，时至今日，也始终在为更高梦想不断奋斗。

关于考试选拔，大家可能跟我同感，首先是要树立目标，因为有梦想，生活才会有方向。当前，我们人人都有冲清北、冲名校的机会，我们要敢有梦想，要勇于树立高远目标，要有"会当凌绝顶，一览众山小"的豪情壮志，不断增强行动力，加强执行力，提高专注力，为实现梦想而奋发图强。路虽远，行则将至；事虽难，做则可成；梦虽遥，追则可达。其次要珍惜时光，上天赐给我们每个人丰盛的礼物就是时间。时至高三，我们要鞭策自己成为优秀的时间管理者，养成凡事提前5分钟的好习惯，珍惜时间，不虚度年华，不挥霍青春，不断学习，不断充实自己。再次是要不断积累，学习是一个不断积累的过程，好高骛远、浮浮漂漂学不到真本领，一步一个脚印才能厚积薄发，进步亦不能一步登天，一步一个台阶方能行稳致远，我们每一天学习上的所获所得，都是在为今后人生的一次次大考蓄力。还有就是要服从老师安排，听老师话，主动钻研，善于总结、归纳、分析，形成良好的学习习惯。要肯吃苦，不畏难，既要对高考有信心，还要俯下身子，埋头耕耘，认真改错纠错，不怕累，不言苦。

亲爱的孩子们，请不要在最该吃苦最能吃苦的时候选择安逸，没有谁的青春是在红毯上度过。当自己很累很累的时候，请闭上眼睛深呼吸，告诉自己坚持住，只有坚持下去，才能有所作为。苦点、累点，总比输掉要好！

孩子们，你们要明白，成长路上，无论遇到天大的困难，也要好好吃饭，好好睡觉，高三不仅拼智慧、拼知识储备、还拼身体，没有良好的身体素质，你就什么也没有，你的身体和健康永远是第一位，你们永远是父母手心里的宝。

2023 年 6 月 17 日

道阻且长，行则将至[1]

伴随着夏日酷暑中的飒飒凉风，我受到了来自北大的录取通知书，激动、欣喜、感慨……各种感情混杂在一起，涌上了我的心头。回首这漫漫求学之路，印象深刻的不是鲜花与掌声，而是那些在孤独时的探求自我、在痛苦中的不懈求索、在崩溃后的重建理想，成长是一个人孤绝而又理智的修行，要经过漫长的酝酿与积淀，才有那某一刻的令人惊艳的荣光。

中考过后的放纵与浑噩，让我获得短暂的愉悦，却成了初入高中时的后进生。陌生的环境、紧张的节奏、晦涩的知识，我的大脑好像停止了思考，我再也不是轻轻松松就能取得好成绩的优等生，而变成了拼命用功却难以位居前列的中等生，那段时间，我的睡眠质量下降，夜里只能浅眠；我的课堂效率低下，课上一丝不苟也只能勉强跟上老师的节奏；我牺牲了玩乐的时间，课下有空就在消化复习；我的性格变得内向，总是沉默，也少有朋友。面对眼前的种种，我知道，我没有退路，只能坚持。

终于，我迎来了高中第一个转折点：文理分科。我并不否认，有些人，可以在高压的环境中激发出自我的潜能，取得优异的成果，甚至我也赞同，适当的挫折可以磨炼一个人的心性与品格。但对于我个人来说，最好的学习状态就是高效参与、快乐学习。所以在老师的引导下，我结合自身情况，扬长避短，最终选择了文科。文科班里的气氛相对更轻松活跃些，老师们也更细心温柔。在新的班级里我从课堂积极发言做起，逐步建立自信，渐渐地找到了节奏，并且意识到高效的课堂参与能加深我对知识的理解与记忆，达到事半功倍的结果。此外，课上与老师的高频互动也锻炼了我的胆识，开阔了我的思维，我敢于在课堂上表达我的不同见解，也勇于提出自己的疑问。在坚持这种学习方式两周后，我就在班级测试中取得了优异的成绩，这更加激励了我学习的劲头，让我以学为乐、越学越乐。但在这个时候，我还没有充分意识到独立思考的重要性，我热忱地向老师询问一个又一个难题，期待着得到纯粹的知识干货，以为只要知识储备足够便能应

1　张玉蕊，2021年考入北京大学。

对一切难题，我沉浸在做对基础题拿高分的愉悦中，却不知长期的坦途也会变成引人向下的斜坡。

或是期待，或是紧张，但高三总是如期而至。一帆风顺的学习生活在慢慢远离逝去，取而代之的是新的坎坷。三科合一的文综试卷打得我措手不及，虽早已听过要合理分配时间的教诲，但当真正上阵答题时还是拿捏不好取舍的度，在位置靠前的题上花费太多时间，导致结尾处只能匆匆收笔，潦草写下未经思考的答案，其结果可想而知了。亲身经历的教训总是比他人千百遍的说教来得深刻，栽过两次跟头，我长了记性，时间分配不再是问题，但思维缺陷却越发显露。空有许多知识储备，我却不知如何调用，不是分析角度偏离，就是思路不全，成绩一落千丈，但比成绩波动更为可怕的是心态的崩塌，我开始怀疑自己的能力，不断与身边的同学比较，心理落差越来越大，状态也越发消沉。所幸，我有一位极其细心负责的班主任，是她及时发现了我心态上的问题，并时常与我谈心，疏导我的负面情绪，拿自己的亲身经历向我阐明处世之道，在她的谆谆教导下，我学会与自己和解，胸怀变得开阔，心性更加健全，我不再因为成绩焦虑，而是关注学习本身，充实自我。

时间一晃眼就到了高考前的冲刺阶段，酷热的煎熬、疲惫的身体、绷紧的神经、忐忑的心情，无一不在考验着每一个高三学子。而最终制胜的秘诀，就在于一个"静"字。心静神安，握笔的手方能稳当，思考的大脑方能理智，紧张的行动方能有序。保持内心的宁静，在运动中释放自己的压力，在冥想中体味自己的情绪，在阅读中放飞自己的思想，给紧张忙碌的高三生活添上几分乐趣与情致，也勉强算是忙里偷闲，张弛有度了！除此之外，还需要对自己有充分的自信，"狭路相逢勇者胜"，在最后的关键时刻，正是充分的自信给了我一往无前的勇气，才有最后的云开见月明。

"我的未来，一如我的过去，都弥漫着茫茫大雾。唯有在雾中前行，我才能看到最切近的路上有什么"。昔日已逝，未来难测，唯有当下，是值得并且能够被我们把握的。"路漫漫其修远兮，吾将上下而求索"。求索之路没有尽头，但我们每个人都能通过自己的努力，到达自己期待的远方！

难忘高中，梦想起飞的地方[1]

飞逝的时光像指间的流沙，无论我是用力地攥还是轻轻地捧，它们总会脱离指尖。高中三年，一晃而逝，此时想来，那样的真实，是我难得的少年时光。

高中啊，既苦且累。繁重的学业，频繁的考试，接踵而至的排名，还有同学之间的相处、友情的维护、同辈的竞争、老师的期望、家长的念想……这三年，是生理和心理的双重磨砺，但有所失也有所得，我变得更加坚强也更清醒。

我一直不是个乐观的人，内心也有无奈难处，更有惧怕，但我也有我的倔强。从小乡村进入县城求学，我根本没有迷失变坏的机会——想要去往更广阔的地方的渴望一直鞭策着我努力，让我无心迷恋繁华的浮尘。我把学习当作一把斩棘的刀，一支神奇的笔，一束照明的光——帮助我得到我期望的美好。这三年来，我有过怀疑，有过惶惑，有过迷茫，有过悲伤甚至绝望，但我的信念深埋心底，从未被放弃，这可能是我在经历高考时走得还算漂亮的原因。

当然，信念只能规划出虚无缥缈的蓝图，唯有行动才能开拓出无边的疆域。三年的学习更像是一场徒步的旅行，唯有一步一个脚印地向前走，才能留下身后的真实，找到未知的前路。在数不清的考试的蹉跎打磨下，我也学会了让自己轻松一点。我学会在那些失利的卷子里总结经验，用自己的方式找到"升级"的技巧，节省时间和精力；我学会结交朋友、吐露心声，和他们分享难过，让难过淡去，和他们分享喜悦，让喜悦更浓；我学会更加专注一点，把眼前的失利看作生活的苟且，更加向往远方。其实，我不仅仅是在学习高中的课程，我还是在高中生活中慢慢长大，学会与自己和解。

我一直都很幸运，在我不长不短的学习生涯中，遇到的都是可爱的良师益友，也未曾遭受什么不公。我庆幸与我的老师们相逢于高中。难忘班主任说的教学不仅要教会我们学习，更要教会我们做人；也惭愧自己那些情绪崩溃给她带来的麻烦；更感谢她从来没有放弃对我的引导和开解。难忘被数学支配的恐惧，也曾对生气时的数学老师心生怨怼，但磕磕绊绊三年走过，记得最清楚的竟是他坐

1　张君昱，2021 年考入北京大学。

在讲台上说你们人生的意义在于回报社会，报效祖国，创造祖国的明天。我庆幸与我的同学们相逢于高中。我可爱的同学们啊，在一起三年，从未和谁红过脸。难过时总有他们的耐心开导，劝慰的话语写在便利贴上至今被我珍藏。我的高中，有你们而温暖明亮。

高中已结，虽说过眼云烟，但淡淡的云烟也能成为壮丽的云霓，留存成我记忆里永不褪色的重彩。

远方的昭示与近处的行走[1]

在海明威的短篇小说《乞力马扎罗的雪》中，有这样一段文字：在西高峰的近旁，发现了一具风干冻僵了的豹子骨架。这头豹子到这样的高山上寻找什么？至今没有人能说得清楚。

初读此处，我不禁问自己，在我年轻的生命中，是否也有这样的一座雪顶，让我敢于为踏进圣殿而直面酷寒，去做一只勇敢的豹子？

很幸运，在广袤的旷野上，我看到了它。新雪初霁，满月当空。在它的昭示下，迈步走向它的旅程，让我之为我，不同于其他人。

2021年1月20日，浏览网页的我，阅读到了北京大学微信公众号的一篇文章，题为"我以热血暖凉山"。其中介绍了北大1995级校友陈劲松离开北京，走进四川凉山区开展扶贫工作的故事。那种毫无保留的赤诚与热情，与我内心的起伏彼此纠缠呼应，我看到了自己想成为的模样。

我相信，正是在北大这片包容而温暖的热土上，才孕育出了那一批批前赴后继，不畏牺牲的北大人。我愿意并希望，成为他们中的一员，去践行自己的一直以来的座右铭——"用自己的学识去担当"。

我想，应该是自那时起，远方的雪顶有了它的名字——燕园。

在来自远方的昭示中，我开始了属于自己的近处的行走。

回想在西峡一高求学的日子：那是在读书声中迎接的清晨阳光，是想到明天的早起而不舍得睡着的静谧夜晚；那是走在路上也要多看一眼的单词，是考试成

---

1 王延桥，2021年考入北京大学。

绩张贴后，想看又不敢看的躲闪目光；是成绩单上浮浮沉沉的排名，是桌面左下角贴得紧紧的北大风光的卡贴。

在朝与暮中，在时间的缝隙里，我们总在踌躇满志与自我怀疑之间反复横跳，是少年初识愁滋味。我们又像是一群战士，同处一条大船，奔赴同一场风浪，是少年自有少年狂。

近处的行走也许艰难乏味，但却是它让远方的昭示更加清晰，给我直面苦寒的底气。

高考前一天的下午，我站在被阳光包裹的露台向下望。街边公园里一片翠绿，相似的街景与天空，一如一个普通而平凡的下午。

拿出笔记本，我为第二天的自己写下：去做一个大气从容，乐观阳光的如风少年，去执剑策马，越过广袤的原野，勇敢地冲向那纤尘不染的雪山之巅吧。

"奔向你的雪顶。"

高考放榜，赴约燕园的结果在意料之中，但排名却是出乎意料的惊喜。鲜花与掌声的热烈好似模糊了现实，突然扩大的选择权更让我有些无所适从。合上厚厚的报考指南，我问自己，当初的目标是哪里。

"不看了，北大法学。"

"于是在前方，极目所见，他看到，那是乞力马扎罗山的方形的山巅。于是他明白，那儿就是他现在要飞去的地方。"

前途似海，正逢其时。在广阔无垠的世界面前，我愿直面苦寒，以良知和学识去担当，在生命的旷野上，步履不停。

感谢一直奋斗的自己[1]

——给学弟学妹们的一封信

亲爱的学弟学妹们：

应崔老师的要求，我写下这篇文章，希望给正处在高中阶段的你们一些借鉴。我是黄长盈，2018届西峡一高学生，2021年参加高考，文科671分考入北京大学政府管理学院。这样的成绩，有很大幸运的成分，真心感谢高中老师们的辛勤付出和高效备考，以及父母、朋友的背后支持，才能让我坚定地走完这一段人生旅途。

现在高中的你们或许已经听腻了励志的故事，厌倦了造作的鸡汤文吧。我在这里想谈谈我真实的经历。

在河南这样高考竞争极其激烈的省份，什么样的人才能上清北？据我发现，大多数是那些中考成绩就很拔尖，升入高中后成绩也一直稳定在最前列的学生。他们在整个高中阶段经历那么多次考试，几乎每次都能名列前茅，最终考入清北自然是大概率事件了。但这并不意味着那些起点较低的人就没有机会。还是有一些中考成绩相对逊色，在高中阶段逐渐进步，最终成功考入清北的，我就是这样的人。

我最初分班是在实验班，文理分科后进入崔老师的文科培优班。在班里，我第一次感受到和优秀同学的差距，也感受到老师的整体素质和班里的整个学习氛围都要比实验班好很多。在这里，我第一次看到考入清北的现实可能。因为一高几乎每年都会有文科学生考入清北，那么我只需要向最前边同学看齐，将自己的成绩也提升到前列，就有机会上清北等名校。

整个高中对我影响比较大的是一次考试的失利。高一下学期的期中考试考得很差，大概是文科年级排名七十多吧。而那次考试的成绩是要算到下次分班排名里边的，而我高一上学期期末成绩本就不好，这次更是班里倒数，"出线"形势

1　黄长盈，2021年考入北京大学。

岌岌可危。我当时很沮丧，这样的成绩意味着高二可能就要离开培优班了，上不了培优班大概率与名校绝缘，我想难道就这样了吗？

地理老师在班里放映了北大的宣传片《星空梦想》，看着里边的主人公在北大追求自己的梦想，我能感受到的只是伤感：这部片子不是给我看的，是给班里最优秀的"清北之星"看的，他们两年多之后就可以去清北等名校，而我会是在哪里？那天下课回宿舍的路上，我独自一个人行走，悲伤而又彷徨，我问自己：就这样了吗？还是搏一把？我选择搏一把，乾坤未定，你我皆是黑马。高一的最后两个月，我觉醒了，开始努力奔跑，按照老师的要求去做，上课集中精力，自习时间充分利用，去弥补自己的弱势学科，就为着一个目标：留在培优班，以后去追求更好的学校。结果是，到了高一期末考试，我考了全班第三名，全市第五名。我终于得偿所愿，不仅能留在培优班，还惊奇地发现：我可以去追求更大的目标了，比如考个清北。我的实力在两三个月内得到巨大提升，已经稳定在全班前列了，这也给我追求更大的目标提供了基础。人生就是这样，当你努力追求一件事情的时候，却发现这个事情给了你更大的转机。我最初的目标只是为了留在培优班，这里边还有虚荣的成分，但是最终却发现，在追求这个目标的过程中，我有了更大的实力去追求更高更远的目标。

那段时间真是我一生铭记的经历，它改变了我整个高中的轨迹。它起源于一次危机，激发起不甘平庸、奋力追赶的心灵。那段时间我曾有过失眠，在深夜里焦虑得睡不着觉，但为了明天的精力我又必须快速入睡，保持足够睡眠时间，两边拉扯，简直要把我逼哭了。还记得曾经的傍晚，我站在学校张贴的英雄榜前深深凝望，看着上边闪耀的名字，我想为什么我的名字不可以在上边呢？我告诉自己要不甘平庸，奋力追赶，谁也不想在年少的时候就甘做一个平庸的人！那段时间，还有心态濒临崩溃的时候。那是在一次英语考试中，很多题都不会，我越做越生气，越做越难受，心里怀疑自己到底行不行，为什么已经很努力了还是这么差？我最后索性不做了，选择题随便选一下，作文一个字没写，直接交卷了。在心态最差的时候，帮我渡过难关的是老师和家人。崔老师和我谈话，我父亲也来学校和我谈心，他说我是迷在山里找不到出路了。我深深认同，并尝试走出自己给自己设置的"深山迷雾"。其实出路就是坚持往前走，在心思纷繁浮躁、怀疑自己、质疑努力的时候，就往前走，只有不断地前进才能找到出路，原地打转永远也走不出来。那段时间，真的是磨炼了我，让我认识到人的无穷潜力。

那段时间是如何取得进步的呢？答案是专注和投入。我在上课时集中精力，在自习时间充分利用，将自己的注意力完全集中在了提升成绩上。当真正专心投入到一件事中，所有的窍门和方法终会被发现，只要多尝试，多试验，肯定能找到最适合自己的方法。所以不要总说自己没掌握正确的方法，其实是没有足够的投入和尝试。

整个高中是一场马拉松比赛，高考对人的评价只看最后一次考试。最后的考试当然具有很强的偶然性，高考中总是上演人们津津乐道的逆袭故事。整个高中有很多知识点，但是高考可能只考查其中的百分之一。成绩一直名列前茅的同学高考成绩未必好，因为高考考查的知识点可能刚好有很多落在他的知识盲区里。而对另一些平时成绩一般的同学，高考的考点可能刚好在他的熟练区内，那他自然一鸣惊人了。这百分之一具体是哪些知识点我们无从知晓，我们能做的只是尽量提高自己掌握的知识点的比例。在高中这些的知识点中你掌握的比例越高，高考考查的知识点落在你熟练区的概率就越大。假如你掌握了100%的知识点，那高考的知识点必然尽入彀中。

想考清北为什么需要不断努力？而这种努力的效果往往是边际递减的，掌握前90%的知识点可能对你来说很轻松，但是对后10%的知识点，每掌握一个就需要付出加倍的努力。就像一门100分的科目，你的水平可以拿到90分，但在此基础上想继续提高1分可能比之前提高10分都难，因为在你的日常训练中很多是重复的知识，而很少是新的需要掌握的知识，到了备考的后期尤其如此。成绩越好的同学想要继续提高就越难，越需要付出更多努力。有些同学不理解为啥成绩已经很好了还要分秒必争地努力，他可能觉得自己并不是太努力，学习中时不时放松娱乐一下，跟前边的差距也不是很大嘛。这是因为他所在的成绩，是比较轻松就能达到的，而在此基础上进一步提升则需要付出加倍的努力。总之，选择考清北这一目标就意味着持续不断地努力，即使你次次考第一，也不能打包票一定可以考上。只有不断提升自己掌握知识点的比例，才能增加成功的概率。

在这条不断努力的路上，坚持可能是最重要品质。坚持就是有韧性，或者说钝感力，不会因为一时的失败否定自己，也不会因为一时的成功而麻痹自己。坚持意味着始终如一地努力。心态大起大落，对成绩患得患失都不利于最终的结果。在这条路上，你可能会心态崩溃，但是崩溃了也要坚持前进。在这条路上，你可能始终不见希望，可能想要放弃，但是请你在忍不住的时候再忍一下，坚持走下去，一直走到高考结束。"尽吾志也而不能至者，可以无悔矣"，奋斗过才能不留遗憾。我整个高三阶段，成绩也可以说是不断起伏，心态、状态也都是不断变化，但是我坚持到了最后。还记得高考前一天下午要搬东西到复习教室，整个环境纷乱喧嚣，老师不在场，有些同学就和周围人谈笑起来。我清楚地知道现在还不是玩笑的时候，就独自一个人默默学习。坚持不断给人正反馈，无论是焦虑还是迷茫，坚持始终让人心安。坚持可能真的会给人幸运，我的高考成绩虽然有点小遗憾，但是回想起来还是充满了幸运：有考前刚复习到的知识点，有交卷前最后5分钟发现并更正的错误。如果用两个词来形容高考成功的秘诀，我给出的一定是专注和坚持。

高考可能是人生中唯一一次那么专注地朝着一个目标努力，你可能永远不想再经历一次，但你会永远铭记它。当你全力以赴的时候，你会感觉到自己的命运掌握在自己手中，你会听到自己拔节生长的声音，你会学会尊重自己。是的，尊重自己的努力和奋斗，尊重自己为了目标的永不言弃。朝着一个极难实现的目标，持续多年进行努力，并最终实现了它，将是多么美妙的一件事啊。

最后，我想说高考并不是人唯一的目标，也不是人奋斗的终点，事实上大学是人生另一阶段的起点。在为高考准备的同时，我们不能放弃一些珍贵的品质，如展现自己的勇气、发现和提出问题的好奇、质疑权威的精神、获取知识的自主性、对他人的善意、对社会的责任感、保持大气的乐观、爱与被爱的能力……这些都是我们长远发展的重要因素。高考是选拔人才的机制，同时因为其竞争的残酷性和答案的标准化，会有压抑人和规训人的副作用。在升入大学后，我们可能因为高中生活的巨大惯性而不适应，这是因为高中的学习是依赖型的，很大程度上来自老师和学校的压力，而大学的学习是自主性的，需要自己有明确的目标和执行；还因为高考是一次性的，只看最后的成绩，而大学是多次评价，先发优势至关重要。大学是一个发现自己，发现未来的平台。

人的一生在于对生命过程的体验，高考是我们不得不越过的坎，也是走向下一人生阶段的阶梯。不虚度光阴是对生命的尊重，希望大家在人生的每一阶段都是如此。博雅塔下宜聆教，未名湖畔好读书，全世界都在等待你成功的消息！

欢迎大家向崔老师要我的联系方式，欢迎大家在任何时候联系我！

祝好运！

2023年5月于燕园

【参考文献】

【1】人教版语文必修五.先秦诸子文选.

【2】杜传奇.五环教学、增质提效.

【3】章青.如何面对高考.

【4】方学文.对高中语文主题阅读的相关思考[J].好家长，2019（39）：169.

【5】王敏.高中语文主题阅读研究[J].大学教育（下），2019（1）：104-105.

【6】梁岗.优秀班主任炼成记[C].江苏：江苏凤凰科学技术出版社，2017.

【7】李先军.教书关键在育人[C].北京：团结出版社，2017.

【8】钟杰.这样做班主任才高效[C].北京：中国人民大学出版社，2019.

【9】[英].罗博.普莱文.RobPlevin.提升学生小组合作学习的56个策略[C].北京：中国青年出版社.2018.

【10】姜蕾，张庆爱.高中语文记叙文群文阅读的教学策略[J].语文世界（中学生之窗），2022（06）：44-45.

【11】施慧琳.核心素养下高中语文群文阅读教学研究———以《记念刘和珍君》为例[J].试题与研究，2022（16）：157-158.

【12】陶群.基于教材资源的高中语文群文阅读教学策略[J].学语文，2022（03）：34-37.

【13】刘双全.小学语文主题阅读教学策略的实践研究[J].课程教育研究，2019（39）.

【14】任小艳.中学语文阅读教学的重要性及教学方法探析[J].读写算（教育教学研究），2015（44）.

【15】2014年05月04日，在五四运动95周年之际，中共中央总书记、国家主席习近平到北京大学考察时座谈会上的讲话。

【16】杜群艳.关于高一年级语文阅读教学中写作目标落实的可行性研究[J].

科教文汇，2013（11）：155-157.

【17】邱嘉喜.在阅读和写作中提升语文能力[J].文教资料，2011（17）：52-53.

【18】叶玉红.让精准阅读与议论文写作完美牵手——初高中语文衔接教学中议论文写作训练的几点策略[J].语文教学与研究（下半月），2021（4）：102-103.

【19】邹宝生，吴伟昌.高中语文阅读与写作的现状与对策[J].语文知识，2014（11）：23-26.

【20】田晓丹.浅谈高一语文教学的"切入点"[J].大观周刊，2011（37）：229-229.

【21】王珊珊.诗文趁年华——高一语文诗意作文教学之构想与实践[J].新教育时代电子杂志（教师版），2018（21）：101.